# 中國學術思想 研究輯刊

## 十一編

林慶彰 主編

## 第 1 冊

### 《十一編》總目

編輯部 編

### 〈堯典〉觀象授時疑義述辨

鄭裕基 著

花木蘭文化出版社

國家圖書館出版品預行編目資料

〈堯典〉觀象授時疑義述辨／鄭裕基 著 -- 初版 -- 新北市：花
木蘭文化出版社，2011〔民100〕
序 2+ 目 2+112 面；19×26 公分
（中國學術思想研究輯刊 十一編；第 1 冊）
ISBN：978-986-254-448-8（精裝）
1. 天象　2. 曆法
030.8　　　　　　　　　　　　　　　　100000684

ISBN-978-986-254-448-8

9 789862 544488

中國學術思想研究輯刊
十一編　第 一 冊　　　　　ISBN：978-986-254-448-8

〈堯典〉觀象授時疑義述辨

作　　者　鄭裕基
主　　編　林慶彰
總 編 輯　杜潔祥
出　　版　花木蘭文化出版社
發 行 所　花木蘭文化出版社
發 行 人　高小娟
聯絡地址　新北市永和區中正路五九五號七樓之三
　　　　　電話：02-2923-1455 ／傳眞：02-2923-1452
網　　址　http://www.huamulan.tw 信箱 sut81518@ms59.hinet.net
印　　刷　普羅文化出版廣告事業
封面設計　劉開工作室
初　　版　2011 年 3 月
定　　價　十一編 40 冊（精裝）新台幣 62,000 元

《十一編》總目

編輯部　編

# 《中國學術思想研究輯刊》十一編　書目

經學研究專輯

第 一 冊　鄭裕基　〈堯典〉觀象授時疑義述辨
第 二 冊　高志成　皮錫瑞《易》學述論
第 三 冊　林思妤　《詩經》、《詩序》、《左傳》關聯問題研究
第 四 冊　郭麗娟　呂祖謙《詩經》學研究
第 五 冊　陳瑩珍　王禮卿先生《四家詩恉會歸》研究
第 六 冊　楊濟襄　董仲舒春秋學義法思想研究（上）：文獻回顧與方法論
第 七 冊　楊濟襄　董仲舒春秋學義法思想研究（下）：考辨與詮釋
第 八 冊　陳水福　楊伯峻《春秋》學研究
第 九 冊　陳美圓　張載之禮學
　　　　　李昌年　《中庸》與周張二程思想之關係
第 十 冊　黃佳駿　孔廣森經學思想研究

儒家思想研究專輯

第十一冊　林翠芬　先秦儒家名實思想之研究（上）
第十二冊　林翠芬　先秦儒家名實思想之研究（下）
第十三冊　黃秋韻　先秦儒家道德基礎之研究──兼論「惡」的問題
第十四冊　蕭宏恩　孔子之言「天」之問題──超驗方法與「天」
　　　　　徐國峰　先秦儒家水意象析論
第十五冊　吳進安　儒墨哲學比較研究

## 荀學研究專輯

第十六冊　陳禮彰　荀子人性論及其實踐研究
第十七冊　吳文璋　荀子樂論在其思想上之重要性
　　　　　洪銘吉　荀韓思想關係研究

## 先秦諸子思想研究專輯

第十八冊　李賢中　公孫龍子有關認識問題之研究
　　　　　鄭峰明　孫子思想研究

## 漢代學術思想研究專輯

第十九冊　王璧寰　漢代天文學與陰陽五行說之關係
　　　　　陳禮彰　董仲舒天人思想研究

## 魏晉南北朝學術思想研究專輯

第二十冊　張鈞莉　魏晉美學趨勢
第二一冊　施穗鈺　公與私——魏晉士群的角色定位與自我追尋
第二二冊　王妙純　自然與名教的調色盤——從《世說新語》看漢晉士
　　　　　　　　　人的人生觀
第二三冊　吳秉勳　魏晉氣化思想研究
第二四冊　詹雅能　裴頠崇有論研究
　　　　　徐麗霞　阮籍研究

## 隋唐學術思想研究專輯

第二五冊　鍾永興　王通儒學思想及其在學術史上的意義

## 宋元學術思想研究專輯

第二六冊　方蕙玲　張載思想之研究
第二七冊　王俊彥　胡五峰理學思想之研究
第二八冊　蔡龍九　《朱子晚年定論》與朱陸異同（上）
第二九冊　蔡龍九　《朱子晚年定論》與朱陸異同（下）
第三十冊　陳弘昌　朱子學對日本的影響
第三一冊　黃漢昌　程端禮與《讀書分年日程》

## 明代學術思想研究專輯

　　　　　黃漢昌　羅近溪學述

第三二冊　徐銘謙　曹端理學思想研究
第三三冊　黃信二　王陽明「致良知」方法論之研究
第三四冊　賴昇宏　湛甘泉理學思想之研究
第三五冊　許錦雯　羅欽順、王廷相、吳廷翰自然氣本論研究
第三六冊　林秀鳳　吳廷翰氣學思想研究

清代學術思想研究專輯
第三七冊　商　瑈　黃式三學術思想研究

歷代養生思想研究專輯
第三八冊　王　璟　漢代養生思想研究——以黃老思想為主題

中國佛教思想研究專輯
第三九冊　張清泉　北宋契嵩的儒釋融會思想

民間宗教思想研究專輯
第四十冊　鍾雲鶯　王覺一生平及其《理數合解》理天之研究

# 《中國學術思想研究輯刊》十一編
# 各書作者簡介・提要・目次

## 第一冊　〈堯典〉觀象授時疑義述辨

### 作者簡介

　　鄭裕基，福建省霞浦縣人。臺灣師範大學國文系學士，國文研究所碩士。現任中華科技大學通識中心講師。曾任桃園石門國中教師、空軍機械學校教官。著有《堯典觀象授時疑義述辨》、〈皮錫瑞《尚書大傳疏證・自序》「輯本據陳，閒加釐訂」例釋〉、〈陳澧整理陳壽祺《尚書大傳定本》評述〉、〈略論《雅雨堂叢書》本《尚書大傳補遺》與惠棟之關係〉、〈王闓運《尚書大傳補注》改動「雅雨堂本」《尚書大傳》舉例〉、〈談談《尚書大傳》和它對語文教學的助益〉、〈《續修四庫全書總目提要・經部》「尚書類」斷句謬誤舉例〉、〈國家圖書館所藏惠棟輯本《尚書大傳》訛誤舉例〉等論文。

### 提　要

　　本論文係就堯典觀象授時禮中，疑義最多之璿璣玉衡、七政、四中星諸疑義爲研究主題，首述前賢要義，次加考辨，冀能獲致確解，以爲研究上古文化之眞象，提供若干線索。全文共分五章：

　　第一章「總論」：釐清觀象授時之名義，並確立研究之範圍。

　　第二章「璿璣玉衡述辨」：考辨璣衡之疑義，知觀天器爲璣衡之確詁，從而可知吾國天文學水平之甚高。

　　第三章「七政述辨」：考辨七政之疑義，知日、月、五星爲七政之確詁，

從而可知吾國測候五緯之年代甚早。

　　第四章「四中星述辨」：考辨四中星疑義，知凡據歲差以推考堯年者，皆不可信據，其事當予闕疑，以待後賢。

　　第五章「結論」：總結上文，並提出璣衡、中星二事，以為考研堯典成書年代之線索。

## 目　次

序
第一章　緒　論 ...................................................... 1
　第一節　觀象授時之名義 ......................................... 1
　第二節　〈堯典〉觀象授時之疑義 ............................... 6
第二章　璿璣玉衡述辨 ............................................. 9
　第一節　前賢論說述要 ........................................... 9
　　一、星辰說 ..................................................... 9
　　二、觀天器說 ................................................. 23
　　三、折衷說 ................................................... 28
　　四、帝位說 ................................................... 28
　第二節　前賢論說考辨 ......................................... 29
第三章　七政述辨 ................................................. 55
　第一節　前賢論說述要 ......................................... 55
　　一、天文說 ................................................... 55
　　二、人事說 ................................................... 60
　第二節　前賢論說考辨 ......................................... 63
第四章　四中星述辨 ............................................. 71
　第一節　前賢論說述要 ......................................... 72
　　一、傳統說 ................................................... 72
　　二、否定說 ................................................... 85
　　三、質疑說 ................................................... 89
　第二節　前賢論說考辨 ......................................... 92
第五章　結　論 .................................................. 101
參考書目 ........................................................ 103
附錄：歷代〈堯典〉四仲中星年代推算表 ........................ 111

# 第二冊　皮錫瑞《易》學述論

## 作者簡介

　　高志成，1963 年出生於彰化縣，國立彰化師範大學國文研究所博士班畢，現任職於國立臺中技術學院附設高商國文教師、國立臺中技術學院應用中文系兼任助理教授。研究專長為《易》學、中國古典小說。

## 提　要

　　清末皮錫瑞，著《易學通論》計有三十章，其內容大抵為介紹《易》學史上學者主張之概論性質，以及皮氏個人之論點；而皮氏學術論點又與其所處之政治環境息息相關。本研究旨趣有二：其一、對皮氏《易》學之敘述，其二、透過皮氏之論點，得以對《易》學史上之重要論點，有一通盤認識；是為初學者得窺《易》學門檻之入門書。至於題旨言「述論」者，蓋「述」者，明析其說，補其觀點；「論」者，評判得失，糾舉是非。

## 目　次

第一章　緒　論 ……………………………………………………………… 1
　第一節　研究旨趣 ………………………………………………………… 1
　第二節　內容述要 ………………………………………………………… 3
第二章　皮錫瑞傳略 ………………………………………………………… 9
　第一節　略述生平及其著作 ……………………………………………… 9
　第二節　清代學術風潮及時代背景對皮氏之影響 …………………… 12
　　一、清代學術風潮 …………………………………………………… 12
　　　（一）譏宋學 ………………………………………………………… 12
　　　（二）崇漢學──以小學求證 …………………………………… 13
　　　（三）通經致用──以經今文學為說 …………………………… 16
　　二、皮氏所處之時代背景 …………………………………………… 18
　　　（一）政治與外交背景 …………………………………………… 18
　　　（二）社會情勢 …………………………………………………… 19
　第三節　經學立場 ……………………………………………………… 21
第三章　易學主張 ………………………………………………………… 27
　第一節　皮錫瑞易學淵源 ……………………………………………… 27
　　一、主漢易之思想淵源 ……………………………………………… 27

二、貶宋圖書學之思想淵源 ················································ 30

三、「孔子作卦爻辭」說之根據 ············································ 32

四、焦循易學對皮氏之啓發 ················································ 34

第二節　周易之基本精神 ···················································· 38

一、變易不易皆易之大義 ···················································· 38

（一）皮氏論《周易》大義及其用心之商榷 ···················· 38

（二）周易其他精神 ······················································ 44

二、易爲指導人生義理作 ···················································· 47

第三節　易說多依託不當崇信僞書 ········································ 51

第四節　解易之途逕 ·························································· 54

一、象數與義理 ······························································ 54

（一）象數 ································································· 55

（二）義理 ································································· 57

（三）象數與義理之關係 ················································ 59

二、假借與轉注 ······························································ 62

（一）以焦循之說爲證 ··················································· 62

（二）皮氏之引伸應用 ··················································· 64

第五節　皮錫瑞對卜筮之觀點 ············································· 65

第四章　皮錫瑞對歷代易學之闡述（上） ······························ 71

第一節　先秦易學 ···························································· 71

一、伏羲作易 ································································· 71

二、文王重卦 ································································· 74

（一）皮氏主「文王重卦」說之依據 ································ 74

（二）繫辭傳之說不可盡信 ············································· 77

三、連山、歸藏、周易等三易之說 ········································ 79

（一）皮錫瑞論「三易」用心 ········································· 79

（二）「三易」說之涵意蠡測 ·········································· 82

四、孔子易學及其衍傳之精神 ············································· 85

（一）歷代學者對「卦爻辭」何人所作之主張 ··················· 85

（二）皮氏「孔子作卦爻辭」說之根據與發揮 ··················· 88

（三）時代感受 ··························································· 98

　　五、十翼之說於古無徵 ……………………………………… 100

第二節　漢魏易學（附戰國時期之易學） …………………… 104

　一、戰國時期暨漢初易學合乎孔學精神 …………………… 104

　　（一）戰國時期之易學 …………………………………… 104

　　（二）漢初時期之易學 …………………………………… 106

　二、陰陽災變為附易立說 …………………………………… 108

　　（一）陰陽災異附「易」因緣 …………………………… 108

　　（二）孟喜京房比附易學 ………………………………… 111

　三、以禮證易之鄭玄 ………………………………………… 117

　　（一）鄭易之流傳及其輯佚 ……………………………… 117

　　（二）爻辰說不可信 ……………………………………… 119

　　（三）以禮注易 …………………………………………… 123

　四、虞翻易學淵源及其易學特色 …………………………… 125

　　（一）虞翻易學淵源 ……………………………………… 125

　　（二）虞翻易學特色 ……………………………………… 129

　五、瑕瑜不掩之王弼 ………………………………………… 132

　　（一）王弼易學淵源 ……………………………………… 132

　　（二）王弼注易之時代思潮 ……………………………… 135

　　（三）易學理論——以道入易及掃象之根據 …………… 137

　　（四）後人之褒貶——瑕瑜不掩 ………………………… 141

　　（五）不注「繫辭、說卦、序卦、雜卦」原因之蠡測 … 143

　六、以傳附經之始末 ………………………………………… 150

　　（一）歷代各家對於以傳附經之幾種說法 ……………… 150

　　（二）皮錫瑞論「以傳附經」之用心 …………………… 152

第五章　皮錫瑞對歷代易學之闡述（下） ………………… 155

第一節　唐代易學 …………………………………………… 155

　一、對《周易正義》之補述 ………………………………… 155

　　（一）皮氏易學與《周易正義》之說不同者 …………… 156

　　（二）餘論 ………………………………………………… 160

　二、對李氏《周易集解》之肯定 …………………………… 161

第二節　宋代易學 …………………………………………… 164

　　一、言理不言數之《程傳》⋯⋯⋯⋯⋯⋯⋯⋯⋯⋯⋯⋯164

　　　（一）言「理」在切事⋯⋯⋯⋯⋯⋯⋯⋯⋯⋯⋯⋯165

　　　（二）不取圖書學⋯⋯⋯⋯⋯⋯⋯⋯⋯⋯⋯⋯⋯⋯166

　　二、對宋「圖書學」淵源及承傳之批評⋯⋯⋯⋯⋯⋯⋯169

　　　（一）圖書學之淵源⋯⋯⋯⋯⋯⋯⋯⋯⋯⋯⋯⋯⋯169

　　　（二）圖書學之承傳⋯⋯⋯⋯⋯⋯⋯⋯⋯⋯⋯⋯⋯173

　　三、朱子易說尚未定論⋯⋯⋯⋯⋯⋯⋯⋯⋯⋯⋯⋯⋯⋯180

　第三節　清儒易學⋯⋯⋯⋯⋯⋯⋯⋯⋯⋯⋯⋯⋯⋯⋯⋯⋯183

　　一、駁圖書學之功臣⋯⋯⋯⋯⋯⋯⋯⋯⋯⋯⋯⋯⋯⋯⋯183

　　　（一）黃宗羲⋯⋯⋯⋯⋯⋯⋯⋯⋯⋯⋯⋯⋯⋯⋯⋯183

　　　（二）胡渭⋯⋯⋯⋯⋯⋯⋯⋯⋯⋯⋯⋯⋯⋯⋯⋯⋯185

　　二、初學易者之指引⋯⋯⋯⋯⋯⋯⋯⋯⋯⋯⋯⋯⋯⋯⋯188

　　　（一）張惠言⋯⋯⋯⋯⋯⋯⋯⋯⋯⋯⋯⋯⋯⋯⋯⋯188

　　　（二）焦循⋯⋯⋯⋯⋯⋯⋯⋯⋯⋯⋯⋯⋯⋯⋯⋯⋯195

　　三、清儒復理術數之繆⋯⋯⋯⋯⋯⋯⋯⋯⋯⋯⋯⋯⋯⋯204

　　附錄《周易本義》圖書九式⋯⋯⋯⋯⋯⋯⋯⋯⋯⋯⋯⋯210

第六章　結　論⋯⋯⋯⋯⋯⋯⋯⋯⋯⋯⋯⋯⋯⋯⋯⋯⋯⋯⋯225

參考書目⋯⋯⋯⋯⋯⋯⋯⋯⋯⋯⋯⋯⋯⋯⋯⋯⋯⋯⋯⋯⋯⋯229

# 第三冊　《詩經》、《詩序》、《左傳》關聯問題研究

## 作者簡介

　　林思妤，雲林縣人。國立高雄師範大學國文學系、雲林科技大學漢學資料整理研究所畢業，現為斗六國中教師。秉守祖訓：「繼祖宗一脈真傳克勤克儉，示子孫兩條正路惟讀惟耕。」耕讀為首，智識尤要，幼承庭訓，濡染家澤深矣！研究所期間，蒙林師葉連殷殷啟導，得一窺《詩經》堂奧，本書之能付梓，亦是恩師之玉成。投身教育行列將屆九載，冀戮力順導後學，共振孔鐸。

## 提　要

　　本論文旨在探析《詩經》、《詩序》、《左傳》的關聯問題，期能將三者彙整成有系統的整體。在章節的安排上共分為六個章節及兩個附錄。

　　自先秦時代迄今，二千多年來，《詩經》這部重要的典籍一直被視為珍貴

的文化資產，除可作爲考察周朝政治、社會環境的主要依據之外，其所蘊含的思想更是對後來的儒家產生深遠的影響。而因爲時代久遠且歷經戰國及秦代的動亂，大量先秦典籍遭受焚毀因而散佚殘闕，致使後代學者在研究《詩經》時衍生了許多問題。有關《詩序》的作者問題以及《詩序》的可信度，從宋代以來便是學者討論的焦點。筆者認爲，當《詩》的本質、功能確認之後，《詩序》的存廢問題才有進一步討論的空間。而欲瞭解《詩經》的本質，其時代背景的掌握是首要之務。臣下作詩、陳詩、獻詩，其用意在「主文而譎諫」，使「言之者無罪，聞之者足以戒」，因此，《詩》在周代之初，其教戒作用是顯而易見的。關於春秋時期《詩》篇應用的普遍，則可從《左傳》中的記載清楚得知。《左傳》之中有不少對話內容徵引了《詩經》的作品，君臣之間或賦詩言志，或引詩以斷是非，並記錄了詩與禮樂的關係。從各國之間賦詩、引詩風氣的盛行，可看出《詩經》在當時的重要性。

　　賦詩言志的方法：一曰斷章取義；二曰就詩取喻。賦詩活動多出現於外交朝聘宴享的重要場合。引詩方法：一曰直用詩義；二曰引申詩義；三曰斷章取義；四曰引詩譬喻。引詩活動多屬君王、臣子之間的對答。從春秋時期國與國之間賦詩、引詩風氣盛行的情況來看，《詩經》的政教美刺作用即明顯可知，而《詩序》也正是闡發《詩經》微言大義的重要文獻。

## 目　次

第一章　緒　論 ……………………………………………………… 1
　第一節　研究動機和目的 ……………………………………… 1
　第二節　研究方法 ……………………………………………… 5
　　一、文獻資料分析法 ………………………………………… 5
　　二、歷史研究法 ……………………………………………… 5
　　三、批判、歸納法 …………………………………………… 5
　第三節　前人研究成果探討 …………………………………… 6
第二章　《詩經》、《左傳》的質性與關聯 ……………………… 11
　第一節　《詩經》的編著背景與質性 ………………………… 11
　　一、《詩經》的時代背景 …………………………………… 11
　　二、《詩經》的編訂與分類 ………………………………… 13
　　　（一）《詩經》的編訂 …………………………………… 13
　　　（二）《詩經》的分類 …………………………………… 16

　　　　三、《詩經》的質性與作用 ……………………………………… 18

　　　　四、先秦時期《詩經》之流傳 …………………………………… 22

　　第二節　《左傳》的內容與質性 ………………………………………… 24

　　　　一、《左傳》政治、社會背景 …………………………………… 24

　　　　二、《左傳》的編寫 ……………………………………………… 25

　　　　三、《左傳》的質性與特色 ……………………………………… 26

　　第三節　《左傳》與《詩經》之關聯 …………………………………… 27

　　　　一、引《詩經》中的作品 ………………………………………… 27

　　　　二、引「逸詩」 …………………………………………………… 28

　　　　三、朝聘宴享、外交場合賦詩引詩風氣 ……………………… 30

　　　　四、記錄《詩》與禮樂的關係 ………………………………… 33

　第三章　《詩序》的質性及其與《詩經》的關聯 …………………………… 35

　　第一節　《詩序》的作者 …………………………………………………… 35

　　　　一、《毛詩序》的作者 …………………………………………… 35

　　　　二、今文經的《序》 …………………………………………… 36

　　第二節　《詩序》的內容與流傳 ………………………………………… 38

　　　　一、《毛詩序》內容 …………………………………………… 38

　　　　　（一）〈關雎序〉的內容 ……………………………………… 39

　　　　　（二）大序、小序之別 ……………………………………… 39

　　　　　（三）〈小雅〉六篇「有義亡辭」的笙詩 ……………………… 40

　　　　　（四）美、刺作用 …………………………………………… 40

　　　　二、今古文經的《序》 ………………………………………… 41

　　　　三、《毛詩序》的成書 …………………………………………… 42

　　　　四、宋代尊、廢《序》之爭 …………………………………… 43

　　第三節　《詩序》與《詩經》之關聯 …………………………………… 45

　　　　一、反映「六經皆史、《詩經》是周朝政府檔案文獻」的事實 … 45

　　　　二、《詩序》大多為「本義」，少數是「引申義」 ……………… 47

　　　　三、闡發微言大義、體現「溫柔敦厚」 ……………………… 49

　　　　四、今古文經的《詩序》可以通解 …………………………… 51

　　　　五、〈孔子詩論〉對《詩序》的質性有證成作用 ……………… 53

　第四章　《左傳》賦詩與《詩序》之關聯 ………………………………… 57

第一節 「賦詩」的界定 ···················· 57

　一、賦詩即歌詩 ························ 57

　二、賦詩即誦詩 ························ 58

　三、賦詩即歌詩即誦詩 ···················· 58

第二節 賦詩言志方法 ····················· 61

　一、正歌（例賦） ······················ 61

　二、賦詩言志 ························· 62

　　（一）就詩取喻 ······················ 63

　　（二）斷章取義 ······················ 64

第三節 《左傳》真實反應歷史事件，與《詩序》所載相同 ··········· 66

第四節 《左傳》賦詩用了《詩》本義 ················· 70

第五節 《左傳》賦詩用了《詩》的引申義 ··············· 72

第六節 《左傳》賦詩者自己斷章取義，用了自創意 ············ 88

第五章 《左傳》引詩與《詩序》之關聯 ··············· 93

第一節 「引詩」的界定 ····················· 93

　一、時人引詩表 ······················· 94

　二、仲尼引詩表 ······················· 98

　三、君子引詩表 ······················· 98

　四、引詩統計表 ······················ 100

第二節 言語引詩方法 ···················· 102

　一、直用詩義 ························ 102

　二、闡發詩義 ························ 103

　三、引詩譬喻 ························ 103

　四、斷章取義 ························ 104

第三節 《左傳》引詩用了《詩》本義 ················ 105

第四節 《左傳》引詩用了《詩》的引申義 ·············· 113

第五節 《左傳》引詩者自己斷章取義，用了自創意 ··········· 133

第六章 結　論 ························ 139

參考文獻 ·························· 143

附錄一 《左傳》賦詩與《詩序》對照表 ··············· 153

附錄二 《左傳》引詩與《詩序》對照表 ··············· 159

# 第四冊　呂祖謙《詩經》學研究

## 作者簡介

　　郭麗娟，臺灣省臺中縣人，出生於廣州市，是朋友們口中的「大陸妹」。曾就讀臺灣省立臺中女中，臺北市北一女中，求學生涯中斷過很長時間，因此在大學，研究所裏是班上最年長的學生，必須比同學多化上數倍時間唸書。研究所畢業後雖曾兼任經學，詩學方面課程，但擔任最久的工作卻是家庭煮婦及保母。罹患眼疾與突發性耳聾後，生活轉入簡單，清淡，喜親近自然。

## 提　要

　　呂祖謙對《詩經》學方面最主要的論述是他的著作《呂氏家塾讀詩記》，其書係採諸家之說，集其善者編纂而成。其所引之書，今大多已亡佚，從呂書中可尋得片段的記載，或可略窺其簡要之輪廓，因此對前人著作或有輯佚的作用。呂祖謙釋《詩》之方法甚多；有引前賢之說以證其解，或舉前人之說以釋《詩》；其尊《序》，然又非盲目遵之，若《詩序》有誤，或認有後人附益時，亦糾其誤。於申述詩篇之義時，有申釋一章或數章之義，或綜述全篇之大意，並論及各章之層遞關係。他以「協韻」及「賦比興」論作詩之法，於探討《詩》旨時，除言一篇之大旨外，亦論及意在言外者。對於詩旨不明者，並不強釋之，而是「存其訓故，以待知者」。呂氏甚重視字詞、名物等方面之訓詁，對毛《傳》、鄭《箋》、史書、及前人之誤，皆一一辨正或加以補充。其辨正並非完全正確，然可從中窺其欲探求詩句正確意義，進而確定詩旨的用心。呂祖謙說《詩》也有疏失之處，如以《詩》之正變分經傳，引用典故、或採他家之說未察其非等。但在宋代反毛、鄭，廢《序》之潮流下，呂氏仍堅守毛《傳》、鄭《箋》、《詩序》，撰《呂氏家塾讀詩記》一書，使漢儒傳統得以保存下來，其功自不可沒。

## 目　次

自　序
第一章　緒　言 ................................................................ 1
　第一節　研究動機 ............................................................ 1
　第二節　現有研究成果的檢討 .................................................. 2
　第三節　本論文研究方法 ...................................................... 5
第二章　呂祖謙成學之背景 ...................................................... 7
　第一節　家　學 ............................................................. 7

第二節　師友之影響 ……………………………………………………… 12

第三章　呂祖謙之生平與著作 ………………………………………… 29

第一節　生平 ……………………………………………………………… 29

第二節　著作 ……………………………………………………………… 36

第四章　《呂氏家塾讀詩記》之成書經過、版本與體例 ……… 55

第一節　成書經過 ………………………………………………………… 55

第二節　版本 ……………………………………………………………… 57

第三節　體例 ……………………………………………………………… 63

第五章　呂祖謙釋《詩》之法 ………………………………………… 69

第一節　引前人之說 ……………………………………………………… 69

一、舉前人之說以證其解 ……………………………………………… 69

二、引前人之說以釋《詩》 …………………………………………… 70

第二節　申述《詩序》之義 …………………………………………… 72

一、論《詩序》之作 …………………………………………………… 72

二、以《詩序》解《詩》 ……………………………………………… 74

三、論辨《詩序》之非 ………………………………………………… 76

（一）辨《詩序》之誤 ……………………………………………… 76

（二）論《詩序》有後人附益 ……………………………………… 78

第三節　申述詩篇之義 ………………………………………………… 80

一、申釋一章或數章之義 ……………………………………………… 81

二、論各章之層遞關係 ………………………………………………… 83

三、綜述全篇之大意 …………………………………………………… 84

第四節　論作詩之法和探討詩旨 ……………………………………… 86

一、論作詩之法 ………………………………………………………… 86

（一）協韻 …………………………………………………………… 86

（二）賦比興 ………………………………………………………… 89

二、詩旨之探討 ………………………………………………………… 91

（一）論一篇之大旨 ………………………………………………… 91

（二）意在言外者 …………………………………………………… 93

（三）存其訓故，以待知者 ………………………………………… 94

第六章　字句之考訂 …………………………………………………… 95

　　　第一節　釋字詞‥‥‥‥‥‥‥‥‥‥‥‥‥‥‥‥‥‥‥‥‥‥‥95
　　　　一、補前人說法之未備‥‥‥‥‥‥‥‥‥‥‥‥‥‥‥‥‥‥95
　　　　二、從二詩之使用字詞以觀之‥‥‥‥‥‥‥‥‥‥‥‥‥‥‥97
　　　　三、釋字詞例‥‥‥‥‥‥‥‥‥‥‥‥‥‥‥‥‥‥‥‥‥100
　　　第二節　釋詩句‥‥‥‥‥‥‥‥‥‥‥‥‥‥‥‥‥‥‥‥‥103
　第七章　呂氏對前人詩說之批評‥‥‥‥‥‥‥‥‥‥‥‥‥‥‥‥107
　　　第一節　評毛《傳》、鄭《箋》‥‥‥‥‥‥‥‥‥‥‥‥‥‥107
　　　　一、評毛、鄭之失‥‥‥‥‥‥‥‥‥‥‥‥‥‥‥‥‥‥107
　　　　二、糾毛氏之非‥‥‥‥‥‥‥‥‥‥‥‥‥‥‥‥‥‥‥109
　　　　三、糾鄭氏之誤‥‥‥‥‥‥‥‥‥‥‥‥‥‥‥‥‥‥‥110
　　　第二節　評前人說法之誤‥‥‥‥‥‥‥‥‥‥‥‥‥‥‥‥115
　　　　一、史書及前人之誤‥‥‥‥‥‥‥‥‥‥‥‥‥‥‥‥‥115
　　　　二、駁朱子之說‥‥‥‥‥‥‥‥‥‥‥‥‥‥‥‥‥‥‥119
　第八章　呂祖謙說《詩》之疏失及其《詩經》學價值和影響‥‥‥‥125
　　　第一節　呂祖謙說《詩》之疏失‥‥‥‥‥‥‥‥‥‥‥‥‥125
　　　　一、以正變分經傳，有所不當‥‥‥‥‥‥‥‥‥‥‥‥‥125
　　　　二、以訛傳訛，引用典故未察‥‥‥‥‥‥‥‥‥‥‥‥‥127
　　　　三、採他家之說，不察其非‥‥‥‥‥‥‥‥‥‥‥‥‥‥127
　　　第二節　呂氏《詩經》學之價值和影響‥‥‥‥‥‥‥‥‥‥128
　　　　一、呂祖謙《詩經》學之價值‥‥‥‥‥‥‥‥‥‥‥‥‥128
　　　　二、呂祖謙《詩經》學對後世之影響‥‥‥‥‥‥‥‥‥‥130
　第九章　結　論‥‥‥‥‥‥‥‥‥‥‥‥‥‥‥‥‥‥‥‥‥‥139
　引用及主要參考書目‥‥‥‥‥‥‥‥‥‥‥‥‥‥‥‥‥‥‥‥141

# 第五冊　王禮卿先生《四家詩恉會歸》研究

## 作者簡介

　　陳瑩珍，畢業於淡江大學中國文學系、雲林科技大學漢學資料整理研究所，師事林葉連先生，專長為詩經、經學，曾發表論文：〈《四家詩恉會歸》對《詩序》的闡揚〉（「紀念王禮卿教授學術研討會」）、〈王禮卿先生之「興」義研究〉（《先秦兩漢學術》第九期《詩經》專刊）、〈論相思〉（淡江文學第31、32 期），目前任職於新北市立樹林高中。

## 提　要

　　王禮卿先生歷四十餘年，總歸詩學之一統，成《四家詩怡會歸》一書，其彙研四家之學，以「三義」分證四家詩怡乃流異源同。筆者擬以此書，探討王先生對《詩經》學的重要主張、價值、地位及特殊貢獻。

　　首章緒論，敘述研究動機與目的、研究方法以及前人研究成果探討。

　　次章簡介王禮卿先生與《四家詩怡會歸》一書。

　　第三章介紹王先生對《詩序》之闡揚。讀《詩》必當讀《序》，如此解詩才有依據。而王禮卿先生更進一步將齊魯韓毛四家詩序合觀，分析孰為本義、孰為引申義，替研讀《詩經》者指引一明確之方向，本章主要分析王先生解詩依據為何，藉以明《詩序》對《詩經》的必要性。

　　第四章探討《詩經》六義中的「興」，王先生在書中對「興」體有詳細之分析，本章將以此為基準，找出《詩》中與其相對應之篇章，並與《詩序》合觀，以《詩序》作為解詩之標準，期能使吾人在了解《詩》之興體為何外，又能明詩篇作者如何利用「興」之筆法來成就詩怡。

　　第五章為《四家詩怡會歸》引書舉隅，在此先選取書中「詩怡」為主，分析、統整其所引之書為何，藉此以觀王先生引何書來還原四家詩怡，明其引書之特點、引何書分證四家詩怡。

　　第六章探討書中義疏之學，可得王疏之特色為：(1) 援引眾書，較論得失。(2) 詳註詳解，分析入微。(3) 施加案語，成一家之言。

　　結論總述此書之貢獻與價值：(1) 闡發興義，有功於文藝技巧之學。(2) 詳注詳解，有功於義疏之學。(3) 論證《詩序》，有功於古史。(4) 釐清詩篇的本義及引申義。(5) 會歸四家詩為一統，解除學界的紛爭。

　　由上述所言，可知王禮卿先生對《詩經》學之貢獻與價值何在，其友成惕軒曾謂「此書為經學最後之筆」，誠可為此書之總評矣！

## 目　次

第一章　緒　論 …………………………………………………………………… 1
　一、研究動機與目的 …………………………………………………………… 1
　二、研究方法 …………………………………………………………………… 2
　三、前人研究成果探討 ………………………………………………………… 3
第二章　王禮卿先生與《四家詩怡會歸》 ……………………………………… 5
　一、王禮卿先生之生平簡介 …………………………………………………… 5

　　（一）家世背景 ······················································· 5

　　（二）處事態度與人生哲學 ······································ 6

　　（三）生命中最有意義的事 ······································ 6

　　（四）曾發表之單篇論文 ·········································· 7

　二、《四家詩恉會歸》 ················································· 7

第三章　闡揚《詩序》 ················································· 9

　一、歷代學者對《詩序》之誤解 ································· 9

　　（一）唐代 ···························································· 10

　　（二）宋代 ···························································· 10

　　（三）元、明二朝 ·················································· 14

　　（四）清代 ···························································· 14

　二、說《詩》必宗《詩序》──《詩序》對《詩經》之重要性 ··· 19

　　（一）詩之三義 ····················································· 20

　　（二）序說舉隅 ····················································· 40

　三、以為《毛詩序》為引申義之篇章 ························· 48

　　（一）毛為本義 ····················································· 48

　　（二）毛為引申義 ·················································· 56

　四、《詩序》的價值 ················································· 59

第四章　《四家詩恉會歸》興義研究 ·························· 61

　一、以興義之單複言之 ············································· 63

　　（一）兼比之興 ····················································· 63

　　（二）不兼比之興 ·················································· 64

　二、以興意之曲直言之 ············································· 65

　　（一）正興 ···························································· 65

　　（二）反興 ···························································· 65

　　（三）正反相兼之興 ··············································· 66

　三、以興義之隱顯言之 ············································· 66

　　（一）竝綴正意之興 ··············································· 66

　　（二）不綴正意之興 ··············································· 67

　四、以興體之廣狹言之 ············································· 67

　　（一）全篇之興 ····················································· 67

（二）全章之興 ······································· 68

（三）上下皆興 ······································· 68

（四）數句之興 ······································· 69

（五）兩句之興 ······································· 70

（六）單句之興 ······································· 70

五、以興格之繁簡言之 ····························· 71

（一）以一興興再興 ······························· 71

（二）以顯興興隱興 ······························· 72

（三）具象略義之興 ······························· 73

（四）象義並具之興 ······························· 73

六、以興型之異同言之 ····························· 74

（一）各章所託類同之興 ··························· 74

（二）各章所託類異之興 ··························· 75

（三）各章詞義大同之興 ··························· 75

（四）各章詞義相異之興 ··························· 76

（五）各章詞義異同兼具之興 ······················· 76

七、以興境之遠近言之 ····························· 77

（一）即事之興 ······································· 77

（二）離事之興 ······································· 78

（三）即時之興 ······································· 78

（四）離時之興 ······································· 79

八、以興相之虛實言之 ····························· 79

（一）託物之興 ······································· 79

（二）託事之興 ······································· 80

（三）託象之興 ······································· 80

（四）託境之興 ······································· 81

（五）託義之興 ······································· 81

（六）設象之興 ······································· 82

（七）設境之興 ······································· 83

九、305 篇興義分類表格 ··························· 83

第五章　《四家詩恉會歸》引書舉隅 ··············· 99

一、「詩悎」所引之書 ·························· 99
二、今文經三家之家法傳承 ·················· 131
（一）師法與家法 ························ 131
（二）今文經三家之家法傳承 ············ 132
三、所引書籍與四庫的對應 ·················· 136
第六章 《四家詩悎會歸》中的義疏之學──以二南為範圍 ···· 137
一、義疏之濫觴 ···························· 137
（一）漢人章句 ·························· 138
（二）晉人經義 ·························· 139
（三）佛典疏鈔 ·························· 139
二、義疏體例之探討 ························ 140
（一）總括文義 ·························· 141
（二）訓釋詞義 ·························· 143
（三）串講句義 ·························· 145
（四）補充疏釋 ·························· 146
（五）延伸擴展 ·························· 148
（六）徵引成說 ·························· 149
（七）施加案語 ·························· 150
三、王疏之特色 ···························· 153
（一）援引眾書，較論得失 ·············· 153
（二）詳註詳解，分析入微 ·············· 154
（三）施加案語，成一家之言 ············ 154
第七章 結論──貢獻與價值 ···················· 155
附錄一 ···································· 161
附錄二 ···································· 167
參考書目 ·································· 169

# 第六、七冊　董仲舒春秋學義法思想研究

## 作者簡介

　　楊濟襄，1969 年生，臺灣師範大學國文研究所文學博士（2001）。現爲國立中山大學中國文學系副教授（2006～）。主要研究方向爲：春秋學、禮學、

易學。著有《龔自珍春秋學研究》一書，並有〈「方法論」對莊存與《春秋》學研究之啓發〉、〈孔廣森《公羊通義》的解經路線與關鍵主張〉、〈王闓運「援莊入孔」的思想主張及學術史意義〉、〈康有爲《春秋董氏學》的承繼與創新〉等多篇學術論文；近年來投入臺灣生命禮俗之田野調查實務，獲得教育部補助設置「生命禮儀與文化詮釋」全球學術網：http://yangy.chinese.nsysu.edu.tw/lifetaboo/index.htm

禮俗相關論文有〈《周易》經傳方位觀念的文化意義與學術價值——兼論〈說卦〉、帛書〈易之義〉及漢代式盤的方位觀〉、〈海洋與土地的神聖對話：台灣的王爺信仰與五營認知〉、〈生生與制煞：民俗禮儀中的青龍白虎形象〉、〈台灣民間禮俗中的「孕母守護」圖像群與儀式〉、〈返樸歸眞——論《老子》之「赤子」嚮往與後世道教之養生趨尚〉等篇。

## 提　要

這本論文是筆者 2001 年在國立台灣師範大學國文學系取得博士學位之作（周何教授指導）。

對於漢代時人而言，董氏以治《春秋》「學士皆尊師之」。董氏之後，漢代公羊學風大盛，董氏由公羊一系所論而推闡之《春秋》義法，不只成爲當代決事取捨的準則，太史公亦以《春秋》之當然內容看待其釋義之成果，著其云：「漢興至于五世之間」，「唯董仲舒明於《春秋》」。對於後世公羊學來說，董仲舒之春秋學，不啻爲時代最接近於《公羊》經、傳之文獻。對於今日治理《公羊春秋》的學者而言，董仲舒之學遠早於東漢何休，可說是《公羊傳》之後，後世公羊學之發源。

本論文以董氏「春秋學」之「《春秋》義法」與「儒學內容」爲研究之對象。試圖由經學史和儒學史的觀點，重新尋求董氏春秋學的合理評價。因此關於董氏天人思想、氣化感應、陰陽災異等，與春秋學或儒學思想本質未有特別關係者，不在本論文討論之列。

本論文共分七章，茲依序介紹篇次及內容如下：

第一章　緒　論

分爲四小節：「研究方向的揀擇」、「研究對象的爭議」、「研究論題的價值」、「研究資料的運用」。

分別說明董仲舒其人其學的相關問題和爭議，以及國內有關於董氏學術的研究概況，以見本文研究論題的方向和價值。

第二章　董仲舒春秋學與《春秋》經、傳之關係

分爲三小節:「董仲舒春秋學在『春秋學史』之定位」、「董仲舒春秋學與《春秋》三傳之異同」、「董仲舒春秋學對《公羊傳》之補充」。

分別就董仲舒春秋學的內容與今本三傳作比對,以確實掌握董氏《春秋》學與三傳的關係,及其對公羊義法的繼承與開創。並進一步具體爲董仲舒春秋學之學術地位找到合理的定位。

第三章　董仲舒春秋學的方法論

分爲三小節:「董仲舒春秋學之思維方式」、「董仲舒春秋學之解經方法」、「董仲舒對《春秋》書寫方式之闡釋」。

本章是以方法論的立場,探討董仲舒其人之思維特質與學術風格的關係,同時分析其釋解《春秋》義旨之方法,並討論董氏「《春秋》無達辭,從變從義」的運用,以及董氏對《春秋》「微言大義」的闡釋。

第四章　董仲舒春秋學對《春秋》義法之詮釋

分爲五小節:「董仲舒春秋學《春秋》義法總論」、「《春秋》義法彰舉道德行爲的實踐」、「《春秋》義法與政治理念」、「以《春秋》『大一統』論禮制」、「由《春秋》『正名』以論成性之教」。

本章分析董仲舒對《春秋》「義法」的闡釋和運用。除了總論以外,分別由彰顯道德行爲、落實政治理念、以及由《春秋》「大一統」思想而建構的禮制內容、和《春秋》「正名」觀念所引發的關於先秦儒學孟子性善論的檢討,呈現董仲舒春秋學「務實致用」的義法內容。

第五章　董仲舒春秋學「遠外近內」考義——源於何休《春秋公羊經傳解詁》而來之誤解

分爲三小節:「《春秋繁露》『遠外近內』解義」、「《春秋繁露》『滕薛獨稱侯』解義」、「凌曙、蘇輿注本對何休《解詁》的看法與清代常州公羊學風有關」。

本章旨在探討董仲舒與東漢公羊學家何休對《公羊傳》釋義之異同。董、何二人所治雖然同爲公羊春秋,然而二人方法不同,以致解經釋義多有牴牾。本章具體比較《公羊傳》、董仲舒、何休,三者論春秋義法「遠外近內」之異同,以見何休《解詁》與董仲舒春秋學義法之扞隔。

第六章　董仲舒春秋學「滅國五十有餘,獨先諸夏」考義——源於現存注本對「董仲舒春秋學解經方法」之誤解

分爲四小節:「前人注解之若干疑點」、「『滅國五十有餘,獨先諸夏』句義

之辨」、「以董仲舒『《春秋》無達辭』的角度，重新看待《公羊》經傳裡的『滅國事件』」、「突破『滅國』一詞在釋義上的思考僵局」。

本章是由董仲舒的解經方法而延伸之討論。現存注本於董氏春秋學釋義仍多有未通，其關鍵因素即在於，以何休之「文字釋例」運用於董氏春秋學「不任其辭，可與適道」的解經義法中。董、何二人釋經方法不同，今存《繁露》凌曙、蘇輿二種注本，皆以何休所論之義理，加諸於董氏春秋學之上，甚至校釋董氏《繁露》之文句；本章以「滅國…獨先諸夏」爲例，說明何休以文字條例解經，和董氏「無達辭」、「從變從義」之法的運用，在《春秋》經義的說釋上，所產生的截然不同的成果。

第七章 結 論

本論文研究成果之總結。並附有【董仲舒年譜】之考證、以及【董仲舒所發凡之春秋義法】原文一覽表、【今本《春秋繁露》篇目與所論之「春秋義法」統計】一覽表。

## 目 次

上冊：文獻回顧與方法論
序
凡 例
第一章 緒 論 …………………………………………………………… 1
　第一節 研究方向的揀擇 …………………………………………… 1
　第二節 研究對象的爭議 …………………………………………… 6
　第三節 研究論題的價值 ………………………………………… 32
　　一、「道統觀念」影響當代學者對漢代儒學之成見 ………… 33
　　二、「陰陽氣化觀」影響當代學者對漢代儒學之評價 ……… 36
　　三、以「文化反省」開創經學研究之新視野 ………………… 40
　第四節 研究資料的運用 ………………………………………… 50
　　一、《春秋繁露》成書之檢討 …………………………………… 51
　　二、「賢良對策」資料之檢討 …………………………………… 62
　　三、現存董仲舒其他著作之檢視 ……………………………… 63
第二章 董仲舒春秋學與《春秋》經、傳之關係 ……………… 65
　第一節 董仲舒春秋學在「春秋學史」之定位 ………………… 66
　第二節 董仲舒春秋學內容與《春秋》三傳之異同 ………… 82

一、三傳看法各異，而董氏所論與《公羊傳》相合 ⋯⋯⋯⋯⋯⋯ 82

二、董仲舒對《春秋》經、傳的看法 ⋯⋯⋯⋯⋯⋯⋯⋯⋯⋯ 95

三、董仲舒春秋學之文獻未見於《公羊傳》者 ⋯⋯⋯⋯⋯⋯ 103

第三節　董仲舒春秋學內容對《公羊傳》之補充 ⋯⋯⋯⋯⋯⋯ 128

一、十二世三等與《公羊傳》之「所見異辭、所聞異辭、所傳聞異

辭」 ⋯⋯⋯⋯⋯⋯⋯⋯⋯⋯⋯⋯⋯⋯⋯⋯⋯⋯⋯⋯⋯ 128

二、以「貴微重始，見悖亂之徵」詮釋《公羊傳》所言之「災」、「異」

⋯⋯⋯⋯⋯⋯⋯⋯⋯⋯⋯⋯⋯⋯⋯⋯⋯⋯⋯⋯⋯⋯⋯ 130

三、《春秋》以「王者受命，作科以奉天地」，故謂「王正月」 ⋯⋯ 135

四、《春秋》爵等，商夏質文 ⋯⋯⋯⋯⋯⋯⋯⋯⋯⋯⋯⋯ 138

五、「祀周公用白牡」乃「報德之禮」 ⋯⋯⋯⋯⋯⋯⋯⋯⋯ 138

六、《春秋》之於昏禮，達陽不達陰 ⋯⋯⋯⋯⋯⋯⋯⋯⋯ 139

七、《春秋》善「宋襄公不厄人」，以變習俗、成王化 ⋯⋯⋯ 141

八、臧孫辰請糴，乃「莊公使為」 ⋯⋯⋯⋯⋯⋯⋯⋯⋯⋯ 142

九、「邾婁人、牟人、葛人」因「天王崩而相朝聘」，故誅為「夷狄」

⋯⋯⋯⋯⋯⋯⋯⋯⋯⋯⋯⋯⋯⋯⋯⋯⋯⋯⋯⋯⋯⋯⋯ 142

十、吳子變而反道，乃爵而不殊 ⋯⋯⋯⋯⋯⋯⋯⋯⋯⋯⋯ 143

十一、「以德為序」，魯君在是，亦有所「避」 ⋯⋯⋯⋯⋯⋯ 146

十二、「滅同姓」書「絕」，賤其本祖而忘先 ⋯⋯⋯⋯⋯⋯ 151

第四節　結　語 ⋯⋯⋯⋯⋯⋯⋯⋯⋯⋯⋯⋯⋯⋯⋯⋯⋯⋯ 153

第三章　董仲舒春秋學的方法論 ⋯⋯⋯⋯⋯⋯⋯⋯⋯⋯⋯⋯⋯ 159

第一節　董仲舒春秋學之思維方式 ⋯⋯⋯⋯⋯⋯⋯⋯⋯⋯⋯ 164

一、「比興」的思維方式 ⋯⋯⋯⋯⋯⋯⋯⋯⋯⋯⋯⋯⋯⋯ 165

二、「二端」的思維方式 ⋯⋯⋯⋯⋯⋯⋯⋯⋯⋯⋯⋯⋯⋯ 179

三、「相對辨證」的思維方式 ⋯⋯⋯⋯⋯⋯⋯⋯⋯⋯⋯⋯ 182

四、「倫理秩序」的思維方式 ⋯⋯⋯⋯⋯⋯⋯⋯⋯⋯⋯⋯ 185

五、「致用」的思維方式 ⋯⋯⋯⋯⋯⋯⋯⋯⋯⋯⋯⋯⋯⋯ 191

第二節　董仲舒春秋學之解經方法 ⋯⋯⋯⋯⋯⋯⋯⋯⋯⋯⋯ 193

一、以「比」貫「類」，屬「事」見「義」 ⋯⋯⋯⋯⋯⋯⋯⋯ 194

二、覽其緒以發其端 ⋯⋯⋯⋯⋯⋯⋯⋯⋯⋯⋯⋯⋯⋯⋯ 209

三、「操之與在經無異」者，屠其贅 ⋯⋯⋯⋯⋯⋯⋯⋯⋯ 214

四、窮其端而視其故，見所以然 ……………………………… 217

第三節　董仲舒對《春秋》書寫方式之闡釋 …………………… 221

一、對《春秋》書寫用詞之認識 …………………………… 222

二、《春秋》有常辭，無達辭 ……………………………… 231

三、對《春秋》「微言」的闡釋 …………………………… 243

下冊：考辨與詮釋

第四章　董仲舒春秋學對《春秋》義法之詮釋 ………………… 273

第一節　董仲舒春秋學義法總論 ……………………………… 275

一、《春秋》義法之學，首重「道往以明來」…………… 275

二、《春秋》義法「遂人道之極」，人道浹而王道備 …… 277

三、《春秋》義法的「科」與「旨」……………………… 278

四、《春秋》的「文」與「質」：文辭與義法 ………… 284

第二節　《春秋》義法彰舉道德行為的實踐 ………………… 287

一、《春秋》為「仁義法」………………………………… 287

二、正其道不謀其利，明其理不急其功 ………………… 296

三、《春秋》賢義得眾為大安 …………………………… 301

四、「仁道」較君臣序讓為貴 …………………………… 304

五、《春秋》災異記事之義：修身審己、明善心以反道 … 308

第三節　《春秋》義法與政治理念 …………………………… 309

一、以「貴元」架構政治典範 …………………………… 309

二、「尊尊」與「存郊」…………………………………… 315

三、德等則親親：「正己」與「安人」的雙重意涵 …… 322

四、《春秋》敬賢重民，任德不任刑 …………………… 334

五、以「正己之義」除細故之患，以「安人之仁」絕亂塞害於未然 … 343

六、《春秋》尊禮重信以成王化 ………………………… 349

第四節　以《春秋》「大一統」論禮制 ……………………… 352

一、《公羊傳》「大一統」之義 ………………………… 352

二、禮制作科，才能完成漢世之「大一統」…………… 353

三、漢世改制之必要 ……………………………………… 357

四、董仲舒「三統」禮制之內容 ………………………… 360

第五節　由《春秋》「正名」以論「成性之教」…………… 367

一、董仲舒論「性」，會通先秦儒學孟、荀二家之說 ⋯⋯⋯⋯⋯⋯367

二、董仲舒以「性情相與」論「王道之教」 ⋯⋯⋯⋯⋯⋯⋯⋯⋯370

三、董仲舒論「性」較孟、荀二家更細密 ⋯⋯⋯⋯⋯⋯⋯⋯⋯⋯379

第五章　董仲舒春秋學「遠外近內」考義──源於現存注本採何休《解詁》之說而導致之誤解 ⋯⋯⋯⋯⋯⋯⋯⋯⋯⋯⋯385

　第一節　《春秋繁露》「遠外近內」解義 ⋯⋯⋯⋯⋯⋯⋯⋯⋯⋯387

　　一、《公羊傳》對「遠外近內」的詮釋 ⋯⋯⋯⋯⋯⋯⋯⋯⋯⋯388

　　二、《春秋繁露》「遠外近內」說考辨 ⋯⋯⋯⋯⋯⋯⋯⋯⋯⋯392

　　三、何休以「三世說」釋「遠外近內」為條例 ⋯⋯⋯⋯⋯⋯⋯428

　　四、凌曙《注》、蘇輿《義證》引用何休《公羊解詁》所導致的釋義之誤 ⋯⋯⋯⋯⋯⋯⋯⋯⋯⋯⋯⋯⋯⋯⋯⋯⋯⋯⋯⋯461

　第二節　《春秋繁露》「滕薛獨稱侯」解義 ⋯⋯⋯⋯⋯⋯⋯⋯⋯469

　　一、《春秋》經傳「滕、薛」國君稱號方式之考辨 ⋯⋯⋯⋯⋯469

　　二、《春秋繁露》以「滕薛稱侯」為「王道」之展現 ⋯⋯⋯⋯486

　　三、凌曙《注》、蘇輿《義證》引用何休《解詁》導致釋義之誤 ⋯490

　第三節　凌曙、蘇輿注本對何休《解詁》的看法與清代常州公羊學風有關 ⋯⋯⋯⋯⋯⋯⋯⋯⋯⋯⋯⋯⋯⋯⋯⋯⋯⋯⋯⋯494

　　一、常州公羊學與凌曙之學承 ⋯⋯⋯⋯⋯⋯⋯⋯⋯⋯⋯⋯⋯496

　　二、蘇輿對何休《解詁》的看法 ⋯⋯⋯⋯⋯⋯⋯⋯⋯⋯⋯⋯498

第六章　董仲舒春秋學「滅國五十有餘，獨先諸夏」考義──源於現存注本對「董仲舒春秋學解經方法」之誤解 ⋯⋯⋯⋯⋯⋯⋯511

　第一節　前人注解之若干疑點 ⋯⋯⋯⋯⋯⋯⋯⋯⋯⋯⋯⋯⋯⋯512

　　一、凌曙《春秋繁露注》對「滅國五十有餘，獨先諸夏」的解釋 ⋯513

　　二、蘇輿《春秋繁露義證》之注解與凌曙不同 ⋯⋯⋯⋯⋯⋯⋯514

　　三、「滅國五十有餘，『獨先諸夏』」，不應只是指某單一事件的經文記載 ⋯⋯⋯⋯⋯⋯⋯⋯⋯⋯⋯⋯⋯⋯⋯⋯⋯⋯⋯⋯⋯516

　第二節　「滅國五十有餘，獨先諸夏」句義之辨 ⋯⋯⋯⋯⋯⋯⋯517

　　一、蘇輿注引隱公二年「無駭帥師入極」詮解「滅國」一語，是否可印證董氏發凡的「親親」之旨？ ⋯⋯⋯⋯⋯⋯⋯⋯⋯518

　　二、「滅國……獨先諸夏」不是指「在滅國事件中為諸夏隱諱」 ⋯521

　第三節　以董仲舒「《春秋》無達辭」的角度，重新看待《公羊》經傳

　　　裡的「滅國事件」……………………………………………………524

一、《公羊》經傳「滅國事件」不以『滅』字行文者之剖析……………524

二、《春秋》經義的表現，不在於固定的用字上……………………525

三、對《公羊》經傳「內外之別」記載方式的補充…………………527

第四節　突破「滅國」一詞在釋義上的思考僵局

一、以「被滅之國」的詞義，重新審視「滅國……獨先諸夏」………528

二、《春秋》今文經傳之「滅國」一詞，皆指「被滅之國」…………528

三、重新審視《公羊》經傳對「被滅之國」的看法…………………529

四、由今文經傳「滅國」辭義之辨正，得證董氏「滅國……獨先諸
　　夏」所發凡的「親親之旨」…………………………………530

五、由「滅國五十有餘，獨先諸夏」見證董仲舒解經方法：「從變從
　　義」之眞諦……………………………………………………533

第七章　結　論……………………………………………………………543

附　錄

附錄一：董仲舒年譜……………………………………………………555

附錄二：董仲舒所發凡之【春秋學義法】原文一覽表…………………557

附錄三：今本《春秋繁露》篇目與所論之「春秋義法」統計一覽表……574

主要參考書目………………………………………………………………577

# 第八冊　楊伯峻《春秋》學研究

## 作者簡介

陳水福，1982 年生，臺灣省臺北市人。臺北市立師範學院語文教育學系、臺北市立教育大學中國語文學系碩士班畢業。主要從事民國以來的經學、《春秋》學研究。除碩士論文《楊伯峻《春秋》學研究》外，並在《經學研究論叢》、《國文天地》、《經學研究集刊》、《臺北市立教育大學應用語言文學研究所研究生學刊》等學術刊物上發表〈馬克思主義對詩經研究的影響〉等論文十餘篇。

## 提　要

當代的《左傳》注本之中，以楊伯峻所著的《春秋左傳注》最爲重要。然而現今的學者們對其研究成果大多僅限於直接利用，卻未曾將楊伯峻及其學術

成就作爲研究對象，本文即針對此問題而作。

　　本論文共分爲六章，首章「緒論」，說明《春秋左傳注》的重要性，楊伯峻及其《春秋》學研究現況的回顧，本論文的研究動機、目的及研究步驟。第二章「晚清民國以來的春秋學發展」，敘述歷代《春秋》學發展，反映學術界對《左傳》新注本的需求，顯示出《春秋左傳注》的重要性。第三章「楊伯峻的生平治學與著作」，敘述楊伯峻之家世與生平經歷，以了解楊伯峻的個性及其思想淵源，並配合對其著作的考察，訂立出楊伯峻的治學方法以及學術評價。第四章「楊伯峻的春秋觀」，就楊伯峻對於《春秋》的作者、《春秋》的義法及《春秋》的價值問題做一探討，並論述楊伯峻對三傳成書的看法，也討論了楊伯峻對《左傳》與《春秋》、《國語》、的關係之說。第五章「楊伯峻的注釋方法」，探討楊伯峻《春秋左傳注》的寫作方法，並依序加以舉例說明。《春秋左傳注》成爲古籍注釋的標杆，往後的古籍注釋本自應向《春秋左傳注》看齊或者超越它，而楊伯峻的注釋方法更是值得往後整理古籍的研究工作者引爲圭臬的。第六章「結論」，總結以上各章之論述，提出若干結論與心得，希望研究《春秋》學的學者能夠對楊伯峻有更多的重視、更深的了解，才能避免研究上有遺珠之憾。

## 目　次

第一章　緒　論 ⋯⋯⋯⋯⋯⋯⋯⋯⋯⋯⋯⋯⋯⋯⋯⋯⋯⋯⋯⋯⋯⋯⋯⋯⋯ 1

　第一節　研究動機 ⋯⋯⋯⋯⋯⋯⋯⋯⋯⋯⋯⋯⋯⋯⋯⋯⋯⋯⋯⋯⋯⋯ 4

　第二節　研究現況的回顧與檢討 ⋯⋯⋯⋯⋯⋯⋯⋯⋯⋯⋯⋯⋯⋯⋯ 6

　　一、關於研究楊伯峻的部分 ⋯⋯⋯⋯⋯⋯⋯⋯⋯⋯⋯⋯⋯⋯⋯ 6

　　二、關於研究《春秋》學的部分 ⋯⋯⋯⋯⋯⋯⋯⋯⋯⋯⋯⋯⋯ 7

　第三節　研究範疇和步驟 ⋯⋯⋯⋯⋯⋯⋯⋯⋯⋯⋯⋯⋯⋯⋯⋯⋯ 10

第二章　晚清民國以來的春秋學發展 ⋯⋯⋯⋯⋯⋯⋯⋯⋯⋯⋯⋯⋯⋯ 11

　第一節　歷代《春秋》學概述 ⋯⋯⋯⋯⋯⋯⋯⋯⋯⋯⋯⋯⋯⋯⋯ 12

　　一、兩漢《春秋》學 ⋯⋯⋯⋯⋯⋯⋯⋯⋯⋯⋯⋯⋯⋯⋯⋯⋯⋯ 12

　　二、魏晉《春秋》學 ⋯⋯⋯⋯⋯⋯⋯⋯⋯⋯⋯⋯⋯⋯⋯⋯⋯⋯ 13

　　三、隋唐《春秋》學 ⋯⋯⋯⋯⋯⋯⋯⋯⋯⋯⋯⋯⋯⋯⋯⋯⋯⋯ 15

　　四、宋元明《春秋》學 ⋯⋯⋯⋯⋯⋯⋯⋯⋯⋯⋯⋯⋯⋯⋯⋯⋯ 16

　　五、清代《春秋》學 ⋯⋯⋯⋯⋯⋯⋯⋯⋯⋯⋯⋯⋯⋯⋯⋯⋯⋯ 17

　第二節　晚清《春秋》研究概述 ⋯⋯⋯⋯⋯⋯⋯⋯⋯⋯⋯⋯⋯⋯ 20

一、公羊學的復興 ...................................... 20

二、今古文之爭 ........................................ 24

第三節　民國以來《春秋》研究概述 ...................... 29

一、對《左傳》真偽問題的深入探討 ...................... 29

二、《左傳》的注釋與整理 .............................. 35

第三章　楊伯峻的生平與著作 ............................ 41

第一節　楊伯峻的生平述要 .............................. 41

一、青年與求學 ........................................ 41

二、參加馮玉祥研究室 .................................. 44

三、《論語譯注》和《孟子譯注》相繼問世 ................ 45

四、畢生的心血結晶——《春秋左傳注》 .................. 46

五、漫長而坎坷的學術之路 .............................. 49

第二節　楊伯峻的著作述要 .............................. 50

一、古漢語語法和虛詞的著作 ............................ 51

二、古籍的整理和譯注 .................................. 56

第四章　楊伯峻的《春秋》觀 ............................ 63

第一節　楊伯峻論《春秋》 .............................. 63

一、《春秋》的作者問題 ................................ 64

二、論《春秋》的義法 .................................. 69

三、論《春秋》的價值 .................................. 71

第二節　楊伯峻論《左傳》 .............................. 73

一、《左傳》的作者 .................................... 73

二、《左傳》的成書年代 ................................ 77

三、《左傳》與《春秋》的關係 .......................... 80

四、《左傳》與《國語》的關係 .......................... 85

第三節　論《公羊傳》與《穀梁傳》 ...................... 88

一、《公羊傳》和《穀梁傳》之成書 ...................... 88

二、對《公羊傳》、《穀梁傳》之解經 .................... 93

第五章　楊伯峻的注釋方法 .............................. 97

第一節　對經、傳體例的理解 ............................ 98

一、稱謂體例 .......................................... 98

　　二、傳皆不虛載經文 ·········································· 101

　　三、用詞條例 ·················································· 103

　　四、君子曰 ···················································· 103

　第二節　對《左傳》本文的校勘 ···························· 104

　　一、分段（分章） ············································ 105

　　二、斷句（句讀） ············································ 106

　　三、文誤 ······················································ 108

　　四、衍文 ······················································ 110

　　五、脫文 ······················································ 111

　　六、互乙與錯簡 ·············································· 112

　第三節　編纂《春秋左傳注》長編 ························ 116

　第四節　對長編的取捨 ········································ 123

　　一、同意 ······················································ 123

　　二、反駁，申述己說 ········································ 125

　　三、存疑 ······················································ 127

第六章　結　論 ···················································· 129

　附錄一　楊伯峻遺像 ··········································· 133

　附錄二　楊伯峻手跡 ··········································· 135

　附錄三　楊伯峻著作書影 ····································· 139

　附錄四　楊伯峻研究文獻目錄 ······························ 143

參考文獻 ····························································· 165

# 第九冊　張載之禮學

## 作者簡介

　　陳美圓，國立政治大學中國文學系學士、碩士。曾任國立台中商專講師、副教授。現任國立台中技術學院副教授。著有：「吳文英詞研究」、「台灣唸歌中的哪吒傳說及其表現形式」、「台灣唸歌《哪吒鬧東海》的文化傳承與創新」。近年來主要研究興趣在台灣文學、台語文、台灣唸歌等。

## 提　要

　　宋明理學家體察天人、深究心性，為中國思想開拓出新的格局和風貌。其

中廉、洛、關、閩四大宗派更為後世所崇仰，也是研究宋代理學最重要的依據。本文針對關學宗師張載禮學的探討，主要在闡明關學繼承先聖精神，重視人文倫理的思想特質，以及張橫渠先生苦思精學、成德達道、自勉勉人的生命歷程。

第一章對張載的生平和著作做詳細的考究，參考呂大臨〈張橫渠先生行狀〉，《四庫總目題要》，《性理大全書》，《宋元學案》等多本書籍，了解張橫渠先生刻苦的生命，精思的成果。

第二章陳述關學的宗風和繼承人物，關學與范文正公淵源很深，所以也形成了特別重視實用、人文倫理、教育禮俗等學風。

第三章是論文的重心，討論禮的本原意義、禮學的理論根源，並且透過人文倫理、政治制度、教育思想、禮俗規範四大項目，深入探討橫渠先生禮學的宏闊義涵。如果缺少道體、性命、心體等形上思維的建構，就沒有所謂倫理、教育、禮俗的落實。這也是橫渠先生所一再強調的上學下達的實踐精神。

第四章闡述橫渠禮學對後世的影響，南宋的朱熹、明代的王船山都深深受到張橫渠禮學精神的影響，各自開創了一代的學風。

中國文化特別重視禮教，禮教也因為宋明理學的精密理論而更形貞固。不過隨著時代的進步，不合時宜的禮教，也應該詳加分辨並修整，才能更符合先儒提倡理學的精神。

# 目　次

序　言
第一章　張載之生平及其著作……………………………………1
　第一節　張載之生平………………………………………1
　第二節　張載之著作………………………………………7
　　一、經部之屬……………………………………………8
　　二、子部之屬……………………………………………12
　　三、集部之屬……………………………………………19
　附：橫渠先生年表…………………………………………20
第二章　關學師承及其特徵………………………………………25
　第一節　關學淵源…………………………………………25
　　一、高平學術……………………………………………26
　　二、關學之先……………………………………………30
　第二節　關學中堅…………………………………………32

　　一、二張之倡學⋯⋯⋯⋯⋯⋯⋯⋯⋯⋯⋯⋯⋯⋯⋯⋯⋯⋯⋯⋯⋯⋯32

　　二、藍田三兄弟⋯⋯⋯⋯⋯⋯⋯⋯⋯⋯⋯⋯⋯⋯⋯⋯⋯⋯⋯⋯⋯⋯34

　第三節　橫渠門人⋯⋯⋯⋯⋯⋯⋯⋯⋯⋯⋯⋯⋯⋯⋯⋯⋯⋯⋯⋯⋯⋯40

　第四節　關學特徵⋯⋯⋯⋯⋯⋯⋯⋯⋯⋯⋯⋯⋯⋯⋯⋯⋯⋯⋯⋯⋯⋯46

　　一、純厚仁孝，剛正篤實⋯⋯⋯⋯⋯⋯⋯⋯⋯⋯⋯⋯⋯⋯⋯⋯⋯47

　　二、任俠使氣，長於兵略⋯⋯⋯⋯⋯⋯⋯⋯⋯⋯⋯⋯⋯⋯⋯⋯⋯48

　　三、特重禮教，勇於實踐⋯⋯⋯⋯⋯⋯⋯⋯⋯⋯⋯⋯⋯⋯⋯⋯⋯49

　　四、憂患家國，悲憫生民⋯⋯⋯⋯⋯⋯⋯⋯⋯⋯⋯⋯⋯⋯⋯⋯⋯50

第三章　張載之禮學⋯⋯⋯⋯⋯⋯⋯⋯⋯⋯⋯⋯⋯⋯⋯⋯⋯⋯⋯⋯⋯51

　第一節　禮之初探與橫渠之論禮⋯⋯⋯⋯⋯⋯⋯⋯⋯⋯⋯⋯⋯⋯⋯51

　　一、禮之本原⋯⋯⋯⋯⋯⋯⋯⋯⋯⋯⋯⋯⋯⋯⋯⋯⋯⋯⋯⋯⋯⋯51

　　二、橫渠之論禮⋯⋯⋯⋯⋯⋯⋯⋯⋯⋯⋯⋯⋯⋯⋯⋯⋯⋯⋯⋯⋯52

　第二節　禮學之理論根源⋯⋯⋯⋯⋯⋯⋯⋯⋯⋯⋯⋯⋯⋯⋯⋯⋯⋯57

　　一、道體論⋯⋯⋯⋯⋯⋯⋯⋯⋯⋯⋯⋯⋯⋯⋯⋯⋯⋯⋯⋯⋯⋯⋯57

　　二、性命論⋯⋯⋯⋯⋯⋯⋯⋯⋯⋯⋯⋯⋯⋯⋯⋯⋯⋯⋯⋯⋯⋯⋯60

　　三、心體論⋯⋯⋯⋯⋯⋯⋯⋯⋯⋯⋯⋯⋯⋯⋯⋯⋯⋯⋯⋯⋯⋯⋯62

　第三節　禮學與倫理⋯⋯⋯⋯⋯⋯⋯⋯⋯⋯⋯⋯⋯⋯⋯⋯⋯⋯⋯⋯63

　　一、倫理思想之基礎⋯⋯⋯⋯⋯⋯⋯⋯⋯⋯⋯⋯⋯⋯⋯⋯⋯⋯⋯64

　　二、個人倫理⋯⋯⋯⋯⋯⋯⋯⋯⋯⋯⋯⋯⋯⋯⋯⋯⋯⋯⋯⋯⋯⋯66

　　三、社會倫理⋯⋯⋯⋯⋯⋯⋯⋯⋯⋯⋯⋯⋯⋯⋯⋯⋯⋯⋯⋯⋯⋯69

　第四節　禮學與政制⋯⋯⋯⋯⋯⋯⋯⋯⋯⋯⋯⋯⋯⋯⋯⋯⋯⋯⋯⋯69

　　一、橫渠之政制思想⋯⋯⋯⋯⋯⋯⋯⋯⋯⋯⋯⋯⋯⋯⋯⋯⋯⋯⋯70

　　二、橫渠政制之內涵⋯⋯⋯⋯⋯⋯⋯⋯⋯⋯⋯⋯⋯⋯⋯⋯⋯⋯⋯71

　第五節　禮學與爲學之道⋯⋯⋯⋯⋯⋯⋯⋯⋯⋯⋯⋯⋯⋯⋯⋯⋯⋯75

　　一、爲學之方⋯⋯⋯⋯⋯⋯⋯⋯⋯⋯⋯⋯⋯⋯⋯⋯⋯⋯⋯⋯⋯⋯76

　　二、學之層次⋯⋯⋯⋯⋯⋯⋯⋯⋯⋯⋯⋯⋯⋯⋯⋯⋯⋯⋯⋯⋯⋯80

　　三、學之至境⋯⋯⋯⋯⋯⋯⋯⋯⋯⋯⋯⋯⋯⋯⋯⋯⋯⋯⋯⋯⋯⋯81

　第六節　禮學與禮俗⋯⋯⋯⋯⋯⋯⋯⋯⋯⋯⋯⋯⋯⋯⋯⋯⋯⋯⋯⋯82

　　一、祭禮⋯⋯⋯⋯⋯⋯⋯⋯⋯⋯⋯⋯⋯⋯⋯⋯⋯⋯⋯⋯⋯⋯⋯⋯82

　　二、喪禮⋯⋯⋯⋯⋯⋯⋯⋯⋯⋯⋯⋯⋯⋯⋯⋯⋯⋯⋯⋯⋯⋯⋯⋯84

第四章　張載禮學之流衍⋯⋯⋯⋯⋯⋯⋯⋯⋯⋯⋯⋯⋯⋯⋯⋯⋯⋯⋯87

第一節　朱熹之禮學 ................................................ 87
　一、朱熹生平及著作 ........................................ 87
　二、朱熹禮學之內涵 ........................................ 88
第二節　王船山之禮學 ............................................ 94
　一、船山之生平及著作 .................................... 94
　二、船山禮學之內涵 ........................................ 95
參考書目 ................................................................ 101

# 《中庸》與周張二程思想之關係

## 作者簡介

　　李昌年，1956 年出生於桃園，目前定居高雄，台大中國文學研究所碩士。曾任高中國文教師四年，大專院校教師二十餘年。早年曾以夏克非之名編著《大學國文精選》、《大學國文通鑑》、《大學國文葵花寶典》、《二技國文葵花寶典》等書。目前任教於國立高雄應用科技大學文化事業發展系，除講授「大學國文」、「修辭藝術」、「文學概論」等科目外，主要心力投注於「詩經」、「歷代文選」、「李杜詩」、「李商隱詩」及唐代文學專題等古典文學的研究與教學。

## 提　要

　　北宋諸儒的學術之所以稱爲理學，大概是由濂溪的「禮曰理」、橫渠的「義命合一存乎理」、明道的「體貼天理」與伊川之「性即理」及「理一分殊」等概念逐漸演成。而此四人所探討的性命義理等觀念，起初是由《易傳》、《中庸》而來，到二程轉而回歸《論語》、《孟子》，伊川又特別重視《大學》，而後規模始具。由濂溪的《通書》、橫渠的《正蒙》、以至《二程全集》來看，《中庸》的思想義理實已內具於周、張、二程的理論體系，成爲他們的學術中不可或缺的中心思想。因此，如果沒有《中庸》誠明雙修、仁知並揚，且通天人、合內外的理論爲之啓發與引導，儒學於孟子歿後，道統失墜而沈淪已久的趨勢，在面對釋道二家微妙而高明之理論的威脅下，恐難有復興之契機。相對而言，如無周、張、二程對《中庸》血脈之繼承與對《中庸》義理的推擴發揚，《中庸》一書「放之則彌六合，卷之則退藏於密」的心法實學，恐怕也難彰顯於世，更遑論成爲千百年來家喻戶曉的經典。因此，朱子雖慧眼獨具，將《論語》、《孟子》、《大學》、《中庸》合爲「四子書」，並爲之作《章句》，以爲儒學由入德之

門至傳授心法之下學上達，循序漸進之經典；然周、張、二程對《中庸》之繼承與發揚，實已開其先河矣。其後儒學雖演變爲程朱與陸王不同之流派，然實不出「尊德性」與「道問學」之範疇。換言之，《中庸》之義理，經周、張、二程之繼承與發揮，實籠罩宋、明六百年之理學發展。即此而論，周、張、二程對《中庸》之傳承與發揚，誠可謂居功厥偉。

## 目　次

緒　言 ………………………………………………………………………… 1
第一章　《中庸》思想之特色 …………………………………………… 5
　第一節　貫通天道性命之誠 …………………………………………… 5
　第二節　性善觀點之預認 ……………………………………………… 7
　第三節　致中和與率性、盡性之聖境 ………………………………… 9
　第四節　擇善固執、曲能有誠與仁知並重、誠明對揚之工夫 …… 15
　第五節　慎獨之誠與時中 …………………………………………… 17
第二章　濂溪對《中庸》思想之繼承與發揚 ………………………… 23
　第一節　發揮體用不二之無極而太極 ……………………………… 23
　第二節　匯通《易傳》《中庸》之天道觀 ………………………… 28
　第三節　誠與性善之發揮 …………………………………………… 30
　第四節　變化氣質觀念之萌發 ……………………………………… 32
　第五節　誠與天人合一之感通，及與未發已發之關聯 …………… 33
　第六節　幾與誠心、慎動、無欲等工夫 …………………………… 36
第三章　橫渠對《中庸》思想之繼承與發揚 ………………………… 41
　第一節　太虛、太和、有無混一之常與通一無二 ………………… 42
　第二節　兼形上形下、涵動靜寂感之氣 …………………………… 45
　第三節　以氣言天、命與《中庸》之比較 ………………………… 49
　第四節　天地 ………………………………………………………… 50
　第五節　窮理盡性對《中庸》誠明盡性之發揮 …………………… 52
　第六節　命遇分言與《中庸》義命分立之比較 …………………… 55
　第七節　賦予新義之時中、慎獨 …………………………………… 57
　第八節　心之朗現與神用 …………………………………………… 58
　第九節　德性之知、聞見之知與尊德性、道問學之淵源 ………… 59
　第十節　大心、虛心本於誠之工夫 ………………………………… 61

　　第十一節　變化氣質及學至成性 ···················································· 62

第四章　二程對《中庸》思想之繼承與發揚 ········································· 65

　　甲、明道之學 ················································································ 67

　　　第一節　誠敬慎獨與圓頓一本之義 ··········································· 68

　　　第二節　〈識仁篇〉與〈定性書〉對誠之發揮 ······················· 73

　　　第三節　天理及生之謂性與天命之謂性之比較 ······················· 79

　　乙、伊川之學 ················································································ 88

　　　第四節　性即理、理一分殊與天命之謂性之傳承 ···················· 88

　　　第五節　心性情三分對未發已發之闡揚 ··································· 93

　　　第六節　涵養須用敬、進學在致知對誠明雙修之發揮 ·············· 99

結　語 ······························································································ 105

主要參考資料 ···················································································· 107

# 第十冊　孔廣森經學思想研究

## 作者簡介

　　黃佳駿，高雄市人，民國 66 年生。畢業於國立暨南國際大學中文學士班、國立彰化師範大學國文研究所碩士班，現就讀國立彰化師範大學國文研究所博士班。專長在於清代公羊學、清代禮學、清代義理學、先秦道家、晚清諸子學。進入研究所後受業於國立彰化師範大學張麗珠教授門下，早期的興趣在於清代思想與先秦道家，目前則全心投入於晚清諸子思想的研究。

## 提　要

　　孔廣森（1752～1786 A.D），字撝約，又號軒，孔子第七十代孫，清代乾嘉學者，曾入姚鼐、莊存與、戴震之門，並長於治諸《經》、《公羊》、《三禮》、《大戴禮》等。而其治經之特色，能兼融各家學說的優點，去蕪存菁，以通說為標的，並多疏通清學與漢學之旨趣，《清史稿》說他有成「孤家專學」之意。可知孔氏實具有相當之學術企圖。乾嘉時期，恰好是禮學興盛之時，經學研究之熱潮亦帶動禮學的研究。而孔廣森的禮學，其旨趣在於對《三禮》與《大戴禮》的注解與詮釋，並積極的運用對禮圖、儀文的考證，以古禮之恢復為學術目的，故其禮學思想亦是清禮學研究的諸多代表議題之一。

　　至於孔廣森公羊學之著作，可視為清代《公羊傳》註解的開展，《清史稿》

說他治《公羊》能「旁通諸家，兼采左、穀」有「成一家之言」的志趣。其《春秋公羊通義》與莊存與的《公羊正辭》皆爲乾嘉公羊學的代表作，但在論述與理論之創新又多過於莊氏，故實具有研究上的意義與價值。有鑑於學界對孔廣森之研究仍爲少數，而孔廣森其學亦頗有可觀處，因此本論乃針對孔氏之公羊學、禮學等，爲其學術成果作一整理。再進而尋求其與漢學、清學之聯繫，而冀望能呈現孔廣森經學思想之體系。

此外，孔廣森的壽命並不長，於三十五歲遇祖母及父喪，在奔走與悲痛過度後夭亡，然清史對其紀載並不完備，且生平重要之佚事多有遺缺。故本論於研究其經學思想外，意欲詳爲考證其年份事蹟，故特撰作其年譜，以此聊備學海同志研究興趣者之一籬，並俟方家之斧正。

# 目　次

第一章　緒　論 ································································· 1
　第一節　研究動機、方法與研究文獻之回顧 ························· 1
　　一、研究動機與方法 ············································· 1
　　二、研究文獻之回顧 ············································· 4
　第二節　清代前中期的學術發展 ··································· 7
　　一、清初的經世思想 ············································· 9
　　二、清初疑經風氣的興盛 ········································ 13
　　三、乾嘉考據學風之形成 ········································ 21
　　四、清代新義理學的建構 ········································ 27
　第三節　清前中葉《禮》學之發展 ································ 33
　　一、清代《禮》學之繼承 ········································ 35
　　二、清前中葉《禮》學之特色 ·································· 40
　　三、清代治禮名家舉隅 ·········································· 45
第二章　孔廣森傳略 ·················································· 51
　第一節　孔廣森之生平與年譜 ···································· 51
　　一、生平 ························································· 51
　　二、年譜 ························································· 53
　第二節　孔廣森與乾嘉學人交遊述略 ···························· 61
　　一、孔廣森的師承 ··············································· 62
　　二、孔廣森的交友 ··············································· 68

　　第三節　孔廣森的學術著作述略 ⋯⋯⋯⋯⋯⋯⋯⋯⋯⋯⋯⋯ 71

　　　一、《禮》學著作 ⋯⋯⋯⋯⋯⋯⋯⋯⋯⋯⋯⋯⋯⋯⋯⋯⋯ 71

　　　二、《公羊》學著作 ⋯⋯⋯⋯⋯⋯⋯⋯⋯⋯⋯⋯⋯⋯⋯⋯ 74

　　　三、其他學術著作 ⋯⋯⋯⋯⋯⋯⋯⋯⋯⋯⋯⋯⋯⋯⋯⋯⋯ 75

第三章　孔廣森的治經特色 ⋯⋯⋯⋯⋯⋯⋯⋯⋯⋯⋯⋯⋯⋯⋯⋯ 79

　　第一節　以經傳、諸子釋經傳的解經方法 ⋯⋯⋯⋯⋯⋯⋯ 79

　　　一、以經傳釋經傳 ⋯⋯⋯⋯⋯⋯⋯⋯⋯⋯⋯⋯⋯⋯⋯⋯⋯ 80

　　　二、以諸子釋經傳 ⋯⋯⋯⋯⋯⋯⋯⋯⋯⋯⋯⋯⋯⋯⋯⋯⋯ 89

　　第二節　兼融各家學說的解經方法 ⋯⋯⋯⋯⋯⋯⋯⋯⋯⋯ 94

　　　一、以漢學為宗，兼採宋說 ⋯⋯⋯⋯⋯⋯⋯⋯⋯⋯⋯⋯⋯ 94

　　　二、不溺於舊例，會通諸說 ⋯⋯⋯⋯⋯⋯⋯⋯⋯⋯⋯⋯⋯ 98

　　　三、與乾嘉學術的呼應 ⋯⋯⋯⋯⋯⋯⋯⋯⋯⋯⋯⋯⋯⋯⋯ 99

第四章　孔廣森的禮學趨向 ⋯⋯⋯⋯⋯⋯⋯⋯⋯⋯⋯⋯⋯⋯⋯ 103

　　第一節　《大戴禮記補注》的思想趨向 ⋯⋯⋯⋯⋯⋯⋯⋯ 103

　　　一、論「孝」⋯⋯⋯⋯⋯⋯⋯⋯⋯⋯⋯⋯⋯⋯⋯⋯⋯⋯⋯ 103

　　　二、論「明堂」⋯⋯⋯⋯⋯⋯⋯⋯⋯⋯⋯⋯⋯⋯⋯⋯⋯⋯ 105

　　　三、論「陰陽」⋯⋯⋯⋯⋯⋯⋯⋯⋯⋯⋯⋯⋯⋯⋯⋯⋯⋯ 110

　　第二節　《禮學卮言》的經學思想 ⋯⋯⋯⋯⋯⋯⋯⋯⋯⋯ 115

　　　一、對古禮的詮釋 ⋯⋯⋯⋯⋯⋯⋯⋯⋯⋯⋯⋯⋯⋯⋯⋯⋯ 116

　　　二、對典制的詮釋 ⋯⋯⋯⋯⋯⋯⋯⋯⋯⋯⋯⋯⋯⋯⋯⋯⋯ 123

第五章　孔廣森的公羊學思想 ⋯⋯⋯⋯⋯⋯⋯⋯⋯⋯⋯⋯⋯⋯ 137

　　第一節　《春秋公羊通義》的禮學思想與政治觀 ⋯⋯⋯⋯ 137

　　　一、《春秋公羊通義》的「變禮」思想 ⋯⋯⋯⋯⋯⋯⋯⋯ 138

　　　二、華夷之辨與「大一統」思想 ⋯⋯⋯⋯⋯⋯⋯⋯⋯⋯⋯ 143

　　　三、強調戰爭的合理性 ⋯⋯⋯⋯⋯⋯⋯⋯⋯⋯⋯⋯⋯⋯⋯ 149

　　　四、《春秋公羊通義》的「三世」說 ⋯⋯⋯⋯⋯⋯⋯⋯⋯ 153

　　第二節　《春秋公羊通義》的「三科九旨」與災異思想 ⋯ 159

　　　一、《春秋公羊通義》之「三科九旨」⋯⋯⋯⋯⋯⋯⋯⋯ 159

　　　二、《春秋公羊通義》的災異思想 ⋯⋯⋯⋯⋯⋯⋯⋯⋯⋯ 169

第六章　結　論 ⋯⋯⋯⋯⋯⋯⋯⋯⋯⋯⋯⋯⋯⋯⋯⋯⋯⋯⋯⋯ 181

參考書目 ⋯⋯⋯⋯⋯⋯⋯⋯⋯⋯⋯⋯⋯⋯⋯⋯⋯⋯⋯⋯⋯⋯⋯ 187

# 第十一、十二冊　先秦儒家名實思想之研究

## 作者簡介

　　林翠芬，女，文學博士，任職於國立虎尾科技大學通識教育中心人文社會組副教授。1953 年生，台灣彰化縣二水人。1972 年台中師專畢業，曾任職於國小教師 11 年，1977 年畢業於國立中興大學中文系，獲文學學士，1992 年畢業於國立成功大學歷史語言研究所，以《孟子內聖外王思想之研究》獲文學碩士；2005 年畢業於國立中正大學，獲文學博士學位。從事於孔孟荀思想之研究，在《孔孟月刊》、《孔孟學報》及《國立虎尾科技大學學報》等發表二十多篇學術論文。

## 提　要

　　先秦時期，是天地正風塵，劇烈變遷的世代，復交迸著諸多急待省思的現象，一場由孔子率先揭櫫「正名」主張，促使諸子因緣際會地相繼投入「名實之辯」的世紀性論戰，雖有互別瞄頭的況味，卻蔚成哲學史上爭鳴不輟，奇葩競放的榮景。在論辯中，自孔子欲以周文爲型範，孟子繼起誓爲儒學之中流砥柱，逮至荀子嚴予批判百家舊學，循著文化傳承與更新的兩維思路，展露出繼往開來的精神，又透顯儒家的強烈使命感，然孔孟荀卻在中國學術思想史上分別坐擁主流或非主流的地位。先秦儒家歷經了與諸子齊馳並轡，至漢代獨尊儒術，則躍爲獨領風騷的地位。

　　本書共分九章，凡四十餘萬字。各章論述的提要爲：第一章前言，說明研究的緣起。第二章先秦儒家名實思想產生的時代背景，第三章名實的底蘊與第四章名實的辯證關係，乃藉由客觀的分析，尋繹諸子的名實論辯，實蘊藏恁多的道理。第五章孔子名實思想抉微，第六章孟子名實思想探蹟及第七章荀子名實思想析論，則依序闡述孔孟荀由率先發端、繼而開展以迄批判的總結，在傳承與創新的轉折歷程中，各具思想風華。第八章先秦儒家名實思想之價值，旨在探究孔孟之識見與荀子之觀照，具有殊別之意義。第九章結論，說明先秦儒家融攝理想與現實、理性與經驗，映現大開大闔、義理精湛的哲思，對人類心靈的啓迪功不可沒，諸子彼此問難論辯，運用抽象思辨閃現的靈光，實亦值得珍視省思。

## 目　次

## 上　冊

第一章　前　言 ……………………………………………………………………………………1

第二章　先秦儒家名實思想產生的時代背景 ⋯⋯⋯⋯⋯⋯⋯7

　第一節　政治體制的擺盪與崩頹 ⋯⋯⋯⋯⋯⋯⋯⋯⋯⋯⋯7

　　一、世局飄搖衝擊舊有的封建制度 ⋯⋯⋯⋯⋯⋯⋯⋯⋯7

　　二、強國兼併與國家型態改變的連鎖效應 ⋯⋯⋯⋯⋯⋯9

　第二節　經濟型態的動盪與變革 ⋯⋯⋯⋯⋯⋯⋯⋯⋯⋯⋯10

　　一、土地政策由公有制遞變爲私有制 ⋯⋯⋯⋯⋯⋯⋯⋯10

　　二、農業技術及政治因素影響墾荒與土地私有 ⋯⋯⋯⋯12

　　三、小農經濟薄弱的經濟基礎 ⋯⋯⋯⋯⋯⋯⋯⋯⋯⋯⋯12

　　四、冶鐵工業發達對戰爭的催化作用 ⋯⋯⋯⋯⋯⋯⋯⋯14

　　五、百業分工與商業活動牽動天下分合的局勢 ⋯⋯⋯⋯15

　第三節　社會層面的解組與衝擊 ⋯⋯⋯⋯⋯⋯⋯⋯⋯⋯⋯16

　　一、社會團體的組織、特徵與功能 ⋯⋯⋯⋯⋯⋯⋯⋯⋯16

　　二、家庭組織的調整遞變 ⋯⋯⋯⋯⋯⋯⋯⋯⋯⋯⋯⋯⋯17

　　三、社會規範面臨的挑戰 ⋯⋯⋯⋯⋯⋯⋯⋯⋯⋯⋯⋯⋯19

　第四節　學術思潮的蠭出與鼎峙 ⋯⋯⋯⋯⋯⋯⋯⋯⋯⋯⋯20

　　一、傳統文化的學術發展 ⋯⋯⋯⋯⋯⋯⋯⋯⋯⋯⋯⋯⋯20

　　二、諸子齊馳「天人」與「名實」之辯 ⋯⋯⋯⋯⋯⋯⋯21

　　三、關聯性思考暨整體有機觀念與哲學廣涵眾涉相輝映 ⋯22

　　四、林立學派開啓「名實之辯」的場域 ⋯⋯⋯⋯⋯⋯⋯22

　　　1、孔子率先發出「正名」的議題 ⋯⋯⋯⋯⋯⋯⋯⋯⋯22

　　　2、墨、道、法、名各家繼起紛歧的論點 ⋯⋯⋯⋯⋯⋯23

　　　3、孟子更進一層的闡揚發揮 ⋯⋯⋯⋯⋯⋯⋯⋯⋯⋯⋯24

　　　4、荀子總結的批判 ⋯⋯⋯⋯⋯⋯⋯⋯⋯⋯⋯⋯⋯⋯24

第三章　名實的底蘊 ⋯⋯⋯⋯⋯⋯⋯⋯⋯⋯⋯⋯⋯⋯⋯⋯⋯27

　第一節　名實的起源 ⋯⋯⋯⋯⋯⋯⋯⋯⋯⋯⋯⋯⋯⋯⋯⋯27

　　一、名的創制 ⋯⋯⋯⋯⋯⋯⋯⋯⋯⋯⋯⋯⋯⋯⋯⋯⋯⋯27

　　　1、傲視宇宙的文化建築能力 ⋯⋯⋯⋯⋯⋯⋯⋯⋯⋯⋯27

　　　2、制名是文化建築的行爲 ⋯⋯⋯⋯⋯⋯⋯⋯⋯⋯⋯⋯28

　　二、實的起源 ⋯⋯⋯⋯⋯⋯⋯⋯⋯⋯⋯⋯⋯⋯⋯⋯⋯⋯30

　　　1、爆炸、冷卻、孕育、誕生的演化 ⋯⋯⋯⋯⋯⋯⋯⋯30

　　　2、實是宇宙人類宏偉劇場的產物 ⋯⋯⋯⋯⋯⋯⋯⋯⋯30

第二節　名實的意義……………………………………………………31
　一、名的意義……………………………………………………………31
　　1、制名以認知宇宙人生……………………………………………31
　　2、名具約定俗成的一般意義………………………………………32
　　3、名號運用衍生複雜的意義………………………………………33
　二、實的意義……………………………………………………………33
　　1、實指具體實體與抽象實質………………………………………33
　　2、具體實體兼含內容、形式和空間位置…………………………34
　　3、抽象實質兼具內容、形式和空間位置…………………………35
第三節　名實的作用……………………………………………………37
　一、名的作用……………………………………………………………37
　　1、遠古時代名的神秘性作用………………………………………37
　　2、名進化爲表情達意之作用………………………………………38
　　3、語言文字之特性及局限性作用…………………………………38
　　4、政治之名的擴張性作用…………………………………………39
　二、實的作用……………………………………………………………40
　　1、日常生活的用途…………………………………………………40
　　2、識別區隔的作用…………………………………………………41
　　3、象徵啓示的作用…………………………………………………43
第四節　名實的發展……………………………………………………44
　一、名在語言、文字、社會與政治上的發展…………………………44
　　1、環境與文化變遷帶動名號的調整………………………………44
　　2、一般事物與政治、價值觀念之名非同步的發展………………45
　　3、語言文字社會發展的相互影響…………………………………45
　二、實在現象界與本體層面的發展……………………………………48
　　1、實在現象界的成長與消解………………………………………48
　　2、實在本體界的變遷與發展………………………………………50
　　3、儒家的卓見與限囿………………………………………………54
第四章　名實的辯證關係………………………………………………57
第一節　語言學角度……………………………………………………58
　一、語言發展的漸變性與不平衡性……………………………………58

二、語言訊息互異的反應，啓動名實的辯證關係⋯⋯⋯⋯⋯⋯59

三、語言分化形成名實的辯證關係⋯⋯⋯⋯⋯⋯⋯⋯⋯⋯⋯60

　　1、地域方言滋生「名異實同」或「名同實異」⋯⋯⋯⋯60

　　2、社會方言引發語言風格的評價⋯⋯⋯⋯⋯⋯⋯⋯⋯61

四、特殊語言突顯名實的辯證關係⋯⋯⋯⋯⋯⋯⋯⋯⋯⋯⋯62

　　1、謊言、巧佞之言的矛盾性⋯⋯⋯⋯⋯⋯⋯⋯⋯⋯⋯62

　　2、親屬之間反諷語言的矛盾性⋯⋯⋯⋯⋯⋯⋯⋯⋯⋯63

五、小結⋯⋯⋯⋯⋯⋯⋯⋯⋯⋯⋯⋯⋯⋯⋯⋯⋯⋯⋯⋯64

第二節　文字學觀點⋯⋯⋯⋯⋯⋯⋯⋯⋯⋯⋯⋯⋯⋯⋯⋯⋯64

一、中西文字發展「表音」與「表意」徑路殊別⋯⋯⋯⋯⋯⋯64

二、字形遞變衍生名實對應的問題⋯⋯⋯⋯⋯⋯⋯⋯⋯⋯⋯67

　　1、書體省改譌變規範化導致結構破壞古文滅絕⋯⋯⋯⋯67

　　2、拼音化衍生方塊字存廢之潛在危機⋯⋯⋯⋯⋯⋯⋯69

　　3、簡體化引發形體近似、繁簡混亂、古籍難識⋯⋯⋯⋯69

三、字音同異相滲滋生名實的辯證現象⋯⋯⋯⋯⋯⋯⋯⋯⋯73

　　1、音同音近衍生假借通假的模糊界域⋯⋯⋯⋯⋯⋯⋯73

　　2、音同音變延伸出同源詞或異體字⋯⋯⋯⋯⋯⋯⋯⋯76

四、字義分化歧出造成名實相違的問題⋯⋯⋯⋯⋯⋯⋯⋯⋯80

　　1、義變體別以還原初義⋯⋯⋯⋯⋯⋯⋯⋯⋯⋯⋯⋯80

　　2、義別另造字以離析義訓⋯⋯⋯⋯⋯⋯⋯⋯⋯⋯⋯83

　　3、義兼正反之殊例⋯⋯⋯⋯⋯⋯⋯⋯⋯⋯⋯⋯⋯⋯84

五、小結⋯⋯⋯⋯⋯⋯⋯⋯⋯⋯⋯⋯⋯⋯⋯⋯⋯⋯⋯⋯89

第三節　邏輯學立場⋯⋯⋯⋯⋯⋯⋯⋯⋯⋯⋯⋯⋯⋯⋯⋯⋯90

一、傳統邏輯與現代邏輯的發展⋯⋯⋯⋯⋯⋯⋯⋯⋯⋯⋯⋯90

　　1、西方邏輯顯赫的家族史⋯⋯⋯⋯⋯⋯⋯⋯⋯⋯⋯90

　　2、亞里斯多德的主謂詞命題、三段論與斯多葛的複雜命題⋯91

　　3、分析思想概念由推理方式轉向抽象代數⋯⋯⋯⋯⋯⋯93

二、由概念與命題論名實的辯證關係⋯⋯⋯⋯⋯⋯⋯⋯⋯⋯97

　　1、傳統邏輯的基本問題：概念、命題、判斷⋯⋯⋯⋯⋯97

　　2、先秦名實之辯的觀照⋯⋯⋯⋯⋯⋯⋯⋯⋯⋯⋯⋯99

三、名爲第一性或實爲第一性之辯證關係⋯⋯⋯⋯⋯⋯⋯⋯107

　　　　1、由客觀具體經驗論實之第一性 ·············· 107

　　　　2、由主觀先驗直覺論名之第一性 ·············· 111

　　四、小結 ····················································· 117

　第四節　文化符號學面向 ································· 118

　　一、文化符號學研究的實質對象與表達工具 ·········· 118

　　二、東西方探勘思想文化的不同途徑 ················· 120

　　　　1、西方結構主義與解構主義對語言介質的思維模式 ·· 120

　　　　2、中國傳統學者對語言介質的思維模式 ·········· 128

　　三、隱喻的「字思維」模式——展衍成意識形態的名實辯證關係 ··· 131

　　　　1、價值觀方面 ······························· 133

　　　　2、宇宙觀方面 ······························· 140

　　四、小結 ····················································· 145

第五章　孔子名實思想抉微 ······························· 147

　第一節　史官、孔子與《春秋》之關係 ·················· 147

　　一、史官職司與史書書法 ······························· 148

　　二、孔子與《春秋》之關係 ··························· 149

　　三、肯定孔子修作《春秋》之主張 ···················· 150

　　四、質疑孔子修作《春秋》之主張 ···················· 164

　第二節　《春秋》弒君例之正名觀 ····················· 173

　　一、《春秋》「弒君例」史事 ························· 173

　　二、「弒君例」之省思 ······························· 196

　　　　1、政治權力凌駕一切的迷思 ·················· 196

　　　　2、道德教化面臨困蹇的挑戰 ·················· 197

　　　　3、一切生命求生本能的掙扎 ·················· 198

　　三、小結 ····················································· 199

　第三節　名實之辯的發端 ······························· 199

　　一、率先提出正名論，確立政治道德之標準 ·········· 199

　　　　1、僭越周禮的失範現象 ······················ 199

　　　　2、確立政治道德標準之政治訴求 ·············· 201

　　　　3、因衛國情事率先提出「正名」的說法 ········ 202

　　二、兼論政治與一般事物的正名意涵 ················· 203

1、「正名章」涵蓋對政治與一般事物的正名要求⋯⋯⋯⋯⋯203

2、未用「正名」說詞之正名主張⋯⋯⋯⋯⋯204

3、名實相符才是正名意涵的主體⋯⋯⋯⋯⋯207

第四節　孔子正定名分的意圖⋯⋯⋯⋯⋯208

一、動亂年代與失序社會的啓迪⋯⋯⋯⋯⋯208

二、循禮以重建道德倫理社會和道德政治秩序⋯⋯⋯⋯⋯211

第五節　孔子名實思想在學術思想史上的意義⋯⋯⋯⋯⋯214

一、立論洞燭機微透顯強烈自覺意識⋯⋯⋯⋯⋯214

二、爲先秦諸子各家立說分派之根據⋯⋯⋯⋯⋯217

第六章　孟子名實思想探賾⋯⋯⋯⋯⋯219

第一節　深度解讀歷史環境與衛道精神⋯⋯⋯⋯⋯219

一、對歷史環境的意識反應⋯⋯⋯⋯⋯219

二、以衛道者自居⋯⋯⋯⋯⋯221

第二節　名實之辯的開展⋯⋯⋯⋯⋯223

一、承續傳揚孔子的名實思想⋯⋯⋯⋯⋯223

二、融合墨子名辯規律技巧的論辯⋯⋯⋯⋯⋯225

三、由唯心主義確立「以名正實」的哲學基礎⋯⋯⋯⋯⋯227

1、名爲第一性，實爲第二性的哲學思路⋯⋯⋯⋯⋯228

2、事實認識與價值理想的權衡取捨⋯⋯⋯⋯⋯230

第三節　以心性爲本源，人倫關係爲歸趣的正名思想⋯⋯⋯⋯⋯233

一、道德倫理是人生的意義⋯⋯⋯⋯⋯233

二、由天理下貫的本心善性是道德倫理的基礎⋯⋯⋯⋯⋯234

三、依「循名責實」論述五倫關係的正名思想⋯⋯⋯⋯⋯238

第四節　環繞「政治領域」而獨樹一幟的正名主張⋯⋯⋯⋯⋯247

一、以君道臣道，正統治者之名位⋯⋯⋯⋯⋯247

1、君臣是官僚組織核心，以淑世濟民爲理想⋯⋯⋯⋯⋯247

2、君道應以王道仁政爲前提，保民、養民、教民爲內涵⋯⋯⋯⋯⋯248

3、臣道宜由「崇尚仁義爲道而仕」入手，固守「以道統感制衡君權」之防線⋯⋯⋯⋯⋯261

二、罷黜「獨夫」的革命思想⋯⋯⋯⋯⋯269

1、君臣須自律自清以推動國家機器運轉之功能⋯⋯⋯⋯⋯269

2、將殘賊之人正名爲「獨夫」，放伐行動正名爲「誅一夫」之
革命 ………………………………………………………………… 270

3、征伐異國與倒戈本國的革命行動 …………………………… 272

## 下　冊

第七章　荀子名實思想析論 …………………………………………… 277

第一節　時代風尚與個人特質 ……………………………………… 277

一、依託於邏輯之辯的時代風尚 ……………………………… 277

1、思想家對歷史發展脈絡的關注 ………………………… 277

2、以邏輯之辯相互批判 …………………………………… 278

二、個人理性與務實精神的表現 ……………………………… 284

1、對政治領域矛盾重心轉移的體察 ……………………… 285

2、調整思想，奠定儒家復興的潛流 ……………………… 290

第二節　名實之辯的總結 …………………………………………… 298

一、紹述轉進孔子的正名思想 ………………………………… 299

二、兼修各家，批判先秦名實相悖的舊學 …………………… 303

三、由唯物主義確立「定名依實」的哲學基礎 ……………… 309

1、實爲第一性，名爲第二性的哲學思路 ………………… 310

2、經驗事實與理性思維的融攝 …………………………… 312

第三節　倫理政治色彩濃厚的正名思想 …………………………… 321

一、正名是建構政權統一的途徑 ……………………………… 322

1、由王者制名與正名，主掌進化的突破與治國之鑰 …… 322

2、制名的原則與目的 ……………………………………… 326

3、正名在匡治政治社會的秩序 …………………………… 332

二、政治階層是營造政治事務之樞紐 ………………………… 338

1、以聖君賢相正君臣之名 ………………………………… 339

2、由尊君舉賢落實正名的規範 …………………………… 350

3、立足性惡，隆禮重法達治化之功 ……………………… 359

三、正「王道霸道」之名 ……………………………………… 374

1、尊王黜霸的傳統理念 …………………………………… 374

2、上王次霸而權變兼用 …………………………………… 380

第四節　知性取向鎔鑄的名實觀 …………………………………… 383

一、不異實名的辯說論‧‧‧‧‧‧‧‧‧‧‧‧‧‧‧‧‧‧‧‧‧‧‧‧‧383

　　1、立隆正以省察辯說現象‧‧‧‧‧‧‧‧‧‧‧‧‧383

　　2、論操術而辯說不異實名‧‧‧‧‧‧‧‧‧‧‧‧‧386

二、名約相應的邏輯觀‧‧‧‧‧‧‧‧‧‧‧‧‧‧‧‧‧‧‧‧‧‧‧391

　　1、釐定名約之概念‧‧‧‧‧‧‧‧‧‧‧‧‧‧‧‧‧‧‧392

　　2、形式邏輯之類名‧‧‧‧‧‧‧‧‧‧‧‧‧‧‧‧‧‧‧395

三、知識論的正名說‧‧‧‧‧‧‧‧‧‧‧‧‧‧‧‧‧‧‧‧‧‧‧‧‧398

　　1、認識與知識交涉互通‧‧‧‧‧‧‧‧‧‧‧‧‧‧‧400

　　2、由能知所知正名辨惑‧‧‧‧‧‧‧‧‧‧‧‧‧‧‧402

第八章　先秦儒家名實思想之價值‧‧‧‧‧‧‧‧‧‧411

第一節　就倫理學層面‧‧‧‧‧‧‧‧‧‧‧‧‧‧‧‧‧‧‧‧‧‧‧412

一、孔孟的識見‧‧‧‧‧‧‧‧‧‧‧‧‧‧‧‧‧‧‧‧‧‧‧‧‧‧‧413

　　1、確立責任義務觀念肯定道德理性的自主表現‧‧‧413

　　2、側重初級團體建構以父子為主軸的倫理規範‧‧‧426

二、荀子的觀點‧‧‧‧‧‧‧‧‧‧‧‧‧‧‧‧‧‧‧‧‧‧‧‧‧‧‧439

　　1、以實效制約方式達成後天的道德修養‧‧‧‧439

　　2、為人倫關係挹注群道暨人格平等觀念‧‧‧‧442

第二節　就政治論層面‧‧‧‧‧‧‧‧‧‧‧‧‧‧‧‧‧‧‧‧‧‧‧452

一、王道思想的發軔‧‧‧‧‧‧‧‧‧‧‧‧‧‧‧‧‧‧‧‧‧‧‧453

　　1、德禮為重政刑為輕仁體禮用的教化政策‧‧‧453

　　2、力倡民貴君輕仁禮雙彰的仁政王道理想‧‧‧454

二、王道思想的浸變‧‧‧‧‧‧‧‧‧‧‧‧‧‧‧‧‧‧‧‧‧‧‧456

　　1、兼容民意功利務酌古今之宜的政治維度‧‧‧456

　　2、構設貫徹具體制度以為國治一統之張本‧‧‧460

第三節　就認識論層面‧‧‧‧‧‧‧‧‧‧‧‧‧‧‧‧‧‧‧‧‧‧‧467

一、唯心主義的觀照‧‧‧‧‧‧‧‧‧‧‧‧‧‧‧‧‧‧‧‧‧‧‧467

　　1、肯認先驗心性天道誠明的理性本質‧‧‧‧‧467

　　2、依循心性之理性功能進行價值判斷‧‧‧‧‧471

二、唯物主義的觀照‧‧‧‧‧‧‧‧‧‧‧‧‧‧‧‧‧‧‧‧‧‧‧473

　　1、由經驗角度論心性天人的理性思路‧‧‧‧‧473

　　2、發揮心官思辨參天制天的實用理性‧‧‧‧‧479

　　第四節　就邏輯學層面……………………………………………483
　　　一、就概念系統與推理判斷展現邏輯智慧………………………484
　　　二、常識經驗與抽象思辨難以兩全的批判………………………497
　第九章　結　論………………………………………………………493
　參考書目………………………………………………………………499

# 第十三冊　先秦儒家道德基礎之研究─兼論「惡」的問題

## 作者簡介

　　黃秋韻，輔仁大學哲學博士，現任育達商業科技大學通識教育中心助理教授。近年研究方向主要著重在先秦儒家哲學的基礎，發表過的論文有〈先秦儒家道德的形上基礎〉、〈從道德方法論孟子的知言養氣觀〉、〈全球化觀點下孔子仁學之方法性詮釋〉、〈中庸道德哲學的方法性研究〉等十多篇。

## 提　要

　　本文之首章，主要以道德所屬之倫理學為範疇，從現代倫理觀點對先秦儒家之道德屬性作定位，以展示儒家倫理所具有的現代意義，並期由生活層面之倫理學作出發，一步步向道德根源之基礎追溯回去，漸次呈現道德成型之樣貌，以綜觀從形上學到倫理學發展的整體結構。在本章當中，第一節針對「道德」與「倫理」進行釋義，除了探討兩者在中西之起源以外，並對二者作同異之分辨，以更釐清二者在應用上有何不同，以及在何種情況下，二者可混同使用。第二節探討倫理學所研究之主題，其分類與派別、以及各層次之道德判斷的標準。第三節則針對倫理規範的特質，來探討儒家倫理思想的特點。

　　第二章之內容則繼第一章之「倫理學」範疇之後，進一步向上追溯其根源，以先秦儒家道德的形上基礎為論述之主題。第一節說明道德之起源的幾種重要學說，並再度確立儒家倫理之道德標準。第二節說明儒家倫理之特重「天人關係」的特色，並指出在中國哲學中，「天」對人的基本意義，以及由此而開展的、以天為形上基礎的道德思想。第三節則針對儒家哲學中，與儒家道德思想相關的幾組重要觀念，如「帝」、「天」、「天命」、「天地」、「天道」，以及「德」、「道德」、「善惡」等觀念間的演變與結構，作一歷史性的回顧，以呈現古典之儒家倫理的完整面貌。

　　第三章就道德觀念正式確立的孔孟荀哲學而論，一、二節分別以「天道觀」

與「人性論」來析論其道德形上基礎的觀點，並於第三節中專論三者對於「惡」之問題的處理。孔孟荀哲學爲先秦儒家倫理的主要重點，在此中可看出「惡」之問題在「天道論」與「人性論」中皆缺乏存在性的基礎。

第四章則申論孔孟荀之道德實踐，並輔以《易傳》與《中庸》在先秦儒學中，形上學理論發展的地位，從道德實踐的人道立場看儒家倫理的終極關懷，最後總述「惡」之存在的根本意義。

以上爲本文之基本架構，希望透過關於古典儒學之道德的探討，綜觀道德觀念與惡之問題的發展與演變，掌握道德的眞義，並希望透過此眞義之掌握，透析現代社會之根本問題，以及了解其對道德如何偏離，提供一個基本的座標參照，以期對惡之問題的處理，找出更根本、更究竟的解決之道。

# 目 次

緒　論 ⋯⋯⋯⋯⋯⋯⋯⋯⋯⋯⋯⋯⋯⋯⋯⋯⋯⋯⋯⋯⋯⋯⋯⋯⋯⋯ 1
第一章　先秦儒家在當代倫理學中之定位 ⋯⋯⋯⋯⋯⋯⋯⋯⋯ 5
　第一節　「倫理」與「道德」之意義 ⋯⋯⋯⋯⋯⋯⋯⋯⋯⋯ 5
　　一、倫理的意義 ⋯⋯⋯⋯⋯⋯⋯⋯⋯⋯⋯⋯⋯⋯⋯⋯⋯⋯ 6
　　　（一）倫理的意義及來源 ⋯⋯⋯⋯⋯⋯⋯⋯⋯⋯⋯⋯ 6
　　　（二）中國倫理思想的起源 ⋯⋯⋯⋯⋯⋯⋯⋯⋯⋯⋯ 7
　　　（三）中西倫理特色之差異 ⋯⋯⋯⋯⋯⋯⋯⋯⋯⋯⋯ 11
　　二、道德的意義 ⋯⋯⋯⋯⋯⋯⋯⋯⋯⋯⋯⋯⋯⋯⋯⋯⋯⋯ 12
　　三、「道德」與「倫理」的分辨 ⋯⋯⋯⋯⋯⋯⋯⋯⋯⋯⋯ 14
　第二節　當代倫理學研究的主題 ⋯⋯⋯⋯⋯⋯⋯⋯⋯⋯⋯⋯ 17
　　一、倫理學的類別 ⋯⋯⋯⋯⋯⋯⋯⋯⋯⋯⋯⋯⋯⋯⋯⋯⋯ 18
　　　（一）一般倫理學與特殊倫理學 ⋯⋯⋯⋯⋯⋯⋯⋯⋯ 18
　　　（二）描述倫理學、規範倫理學與後設倫理學 ⋯⋯ 20
　　二、規範倫理學的主要派別 ⋯⋯⋯⋯⋯⋯⋯⋯⋯⋯⋯⋯⋯ 21
　　　（一）目的論與義務論 ⋯⋯⋯⋯⋯⋯⋯⋯⋯⋯⋯⋯⋯ 21
　　　（二）德行倫理學 ⋯⋯⋯⋯⋯⋯⋯⋯⋯⋯⋯⋯⋯⋯⋯ 22
　　三、道德判斷的標準 ⋯⋯⋯⋯⋯⋯⋯⋯⋯⋯⋯⋯⋯⋯⋯⋯ 24
　　　（一）「價值判斷」與「義務判斷」 ⋯⋯⋯⋯⋯⋯⋯ 24
　　　（二）「義務」與「良心」 ⋯⋯⋯⋯⋯⋯⋯⋯⋯⋯⋯ 25
　　　（三）「良心」與「道德意識」 ⋯⋯⋯⋯⋯⋯⋯⋯⋯ 27

　　第三節　儒家倫理與道德規範⋯⋯⋯⋯⋯⋯⋯⋯⋯⋯⋯28

　　　一、實然與應然⋯⋯⋯⋯⋯⋯⋯⋯⋯⋯⋯⋯⋯⋯⋯28

　　　　（一）事實知識與道德知識⋯⋯⋯⋯⋯⋯⋯⋯⋯30

　　　　（二）道德的證立⋯⋯⋯⋯⋯⋯⋯⋯⋯⋯⋯⋯⋯31

　　　二、道德規範的特質⋯⋯⋯⋯⋯⋯⋯⋯⋯⋯⋯⋯⋯32

　　　　（一）自律與他律⋯⋯⋯⋯⋯⋯⋯⋯⋯⋯⋯⋯⋯32

　　　　（二）「應該」隱含「能夠」⋯⋯⋯⋯⋯⋯⋯⋯⋯32

　　　　（三）其他特質⋯⋯⋯⋯⋯⋯⋯⋯⋯⋯⋯⋯⋯⋯33

　　　　（四）道德規範的普遍有效性⋯⋯⋯⋯⋯⋯⋯⋯34

　　　三、儒家倫理思想的特點⋯⋯⋯⋯⋯⋯⋯⋯⋯⋯⋯35

　　　　（一）儒家倫理以形上學爲基礎⋯⋯⋯⋯⋯⋯⋯36

　　　　（二）人倫本於天倫⋯⋯⋯⋯⋯⋯⋯⋯⋯⋯⋯⋯37

　　　　（三）著重道德的實踐⋯⋯⋯⋯⋯⋯⋯⋯⋯⋯⋯38

　　　　（四）儒家倫理所關涉之問題⋯⋯⋯⋯⋯⋯⋯⋯38

第二章　先秦儒家道德的形上基礎⋯⋯⋯⋯⋯⋯⋯⋯⋯⋯41

　　第一節　道德之起源⋯⋯⋯⋯⋯⋯⋯⋯⋯⋯⋯⋯⋯⋯41

　　　一、「神意說」與「人性說」⋯⋯⋯⋯⋯⋯⋯⋯⋯⋯42

　　　　（一）神意說的主要主張⋯⋯⋯⋯⋯⋯⋯⋯⋯⋯42

　　　　（二）人性說的主要思想⋯⋯⋯⋯⋯⋯⋯⋯⋯⋯47

　　　二、良知標準說⋯⋯⋯⋯⋯⋯⋯⋯⋯⋯⋯⋯⋯⋯⋯47

　　第二節　側重天人關係的儒家倫理⋯⋯⋯⋯⋯⋯⋯⋯49

　　　一、儒家道德的形上基礎⋯⋯⋯⋯⋯⋯⋯⋯⋯⋯⋯49

　　　　（一）「道德形上學」與「形上道德學」⋯⋯⋯50

　　　　（二）「天人合一」與「神人差異」⋯⋯⋯⋯⋯52

　　　　（三）「內在原理」與「超越原理」⋯⋯⋯⋯⋯56

　　　二、儒家的倫理學與形上學⋯⋯⋯⋯⋯⋯⋯⋯⋯⋯58

　　　　（一）屬人之天──存在的意義基礎⋯⋯⋯⋯⋯58

　　　　（二）「天命」與「人性」⋯⋯⋯⋯⋯⋯⋯⋯⋯60

　　　　（三）倫理學與形上學⋯⋯⋯⋯⋯⋯⋯⋯⋯⋯⋯63

　　第三節　儒家道德基本觀念的意義與結構⋯⋯⋯⋯⋯63

　　　一、天之形上觀念⋯⋯⋯⋯⋯⋯⋯⋯⋯⋯⋯⋯⋯⋯64

（一）「帝」與「天」之觀念 ⋯⋯⋯⋯⋯⋯⋯⋯⋯⋯ 65

（二）哲學理想之「天」 ⋯⋯⋯⋯⋯⋯⋯⋯⋯⋯⋯ 68

（三）「德」與「天命」 ⋯⋯⋯⋯⋯⋯⋯⋯⋯⋯⋯ 70

（四）「天地」與「天道」 ⋯⋯⋯⋯⋯⋯⋯⋯⋯⋯ 75

二、「道德」與「善惡」 ⋯⋯⋯⋯⋯⋯⋯⋯⋯⋯⋯⋯ 78

（一）德 ⋯⋯⋯⋯⋯⋯⋯⋯⋯⋯⋯⋯⋯⋯⋯⋯ 78

（二）道德 ⋯⋯⋯⋯⋯⋯⋯⋯⋯⋯⋯⋯⋯⋯⋯ 81

（三）善惡 ⋯⋯⋯⋯⋯⋯⋯⋯⋯⋯⋯⋯⋯⋯⋯ 82

第三章　孔孟荀哲學對「惡」的處理 ⋯⋯⋯⋯⋯⋯⋯⋯ 85

第一節　從天道論看「惡」之缺乏形上基礎 ⋯⋯⋯⋯ 86

一、「道」與「天道」一詞之出現 ⋯⋯⋯⋯⋯⋯⋯⋯ 87

二、孔子 ⋯⋯⋯⋯⋯⋯⋯⋯⋯⋯⋯⋯⋯⋯⋯⋯⋯ 89

（一）孔子思想之背景——春秋時代的「天道」觀 ⋯ 89

（二）孔子思想中的「天道」意義 ⋯⋯⋯⋯⋯⋯⋯ 91

（三）孔子思想中的「天道觀」與「惡」 ⋯⋯⋯⋯ 93

三、孟子 ⋯⋯⋯⋯⋯⋯⋯⋯⋯⋯⋯⋯⋯⋯⋯⋯⋯ 95

（一）天道的內涵 ⋯⋯⋯⋯⋯⋯⋯⋯⋯⋯⋯⋯⋯ 96

（二）天德一貫 ⋯⋯⋯⋯⋯⋯⋯⋯⋯⋯⋯⋯⋯⋯ 96

（三）孟子思想中的「天道觀」與「惡」 ⋯⋯⋯⋯ 98

四、荀子 ⋯⋯⋯⋯⋯⋯⋯⋯⋯⋯⋯⋯⋯⋯⋯⋯⋯ 100

（一）《荀子》一書「天道」之內涵 ⋯⋯⋯⋯⋯⋯ 100

（二）荀子思想中的「天道觀」與「惡」 ⋯⋯⋯⋯ 103

第二節　人性論的主張與「惡」的意義 ⋯⋯⋯⋯⋯⋯ 105

一、孔子 ⋯⋯⋯⋯⋯⋯⋯⋯⋯⋯⋯⋯⋯⋯⋯⋯⋯ 105

（一）人性論的主張 ⋯⋯⋯⋯⋯⋯⋯⋯⋯⋯⋯⋯ 105

（二）「惡」的意義 ⋯⋯⋯⋯⋯⋯⋯⋯⋯⋯⋯⋯ 107

二、孟子 ⋯⋯⋯⋯⋯⋯⋯⋯⋯⋯⋯⋯⋯⋯⋯⋯⋯ 109

（一）人性論的主張 ⋯⋯⋯⋯⋯⋯⋯⋯⋯⋯⋯⋯ 109

（二）「惡」的意義 ⋯⋯⋯⋯⋯⋯⋯⋯⋯⋯⋯⋯ 113

三、荀子 ⋯⋯⋯⋯⋯⋯⋯⋯⋯⋯⋯⋯⋯⋯⋯⋯⋯ 115

（一）人性論的主張 ⋯⋯⋯⋯⋯⋯⋯⋯⋯⋯⋯⋯ 115

（二）「惡」的意義……………………………………117

第三節　論「惡」的發生與對治………………………118

一、孔子………………………………………………119

（一）「惡」的發生………………………………119

（二）惡的對治……………………………………121

二、孟子………………………………………………123

（一）惡的發生……………………………………124

（二）惡的對治……………………………………126

三、荀子………………………………………………129

（一）惡的發生……………………………………129

（二）惡的對治……………………………………130

第四章　道德實踐與先秦儒家倫理………………………135

第一節　孔孟荀哲學中之道德條目……………………136

一、我欲仁，斯仁至矣——孔子的道德哲學…………136

（一）仁之意義……………………………………137

（二）「仁」的基本涵義…………………………141

二、居仁由義——孟子的道德哲學……………………142

（一）孟子的「仁」………………………………143

（二）孟子的「義」………………………………144

（三）孟子之「仁義」……………………………146

三、隆禮義而殺詩書——荀子的禮義思想……………147

（一）禮之意義與起源……………………………149

（二）禮之功用……………………………………151

第二節　《易傳》《中庸》之道德人文精神……………154

一、《易傳》之人道思想………………………………154

（一）「易」之意義與來源………………………155

（二）三極之道……………………………………157

二、《中庸》的道德哲學………………………………160

（一）人性論的形上結構…………………………160

（二）道德實踐與工夫理論………………………164

第三節　就儒家之終極關懷看惡之存在意義…………170

一、儒家倫理的終極關懷 ·················170
　（一）天人合一 ·····················171
　（二）內聖外王 ·····················172
二、惡的存在意義 ·······················174
　（一）善的層次 ·····················175
　（二）惡的意義 ·····················176
結　論 ································181
參考書目 ······························185

# 第十四冊　孔子之言「天」之問題──超驗方法與「天」

## 作者簡介

蕭宏恩

最高學歷：輔仁大學哲學博士

現職：中山醫學大學通識教育中心教授，中山醫學大學醫學人文教育核心團隊成員，教育部醫學人文教育核心團隊成員，學校衛生護理期刊研究倫理審議委員，台灣中國哲學會理事。

重要經歷：元培科技大學通識教育中心教授兼主任，輔仁大學大學醫學院心理復健學系（現為：臨床心理學系）副教授，輔仁大學全人教育中心專業倫理課程委員會委員，輔仁大學進修部全人教育中心人生哲學課程委員會召集人，教育部技職體系課程發展委員會護理與保育群撰寫及審查委員。

## 提　要

　　新士林哲學超驗學派哲學家承續「亞里斯多德─多瑪斯」哲學傳統，將知識限於經驗範疇而靜態地分別了人的「知、情、意」之能力的康德先驗哲學方法，進一步向上開展，動態地呈顯人的「知、情、意」之能力，向上提升指向超越者之終極企向，對超越者向下貫通於人之內存之契會。超越者不再只是一如同康德所言之「設定」（postulate），而是因著人之內在超越性而得以「知曉」的存有自身。因此，同樣是"Transcendental Method"，即由康德對「先天的」（Apriori）「無可知」之「先驗方法」，轉化成新士林哲學「有所知」之「超驗方法」。正是由於新士林哲學的超驗方法展顯人之內在超越性，因此，本文即欲藉由超驗方法之助，對孔子之言「天」做一省思。因著超驗方法的運用，在

「天」之概念的歷史追溯中，可以見得由遠離人的主宰者逐漸內化於人之內存之本性，至孔子之「仁」而貫通「性」與「天道」。「天」不再只是一超越的主宰者，卻是由人之「下學」而可逐步「上達」的終極實在。而人在「下學而上達」的歷程中，亦是稟承「天」而可能。再者，「天」之無限超越，自不可能僅僅為冷冰冰之（理智）知識之對象而「有所知」，卻同時是意志之終極嚮往之純粹至善之本體，以及情之所向之信仰的「天」。故而，孔子之言「天」實為「即超越即內存、即內存即超越」之「有知有意有情」的「天」。

## 目 次

導 論 ·······························1
第一章 超驗方法 ·····················7
　第一節 康德及其先驗哲學 ·············7
　　一、先驗的（Transcendental）與先天的（Apriori）·····8
　　二、康德的先驗哲學 ·················10
　第二節 新士林哲學的超驗方法 ··········13
　　一、超驗的分析（Transcendental Anylysis）·····15
　　二、存有學之肯定的超驗推證（Transcendental Deduction of
　　　　Ontological Affirmation）·········18
　　三、歸謬的肯定（Retorsion）與超驗方法 ·····20
　第三節 超驗方法的意義 ···············22
　第四節 以超驗方法思考孔子之言「天」之可能性 ·····25
第二章 孔子之言「天」的歷史背景 ·········33
　第一節 「天」概念的源起 ·············34
　第二節 周初之於「天」的概念 ··········36
　　一、人格天與形上天 ·················37
　　二、由原始宗教至宗教人文精神的轉化（一）——洪範九疇·····39
　　三、由原始宗教至宗教人文精神的轉化（二）——周初之「敬」觀
　　　　念的出現 ·····················43
　　四、由原始宗教至宗教人文精神的轉化（三）——原始宗教的轉化·····46
　　五、由原始宗教至宗教人文精神的轉化（四）——祭祀之禮·····48
　第三節 孔子所處時代之精神 ···········50
　　一、原始宗教神權之治的衰微 ··········51

　　二、春秋時代「禮」的凸顯與宗教的道德人文精神化‥‥‥‥‥‥53

第三章　對孔子之言「天」的省思‥‥‥‥‥‥‥‥‥‥‥‥‥‥‥57

　第一節　孔子所言之「天」乃實然之存在‥‥‥‥‥‥‥‥‥‥58

　第二節　孔子之言「仁」之義涵‥‥‥‥‥‥‥‥‥‥‥‥‥‥61

　　一、禮與仁‥‥‥‥‥‥‥‥‥‥‥‥‥‥‥‥‥‥‥‥‥‥63

　　二、孔子之言「仁」之義涵‥‥‥‥‥‥‥‥‥‥‥‥‥‥‥64

　第三節　孔子之言「性與天道」‥‥‥‥‥‥‥‥‥‥‥‥‥‥70

　　一、孔子之言「性」乃由「仁」顯其善‥‥‥‥‥‥‥‥‥‥71

　　二、「仁」澈通「性」與「天道」‥‥‥‥‥‥‥‥‥‥‥‥75

　第四節　孔子之「知天命」與「畏天命」‥‥‥‥‥‥‥‥‥‥76

　　一、「命」之二義，與義與仁‥‥‥‥‥‥‥‥‥‥‥‥‥‥77

　　二、「天」之為超越而內存之臨在‥‥‥‥‥‥‥‥‥‥‥‥80

　第五節　形上天與宗教天‥‥‥‥‥‥‥‥‥‥‥‥‥‥‥‥‥81

結　論‥‥‥‥‥‥‥‥‥‥‥‥‥‥‥‥‥‥‥‥‥‥‥‥‥‥‥89

參考書目‥‥‥‥‥‥‥‥‥‥‥‥‥‥‥‥‥‥‥‥‥‥‥‥‥‥93

# 先秦儒家水意象析論

## 作者簡介

　　徐國峰，2006 年 6 月畢業於國立清華大學化學工程學系，輔系——外國語文學系。大學期間加入游泳隊，同時輔修中外文學，從此深深著迷於耐力運動、中外文學與思想的世界。

　　2008 年 7 月 3 日～19 日以跑步環台的行動，為世界展望會——飢餓三十募款。

　　2009 年 6 月畢業於國立東華大學中文研究所，隨後入伍。當兵期間完成《鐵人三項》一書。退伍後，定居於花蓮，從事寫作與鐵人三項訓練，盼許自己以身為「體」以文為「用」，成為一位對人類有所貢獻的運動家與作家。

## 提　要

　　本論文以先秦儒家為文本，以水意象為論題。由於「水」是一個相較於先秦典籍中的其他具體物象（如結論中用來比較的「權」與「木」）具有外延更廣的概念，自然留下更寬廣的想像空間。先秦哲人在此空間中任意發揮，而我

們則試著在他們所遺留下的文字中尋找水意象之體源與支流間的關係，同時試著以水爲例來證成「具象回歸的理解進路」在先秦文本中的詮釋效用。

論述的步驟上，先對關鍵性概念——「水意象」作形式上的分析與界義。分析後對「意象」一詞所作的基本假定有三：其一，「象」可被分爲實體之象與符號之象兩者。其二，水意象具有客觀上所指向的「意義」與主觀上所附與的「涵意」兩種成份。其三，水意象中具有體與用的兩種面相。經由分析「水意象」此一概念而能完全掌握它的意義之後，再以此意義來全面性地處理先秦時期三部儒家經典——《論語》、《孟子》、《荀子》中與「水之象」相關的文句，試圖從其中關於水的各種物象與現象來理解／詮釋先秦儒家《論》《孟》《荀》三部經典中的章句。另外，本論文與前行研究論文最大的不同在於：藉由已經揭明涵意的各種水象（本論文分爲實體之象與符號之象）來達到詮解文本的效用。

## 目　次

序　言 ⋯⋯⋯⋯⋯⋯⋯⋯⋯⋯⋯⋯⋯⋯⋯⋯⋯⋯⋯⋯⋯⋯⋯⋯⋯⋯⋯⋯⋯⋯⋯⋯ 1
第一章　緒　論 ⋯⋯⋯⋯⋯⋯⋯⋯⋯⋯⋯⋯⋯⋯⋯⋯⋯⋯⋯⋯⋯⋯⋯⋯⋯⋯ 1
　一、研究動機 ⋯⋯⋯⋯⋯⋯⋯⋯⋯⋯⋯⋯⋯⋯⋯⋯⋯⋯⋯⋯⋯⋯⋯⋯ 1
　二、文獻檢討 ⋯⋯⋯⋯⋯⋯⋯⋯⋯⋯⋯⋯⋯⋯⋯⋯⋯⋯⋯⋯⋯⋯⋯⋯ 6
　三、研究材料範圍與限制 ⋯⋯⋯⋯⋯⋯⋯⋯⋯⋯⋯⋯⋯⋯⋯⋯⋯⋯ 10
　四、研究方法與步驟 ⋯⋯⋯⋯⋯⋯⋯⋯⋯⋯⋯⋯⋯⋯⋯⋯⋯⋯⋯⋯ 11
第二章　「水意象」之概念分析 ⋯⋯⋯⋯⋯⋯⋯⋯⋯⋯⋯⋯⋯⋯⋯⋯ 15
　一、「水意象」概念分析與界義 ⋯⋯⋯⋯⋯⋯⋯⋯⋯⋯⋯⋯⋯⋯⋯ 16
　二、「象」 ⋯⋯⋯⋯⋯⋯⋯⋯⋯⋯⋯⋯⋯⋯⋯⋯⋯⋯⋯⋯⋯⋯⋯⋯⋯ 16
　三、「意」 ⋯⋯⋯⋯⋯⋯⋯⋯⋯⋯⋯⋯⋯⋯⋯⋯⋯⋯⋯⋯⋯⋯⋯⋯⋯ 20
　四、意之象——具有「抽象意義與涵意」的「具體之象」 ⋯⋯ 23
　五、象之意——以象表意 ⋯⋯⋯⋯⋯⋯⋯⋯⋯⋯⋯⋯⋯⋯⋯⋯⋯⋯ 23
　六、水意象 ⋯⋯⋯⋯⋯⋯⋯⋯⋯⋯⋯⋯⋯⋯⋯⋯⋯⋯⋯⋯⋯⋯⋯⋯⋯ 24
第三章　「水體」所展現的主觀涵意 ⋯⋯⋯⋯⋯⋯⋯⋯⋯⋯⋯⋯⋯ 27
　一、「逝」者如斯夫 ⋯⋯⋯⋯⋯⋯⋯⋯⋯⋯⋯⋯⋯⋯⋯⋯⋯⋯⋯⋯⋯ 27
　二、原泉混混 ⋯⋯⋯⋯⋯⋯⋯⋯⋯⋯⋯⋯⋯⋯⋯⋯⋯⋯⋯⋯⋯⋯⋯⋯ 36
　三、東流之水 ⋯⋯⋯⋯⋯⋯⋯⋯⋯⋯⋯⋯⋯⋯⋯⋯⋯⋯⋯⋯⋯⋯⋯⋯ 41
　四、小結 ⋯⋯⋯⋯⋯⋯⋯⋯⋯⋯⋯⋯⋯⋯⋯⋯⋯⋯⋯⋯⋯⋯⋯⋯⋯⋯ 51
第四章　「水符」所染的意象色彩 ⋯⋯⋯⋯⋯⋯⋯⋯⋯⋯⋯⋯⋯⋯ 55

　　一、附有人格涵意的水意象…………………………………55

　　二、水的流行意象……………………………………………69

　　三、附有政治色彩的水意象…………………………………76

　　四、小結………………………………………………………83

第五章　結論──具象情境回歸的理解進路…………………………85

　　一、水體所涵的詮釋功效……………………………………86

　　二、回到水符所指涉的實體，再重新進行文本的理解……87

　　三、其它意象操作：具體／符號之「權」…………………88

附錄：現代有關「水意象」之論述文獻年表……………………………93

引用與參考書目……………………………………………………………99

# 第十五冊　儒墨哲學比較研究

## 作者簡介

　　吳進安，文化大學哲學研究所博士，曾任輔仁大學哲學系副教授，現任雲林科技大學漢學資料整理研究所教授兼所長。專研儒墨比較研究、墨家哲學、台灣儒學研究等課題。著有《孔子之仁與墨子兼愛比較研究》、《生活的智慧》、《墨家政治哲學》、《墨家哲學》、《哲學與人生》、《哲學專論》等書。2009 年獲中華發展基金會獎助赴廈門大學台灣研究院講學暨研究。2010 年獲聘山東大學文史哲研究院碩士生指導教授。

## 提　要

　　先秦時期儒墨並稱顯學，二家之論理主張與學說意旨，從形式而言似有相似之處，但是從其核心觀念而言，卻又大相逕庭，形成儒墨二家的相互批判，為何如此？從比較的角度而言，二者之義理內涵的差異實有探究之必要。

　　本書特從孔子的仁與墨子的兼愛二觀念作為研究之入門，比較這兩個觀念的本質差異；進而再從「人與自然」、「人之自我實現」與「人與他人關係」三層面剖析仁與兼愛之不同，以及為何如此之問題。總結而言，人是孔、墨二子共同關切與思考的主體，但其成就取向不同；由主體言仁以及由客體言兼愛，造就不同的文化事業。但二者積極入世，縱使客觀環境險惡，吾道不行，孔墨二人仍然堅持理念，孔子雖明知時不可為，猶然不放棄理念與理想，不苟同隱逸山林之消極避世；墨子更是不遑多讓而摩頂放踵，利天下而為之，迎向前去，

承擔責任與使命，二人之精神可稱並駕齊驅。縱使論理旨趣、核心價值有其內在的根本性差異，但在對於「道」的承擔與實踐上仍是舍我其誰而令人動容。

## 目　次

高　序

第一章　緒　論 ................................................................ 1
　第一節　研究動機與目的 .............................................. 1
　第二節　研究方法 ..................................................... 5

第二章　孔子仁學形成背景與特質 ............................... 9
　第一節　時代問題與周文價值的重建 .......................... 9
　第二節　從《論語》中孔子與隱者之遇看儒學精神 ...... 16
　第三節　道德哲學之建立 .......................................... 19

第三章　仁之基本意涵 ................................................ 25
　第一節　《論語》「仁」之意義 ................................. 25
　　一、從「仁」的高遠目的而言 ................................ 27
　　二、從發揮「仁」的責任感而言 ............................. 27
　　三、從孔子不輕易許人以仁而言 ............................. 28
　第二節　《禮記》「仁」之意義 ................................. 33
　第三節　《易傳》「仁」之意義 ................................. 37

第四章　墨學形成之背景與特質 ................................. 41
　第一節　墨子之時代問題與哲學特質 ......................... 41
　　一、社會動亂之原因──因人之自利與不相愛 ......... 43
　　二、達成興天下之利的方法──十務 ...................... 44
　　三、墨子的功利主義 ............................................. 45
　第二節　墨學淵源 ................................................... 46
　　一、從《莊子‧天下》篇看墨學淵源 ...................... 47
　　二、從《淮南要略》看墨學之淵源 ......................... 49
　第三節　儒墨相非之本源問題 ................................... 51

第五章　墨子「兼愛」觀念意義與體系開展 ................ 59
　第一節　兼愛之意義 ................................................ 59
　第二節　價值根源 ................................................... 64
　　一、天志之意義內涵為何？ ................................... 65

　　二、人如何來面對天？……………………………………69

　　第三節　以兼愛為基礎之文化觀………………………………72

第六章　從「人與自然」關係看仁與兼愛……………………77

　第一節　天的概念分析與比較…………………………………77

　　一、孔子對「天」的理解與態度………………………………78

　　二、孔墨二子在「天」之觀念差異……………………………82

　第二節　鬼神觀念之比較………………………………………84

　　一、孔子對「鬼神」之觀念理解………………………………84

　　二、墨子對鬼神之解釋…………………………………………86

　　三、孔墨二子在「鬼神」觀念上之差異………………………88

　第三節　命的概念解析與比較…………………………………90

　　一、孔子對「命」之認知………………………………………90

　　二、墨子對於「命」之觀念的批判……………………………93

　　三、孔墨二子在「命」觀念之分歧……………………………96

第七章　從「人之自我實現」看仁與兼愛………………………101

　第一節　內在精神………………………………………………101

　第二節　實踐進路的輔助與支持條件…………………………106

　　一、仁與智………………………………………………………107

　　二、仁與禮………………………………………………………109

　第三節　理想人格………………………………………………111

　　一、從君子與小人之對比看君子之特質………………………112

　　二、君子之內涵氣質……………………………………………114

　　三、墨子哲學中的理想人格……………………………………118

第八章　從「人與他人」關係看仁與兼愛………………………123

　第一節　推己與融通……………………………………………123

　第二節　義與利…………………………………………………128

第九章　結　論…………………………………………………135

　第一節　仁與兼愛比較之意義…………………………………135

　　一、人是孔、墨二子共同關懷的對象與主體，但其成就取向不同……135

　　二、由主體言仁與客體言兼愛，看文化事業之開創……………137

　第二節　仁與兼愛比較之價值…………………………………139

參考書目……………………………………………………………………143
後　記……………………………………………………………………149

# 第十六冊　荀子人性論及其實踐研究

## 作者簡介

　　陳禮彰，國立中央大學中國文學系學士，國立台灣師範大學國文研究所碩士、博士，現職為國立澎湖科技大學通識教育中心副教授。除碩士論文《董仲舒天人思想研究》與博士論文《荀子人性論及其實踐研究》外，已發表的論文有〈白虎通義的人性論〉、〈試論《白虎通義》與《黃老帛書》政治思想之異同〉、〈荀子「法後王」說究辨〉，審查中的論文有〈從時間範疇省察荀子思想的義涵〉，正在進行的國科會專題研究計畫為〈荀子「兩」而能「一」的思維方式〉。

## 提　要

　　要還原荀子在儒學中應有的地位，讓荀子學說獲得正確的評價，甚至指出其符合現代意義之處，從其倍受誤解的性惡說入手，或許才是斧底抽薪的最佳途徑吧！有鑑於此，本論文遂設定人性論為研究主軸。首章緒論，說明研究目的、方法、觀點與回顧前人研究成果。第二章探討其思想基礎，由「知通統類」中所涵蘊的人類社會整體觀、歷史文化連續觀、時空環境動態觀，說明荀子以成就禮義為主的人性論，是建構在具體實存的現象世界，以客觀的外王事功為出發點。第三章探討其性惡說的真實意涵，由其「生之已然」而可善可惡的材質之性，說明其揭舉性惡的原因，與去惡成善之方法途徑。第四章探討化性起偽的主體依據，由心能知道而可道、行道的特質，說明心不只具有認知功能，而且具有自為主宰的道德意涵；由心需虛壹而靜以成就大清明，說明虛壹而靜不只是認知方式而且是涵養工夫，是知行合一而必仁且智的依據。第五章探討其化性起偽道德實踐的內涵，由聖人察禮義之統而起偽的工夫在於治氣養心與致誠慎獨，凡人依循禮義而化性的工夫在於師法積學與環境習俗，以見其道德實踐的二重性。第六章探討其群居和一的政治理想，由其聖王以民為本而為民表率，以見儒家尊君是尊君之德與法家尊君之勢的差異；由其強調人君施政班治特重取相，以見其欲以賢相補救平庸君主以完成德治的務實作為；由以政裕民與以禮節用，修政壹民與用兵之道，以見其民生經濟主張能促成均富和一，其國防軍事思想能兼顧王者理想與霸者現實。第七章結論，由繼承與發展的連

貫性與理想與現實的互補性，說明荀子由外王而內聖的人性論不僅充實了儒家
一本而多元的面貌，而且具有會通民主政治的現代意義。

# 目　次

第一章　緒　論⋯⋯⋯⋯⋯⋯⋯⋯⋯⋯⋯⋯⋯⋯⋯⋯⋯⋯⋯⋯⋯1

　第一節　研究目的⋯⋯⋯⋯⋯⋯⋯⋯⋯⋯⋯⋯⋯⋯⋯⋯⋯⋯⋯1

　第二節　研究方法⋯⋯⋯⋯⋯⋯⋯⋯⋯⋯⋯⋯⋯⋯⋯⋯⋯⋯⋯3

　第三節　研究觀點⋯⋯⋯⋯⋯⋯⋯⋯⋯⋯⋯⋯⋯⋯⋯⋯⋯⋯⋯6

　第四節　文獻回顧⋯⋯⋯⋯⋯⋯⋯⋯⋯⋯⋯⋯⋯⋯⋯⋯⋯⋯⋯7

第二章　知通統類：思想基礎⋯⋯⋯⋯⋯⋯⋯⋯⋯⋯⋯⋯⋯⋯⋯13

　第一節　和群定分的價值論⋯⋯⋯⋯⋯⋯⋯⋯⋯⋯⋯⋯⋯⋯⋯13

　　一、「類」的整體性⋯⋯⋯⋯⋯⋯⋯⋯⋯⋯⋯⋯⋯⋯⋯⋯⋯14

　　二、群與分⋯⋯⋯⋯⋯⋯⋯⋯⋯⋯⋯⋯⋯⋯⋯⋯⋯⋯⋯⋯23

　第二節　通古貫今的綱紀論⋯⋯⋯⋯⋯⋯⋯⋯⋯⋯⋯⋯⋯⋯⋯33

　　一、「統」的連續性⋯⋯⋯⋯⋯⋯⋯⋯⋯⋯⋯⋯⋯⋯⋯⋯⋯33

　　二、古與今⋯⋯⋯⋯⋯⋯⋯⋯⋯⋯⋯⋯⋯⋯⋯⋯⋯⋯⋯⋯38

　第三節　體常盡變的實踐論⋯⋯⋯⋯⋯⋯⋯⋯⋯⋯⋯⋯⋯⋯⋯48

　　一、「權」的變動性⋯⋯⋯⋯⋯⋯⋯⋯⋯⋯⋯⋯⋯⋯⋯⋯⋯48

　　二、常與變⋯⋯⋯⋯⋯⋯⋯⋯⋯⋯⋯⋯⋯⋯⋯⋯⋯⋯⋯⋯52

第三章　生之實然：性的定義⋯⋯⋯⋯⋯⋯⋯⋯⋯⋯⋯⋯⋯⋯⋯59

　第一節　自然情欲易惡論⋯⋯⋯⋯⋯⋯⋯⋯⋯⋯⋯⋯⋯⋯⋯⋯59

　　一、性的義涵⋯⋯⋯⋯⋯⋯⋯⋯⋯⋯⋯⋯⋯⋯⋯⋯⋯⋯⋯60

　　　（一）性與情欲⋯⋯⋯⋯⋯⋯⋯⋯⋯⋯⋯⋯⋯⋯⋯⋯⋯60

　　　（二）與孟子、告子的差別⋯⋯⋯⋯⋯⋯⋯⋯⋯⋯⋯⋯64

　　二、性惡的證成⋯⋯⋯⋯⋯⋯⋯⋯⋯⋯⋯⋯⋯⋯⋯⋯⋯⋯66

　　　（一）惡的含義與由來⋯⋯⋯⋯⋯⋯⋯⋯⋯⋯⋯⋯⋯⋯66

　　　（二）藉性惡成就禮義⋯⋯⋯⋯⋯⋯⋯⋯⋯⋯⋯⋯⋯⋯70

　　三、強調性惡的原因⋯⋯⋯⋯⋯⋯⋯⋯⋯⋯⋯⋯⋯⋯⋯⋯75

　　　（一）補弊救偏，回歸周孔⋯⋯⋯⋯⋯⋯⋯⋯⋯⋯⋯⋯75

　　　（二）對抗老莊，強調人文⋯⋯⋯⋯⋯⋯⋯⋯⋯⋯⋯⋯78

　第二節　養欲節情以成善⋯⋯⋯⋯⋯⋯⋯⋯⋯⋯⋯⋯⋯⋯⋯⋯81

　　一、養欲、導欲與去欲、寡欲⋯⋯⋯⋯⋯⋯⋯⋯⋯⋯⋯⋯81

（一）欲不可去亦不必去 ……………………………… 81

（二）養欲的涵義與方法 ……………………………… 84

二、禮以節情與義利之辨 ……………………………………… 87

（一）由禮以節情辨儒墨之分 ………………………… 87

（二）由義利之辨顯儒法之別 ………………………… 92

第四章　虛壹而靜：心的特質 ……………………………………… 99

第一節　心能知道而可道、行道 ……………………………… 100

一、心的作用及蔽塞原因 ……………………………………… 100

（一）知之質與能之具 ………………………………… 100

（二）蔽於情欲與蔽於偏見 …………………………… 106

二、以道為衡與可道行道 ……………………………………… 113

（一）以禮義之道為權衡 ……………………………… 113

（二）禮義的主體性與客觀性 ………………………… 115

第二節　虛壹而靜則必仁且智 ………………………………… 119

一、虛壹而靜的涵養工夫 ……………………………………… 119

（一）虛、壹、靜與藏、兩、動 ……………………… 120

（二）天君之心的主宰性 ……………………………… 125

（三）人心與道心 ……………………………………… 130

二、必仁且智與知行合一 ……………………………………… 134

第五章　化性起偽：道德實踐 ……………………………………… 139

第一節　聖人察禮義之統以起偽 ……………………………… 140

一、禮義之統與聖人之偽 ……………………………………… 141

（一）化性起偽的兩重涵義 …………………………… 141

（二）禮義與歷史文化 ………………………………… 145

二、治氣養心與致誠慎獨 ……………………………………… 147

（一）治氣養心與治氣養生 …………………………… 148

（二）致誠、慎獨、神明、天德 ……………………… 153

第二節　凡民由師法積學而化性 ……………………………… 156

一、積學師法與環境習俗 ……………………………………… 157

（一）積學與得師 ……………………………………… 157

（二）擇鄉與就士 ……………………………………… 164

　　二、終乎讀禮與終乎為聖人 ··········································· 167
　　　（一）隆禮義而殺詩書 ··············································· 167
　　　（二）聖人的知、言、行 ··········································· 172

第六章　群居和一：政治理想 ··········································· 183
　第一節　聖人為王 ························································· 183
　　一、君德與君勢 ························································· 184
　　　（一）責任重於權利 ··············································· 184
　　　（二）治人重於治法 ··············································· 185
　　　（三）修身重於治國 ··············································· 187
　　　（四）道德重於勢位 ··············································· 190
　　二、民本與禪讓 ························································· 193
　　　（一）善群所以愛民 ··············································· 194
　　　（二）不禪讓的涵義 ··············································· 200
　第二節　尚賢使能 ························································· 203
　　一、任賢與取相 ························································· 203
　　　（一）任賢而無為 ················································· 203
　　　（二）論德與量能 ················································· 206
　　　（三）舉賢不待次 ················································· 208
　　　（四）慎取相 ······················································· 211
　　二、臣道與革命 ························································· 215
　　　（一）忠順而不懈 ················································· 215
　　　（二）持寵與讓賢 ················································· 218
　　　（三）從道不從君 ················································· 220
　第三節　富國強兵 ························································· 221
　　一、裕民與節用 ························································· 222
　　　（一）以政裕民 ··················································· 222
　　　（二）以禮節用 ··················································· 228
　　二、壹民與用兵 ························································· 233
　　　（一）強兵之道 ··················································· 234
　　　（二）用兵之術 ··················································· 240

第七章　結　論 ····························································· 245

第一節　繼承與發展 ……………………………………………… 246
第二節　現實與理想 ……………………………………………… 250
參考書目 …………………………………………………………… 255

# 第十七冊　荀子樂論在其思想上之重要性

## 作者簡介

　　吳文璋，台灣，基隆市人，民國 46 年生。成功大學中文系畢業，臺灣師範大學國文研究所碩士班畢業，斯里蘭卡 Kelaniya 大學巴利文與佛教研究所博士候選人。現任成功大學中國文學系副教授，專長科目：荀子、儒學、比較宗教學。

　　期刊論文：〈荀子與權威主義〉、〈論荀子的宗教精神與價值根源〉、〈為什麼中國沒有科學——兼論科學如何在生命中生根〉、〈從思想史論戰後台灣儒學兩大典型——胡適與牟宗三〉、〈荀子議兵篇析論〉、〈論儒家與儒教——從儒家是否為宗教談起〉、〈論董仲舒對儒教的建構——以治水之術為例〉、〈荀子論心和韓非子所蘊涵的心論之比較〉。

## 提　要

　　孔子曾說：「興於詩、立於禮、成於樂。」(《論語・泰伯》)，可見音樂在孔子的思想中是屬於大成的境界。荀子繼承了孔子的音樂思想又能加以深化、擴展、提昇而形成一個系統嚴謹的音樂哲學，是東方儒教文化圈中的第一篇。影響了後代的音樂思想極其深遠。

　　基本上荀子的音樂哲學是遠古時代人類詩、樂、舞合一的宗教文化傳統的主流思想。從黃帝、夏、商、周三代這個文化傳統是一脈相承。荀子一方面繼承《尚書》、《詩經》、《周禮》、《左傳》的音樂思想，一方面反對音樂的哲學家辯論，例如墨家和道家。

　　回應墨家非樂時強調：1、製造樂器不是奢侈浪費 2、聽音樂不是怠惰公事 3、音樂不是亡國之音 4、音樂可以紓解壓力 5、音樂可以善民心、移民易俗而齊一天下。對道家的回應則是：1、音樂不會戕害身心 2、聖人為樂是為維護身心的健康 3、莊子的至樂、天樂根本是知天而不知人，人有的音樂，不是天樂可以取代的。荀子音樂哲學的特質是：1、確立了禮樂之統 2、闡明李月的差異性和禮樂的極致 3、提出「以心治性」和「以樂治心」的音樂哲學 4、樂舞的極致與天道合一。

　　荀子建立了儒家的音樂哲學，使後代的學者仰之彌高而鑽之彌堅，形成了一個偉大的音樂傳統，是爲荀子〈樂論〉所形成的「樂教」。

# 目　次

序
第一章　荀子之生平及其書 ………………………………………………… 1
　第一節　荀子其人 ………………………………………………………… 1
　第二節　荀子一書篇章之考證 …………………………………………… 7
　第三節　樂論篇之考證 …………………………………………………… 10
第二章　荀子建立「樂論」之原因 ……………………………………… 17
　第一節　周朝禮樂文化之承繼與時代之考驗 ………………………… 17
　第二節　學術環境之影響 ………………………………………………… 24
　第三節　儒學發展上之需求 ……………………………………………… 27
第三章　荀子建立「樂論」之思想根據 ………………………………… 33
　第一節　天人關係 ………………………………………………………… 33
　第二節　性惡與化性起僞 ………………………………………………… 37
第四章　荀子「樂論」在其思想上之重要性 …………………………… 49
　第一節　樂之起源 ………………………………………………………… 49
　第二節　樂與德性之陶冶 ………………………………………………… 53
　第三節　樂之教化作用 …………………………………………………… 59
第五章　荀子「樂論」之淵源 …………………………………………… 69
　第一節　書經論樂 ………………………………………………………… 69
　第二節　詩經與樂 ………………………………………………………… 72
　第三節　周禮論樂 ………………………………………………………… 73
　第四節　左傳論樂 ………………………………………………………… 76
第六章　荀子「樂論」與先秦諸子論樂之比較 ………………………… 81
　第一節　孔孟論樂 ………………………………………………………… 81
　第二節　墨子與道家論樂 ………………………………………………… 86
第七章　荀子「樂論」之特質 …………………………………………… 97
　第一節　音樂理論之系統化 ……………………………………………… 97
　第二節　「樂論」之特殊地位 …………………………………………… 100
　第三節　「樂論」對樂記之影響 ………………………………………… 110

參考書目 ··········································································· 115

後　記 ·············································································· 123

附　表

　　表一：荀子至齊游學之年紀考 ····································· 4

　　表二：荀子生卒年考 ················································· 5

　　表三：荀、孫二字考 ················································· 7

# 荀韓思想關係研究

## 作者簡介

　　洪銘吉，民國五十年生。新北市板橋區江子翠人。祖籍福建泉州府同安縣柏埔庄。輔仁大學中國文學系、中國文學研究所畢業，今為逢甲大學中國文學系博士候選人。現職為台中市僑光科技大學通識教育中心專任講師。

## 提　要

　　史載戰國時期，韓非曾為荀子的弟子，然在漢代對諸子思想的分類，一是法家；另一卻是儒家。今從《荀子》及《韓非子》二書來分析，可清楚得知其二人同受法家、名家、墨家、道家思想的影響非常的深遠。但《荀子》一書裡所呈現出思想的精髓，是在孔子禮學、名學思想的範圍，仍舊在強調禮樂制度的重要性。但荀子的主張，卻較孔子偏激。因為，對不守禮制的貴族，荀子主張律法來制裁。這一看法深深影響韓非。因此，在《韓非子》書中，可見韓非以「時移而事異，事異而備變」的主張來因應時代的改變，這一見解，無可厚非的是必然傳承自荀子的觀點。本論文以名分之別、君臣之道、農戰之策、非儒之議四面向來討論荀、韓思想之間的關係，並藉以了解為何漢代以來所施行的教育及政策，都是以此為中心，從此擴展出中國政治文化的特色。

## 目　次

序

第一章　荀韓思想成因及生平著書考 ···························· 1

　第一節　荀子生平及其書 ······································· 1

　第二節　荀子思想形成的來源 ·································· 4

　　一、社會環境的變遷 ··········································· 5

　　二、與儒墨道德的關係 ········································ 7

　　第三節　韓非生平及其書 ·············································· 10

　　第四節　韓非思想形成的來源 ········································ 12

　　第五節　結　語 ························································ 15

第二章　荀韓中心思想的轉折 ············································ 17

　　第一節　荀子的「禮」 ················································ 17

　　一、「禮」的成因及意義 ·············································· 18

　　二、「禮」的實踐 ···················································· 21

　　第二節　韓非的「法」 ················································ 24

　　一、「法」的成因及意義 ·············································· 24

　　二、「法」的實踐 ···················································· 27

　　第三節　荀「禮」與韓「法」的關係及其時代意義 ···················· 29

　　第四節　結　語 ························································ 37

第三章　荀韓思想的開合 ················································ 39

　　第一節　辨名份 ······················································ 39

　　第二節　道君臣 ······················································ 43

　　第三節　論耕戰 ······················································ 48

　　第四節　議非儒 ······················································ 50

　　第五節　結　語 ······················································ 53

第四章　荀韓思想對秦與西漢的影響 ···································· 55

　　第一節　秦國的尚法 ·················································· 55

　　第二節　漢帝的雜揉王霸 ·············································· 61

　　第三節　漢代知識份子的舉措 ········································ 65

　　第四節　結　論 ······················································ 66

第五章　總　結 ·························································· 69

參考書目舉要 ···························································· 71

# 第十八冊　公孫龍子有關認識問題之研究

## 作者簡介

　　李賢中

　　學歷：輔仁大學哲學研究所博士

　　經歷：輔仁大學共同科副教授、中西文化研究中心主任、輔仁大學公共關

係室主任、台灣哲學學會秘書長、副會長及中國哲學學會常務理事等。

現任：東吳大學哲學系教授、台灣大學哲學系兼任教授

著作：《先秦名家「名實」思想探析》、《哲學概論》、《墨學——理論與方法》、《中國哲學概論》（〈中國認識論〉〈中國邏輯〉）等、以及墨家哲學、先秦哲學、中國邏輯、中國哲學方法論等領域期刊論文三十餘篇。

## 提　要

本書是筆者 26 年前寫成的碩士論文，現在讀起來，雖然在文字表達上略感生硬，但其中的思想卻是這二十幾年來教學研究的泉源；現在的許多想法早在當時已經萌芽。因此，讀起來倍感親切。在《公孫龍子》的理解方面，有些部分已不同於當年，但是由於這篇論文當年構思精密，是一完整的系統，難以更動。因此還是保存原本的面貌呈現；如此，比較筆者之後的相關作品，也可以看到思想發展的變化線索。這篇論文處理了以下一些問題：

1. 人如何認識對象物？2. 認識作用如何可能？3. 認識作用所能達到的程度爲何？4. 認識的結果如何表達？5. 怎樣才是正確的表達？6. 概念如何形成？7. 概念具有哪些性質？8. 概念與實在界的關係如何？9. 指向性認識論的形上思想爲何？10. 公孫龍子整體的思路脈絡爲何？

《公孫龍子》的「認知」思想在先秦時期佔有一特殊的地位，他的〈指物論〉是在主客二元對立的認知結構下，來談指向性的認識過程與認識範圍；從「物莫非指」的普遍肯定，到「而指非指」的懷疑態度，再在到「指固自爲非指，奚待於物而乃與爲指」的不可知立場。此與墨家的素樸實在論、惠施「萬物畢同畢異」的相對論，以及莊子「道通爲一」、「有眞人而後有眞知」的神祕主義，構成了先秦認識理論的全面系譜。值得我們細細研讀比較。

## 目　次

第一章　緒　論 …………………………………………………………………… 1
　第一節　研究之目的與範圍 …………………………………………………… 1
　第二節　研究之態度與方法 …………………………………………………… 4
　節三節　研究之內容概述 ……………………………………………………… 7
第二章　公孫龍子有關「認識」的探討 …………………………………………… 11
　第一節　「指、物」的意義 …………………………………………………… 12
　第二節　強調指向性的認識論——「物莫非指，而指非指」 ……………… 15

第三節　從指、物的存有性質論指向性認識的可能性 …………………… 18
第四節　指向性認識的可能程度及其過程 …………………………………… 20
第三章　公孫龍子有關「表達」的探討 ………………………………………… 25
　第一節　名與實的關係 ……………………………………………………… 27
　第二節　正確表達的方法與步驟 …………………………………………… 29
　第三節　在變化與指向性認識下的正確表達 …………………………… 32
第四章　公孫龍子有關「變化」的探討 ………………………………………… 35
　第一節　名的變化 …………………………………………………………… 35
　第二節　實的變化 …………………………………………………………… 39
　第三節　位的貞定 …………………………………………………………… 43
　第四節　變與不變 …………………………………………………………… 45
第五章　公孫龍子有關「概念」的探討 ………………………………………… 49
　第一節　概念的性質 ………………………………………………………… 49
　第二節　概念相互間的關係 ………………………………………………… 52
　第三節　概念與實在界的關係 ……………………………………………… 55
第六章　做為公孫龍子指向性認識依據的形上思想 ………………………… 59
　第一節　從感官作用說明概念自身的獨立自藏 ………………………… 60
　第二節　異於感覺官能的認識能力 ……………………………………… 62
　第三節　公孫龍子認識論的形上基礎 …………………………………… 66
第七章　結　論 ……………………………………………………………………… 69
　第一節　公孫龍子認識思想構作之理路 ………………………………… 69
　第二節　公孫龍子思想在其它觀點下的評價及比較 …………………… 71
　第三節　公孫龍子認識理論本身的問題及可能發展之方向 ………… 76
參考書目 ……………………………………………………………………………… 79
附錄：《公孫龍子》原文 ………………………………………………………… 81

# 孫子思想研究

## 作者簡介

　　鄭峰明，生於 1945 年，臺中縣霧峰鄉人。臺南師範普師科畢業，高雄師範學院國文系學士，臺灣師範大學國文研究所碩士。曾任小學教師、高中教師，臺中師專講師、臺中師範學院語教系副教授、教授，臺中教育大學語教

系教授。現任臺中教育大學語教系兼任教授。學術專長：先秦思想、書法理論與書法創作。著作：莊子思想及其藝術精神之研究、褚遂良書學之研究、米芾書學之研究。

## 提　要

　　《孫子》自古以來即被稱爲兵經，孫子則被稱爲兵聖，故歷來研讀兵書者，必奉《孫子》爲兵法之圭臬。近代以來科技雖突飛猛進，現代武器已進入核化時代，《孫子》仍可以作爲現代戰爭之指導原則。其所以然者，乃《孫子》書中所陳述之戰爭原理，不是形而下之器，而是形而上之道。既是形而上之道，則可以跨越時空之障礙，恆久而常存。所以本論文之作，乃從孫子之兵道哲理作深入探究，而非論述《孫子》兵法之應用。《孫子》自古以來即被認爲孫武所著，然自宋人葉適疑非孫武所著，和者日眾，故首作《孫子》作者之辨證，確認《孫子》確爲孫武所著，並略述孫武其人其事。凡思想之起，必有其時代背景，與其思想淵源，故次論《孫子》書之時代背景，與孫子之思想淵源。孫子思想遠源於黃帝、伊尹、呂尙。近承易理、老子。孫子思想之基本哲理，乃本論文之重點，先論其本體論，孫子思想根乎易、老，取其經權奇正之變化，知「幾」與貴「因」爲其重要契機。次論其人生論，孫子思想特別重視人的思維與人的價值，凡事以『智』爲用，待人以「慈」爲本；施「恩德」於先，立「武備」爲後盾。由孫子思想所演伸之戰爭觀，則爲愼戰論與萬全主義，即對戰爭宜愼之又愼，不宜輕啓兵端。如不愼開啓兵端，則宜『不戰而屈人之兵』、「全國全軍」爲上。政治與外交對戰爭有深遠之影響，故『修道保法』是戰爭之前置作業，「伐交」則爲戰爭手段。末章結論，則臚列前人對《孫子》之評價，以顯現《孫子》之歷史地位與價值。

## 目　次

序
第一章　孫武與孫子書辨正 ………………………………………………… 1
　第一節　孫子書及其作者之考訂 ………………………………………… 1
　第二節　孫武傳略 ………………………………………………………… 7
第二章　孫子書之時代背景 ……………………………………………… 11
　第一節　春秋時代之思想潮流 ………………………………………… 12
　　（一）神人觀念之演化 ………………………………………………… 12

（二）「德」「力」思想之並重 ……………………………… 13

（三）「禮」「刑」思想之替換 ……………………………… 13

第二節　春秋時代之政治社會概況 ……………………………… 15

（一）諸侯兼併與夏夷之辨 ………………………………… 15

（二）民本思想與社會階級之改變 ………………………… 16

（三）會盟政治與外交思想 ………………………………… 17

（四）王官失職與著述自由 ………………………………… 18

第三節　春秋時代之軍事背景 …………………………………… 18

（一）戶稅役合一，亦民亦兵 ……………………………… 19

（二）作戰以車徒為主，吳楚兼及舟師 …………………… 20

（三）戰爭連年，民黎失所 ………………………………… 21

第三章　孫子思想淵源之研究 …………………………………… 23

第一節　孫子思想遠源於黃帝、伊尹、呂尚之探索 ………… 25

（一）遠源於黃帝者 ………………………………………… 25

（二）遠源於伊尹者 ………………………………………… 26

（三）遠源於呂尚者 ………………………………………… 28

第二節　孫子思想哲理與易理之印證 ………………………… 30

（一）易理與孫子基本哲理 ………………………………… 30

（二）易「幾」與兵「幾」 ………………………………… 32

（三）兵戎在易辭者 ………………………………………… 33

第三節　孫子思想近承老子之考究 …………………………… 35

（一）老子之道體與孫子之兵道 …………………………… 37

（二）柔弱謙下之用 ………………………………………… 38

（三）道「幾」與兵「幾」 ………………………………… 40

（四）老子相對論與兵道之利害相存 ……………………… 40

（五）其他老子書中之言兵者 ……………………………… 41

第四章　孫子思想之基本哲理 …………………………………… 43

第一節　孫子思想之本體論 …………………………………… 43

（一）根乎於易老思想 ……………………………………… 43

（二）經權奇正之變化 ……………………………………… 44

（三）知幾 …………………………………………………… 45

（四）貴因 ………………………………………………… 46
第二節　孫子思想之人生論 …………………………… 50
（一）人本思想 ………………………………………… 50
（二）以智爲用，以慈爲本 ………………………… 51
（三）德力兼備 ………………………………………… 53
第三節　結　語 ………………………………………… 54
第五章　孫子之戰爭觀及其戰略思想 …………………… 57
第一節　孫子之戰爭觀 ………………………………… 57
（一）慎戰論 …………………………………………… 57
（二）萬全主義者 ……………………………………… 60
第二節　孫子之戰略思想 ……………………………… 61
（一）孫子戰略思想之層次 ………………………… 61
（二）孫子戰略思想之要旨 ………………………… 64
第六章　孫子之政治思想與外交思想 …………………… 73
第一節　孫子之政治思想 ……………………………… 74
（一）修道保法 ………………………………………… 74
（二）統御之藝術 ……………………………………… 77
（三）論將 ……………………………………………… 80
第二節　孫子之外交思想 ……………………………… 86
（一）伐交 ……………………………………………… 87
（二）不知諸侯之謀者不能豫交 …………………… 88
第七章　結論 —— 孫子書之評價 ……………………… 91
第一節　孫子在諸子學之地位 —— 兼論諸子之戰爭觀 …… 91
第二節　前人對孫子之評價 …………………………… 99
第三節　結　語 ………………………………………… 103
參考書目 …………………………………………………… 107

# 第十九冊　漢代天文學與陰陽五行說之關係

## 作者簡介

　　王璧寰，民國 44 年 8 月 8 日生於桃園。中壢高中畢業，政治大學中文學士、碩士，中山大學中文博士。歷任弘光護專講師、高雄應用科技大學講師，

現任高應科大文化事業發展系副教授。著有碩士論文《漢代天文學與陰陽五行說之關係》、博士論文《北宋新舊黨爭與詞學》，另有期刊論文〈朱淑眞及其作品新探〉、〈吳藻詞之藝術成就析論〉、〈宋詞中楊花比興意涵之探討〉……等多篇。嗜好書法篆刻與創作古典詩詞。曾獲全國性書法比賽佳作、入選多項，政大第一屆才藝競賽篆刻組第一名、書法組第二名。應邀於 2008 年高雄市美術家聯展展出書法作品，並獲 96 年度教育部文藝創作獎教師組古典詩詞優選。

## 提　要

陰陽五行說在逐漸成熟完形之後，影響了整個漢代，無論在學術上、在政治舉措上或民生日用上，都起著莫大的作用。而天文學卻是陰陽五行說所以取資的本源。

漢代天文學本來上承前代，而具有天象、曆法、宇宙論三大體系。在天象方面觀察由粗而精，尤其在器制上成就輝煌，對天體運動之觀察也漸趨數理化。在曆法上，得出三百年需要更改曆法，建立依天象爲準的實證精神。宇宙論方面，則有蓋天的有限空間觀；另有融合古賢哲思想的無限宇宙觀，而造出了宣夜、渾天說。這種種發展，本來是漸漸往科學的一面靠攏的，但是由於時代、環境、科技知識的局限，卻摻合了不少陰陽五行的思想。

接著，乃從陰陽說的起源追尋起。約略而言，陰陽一意義起於日之被雲遮覆或透出爲初義，然後擴展爲哲理性之宇宙二勢力，繼而好事者將天地陰陽之變蒙上吉凶迂怪色彩，方可稱爲陰陽家之流。另一方面則敘明從五行初始的基本物質觀念，進而與陰陽消長、吉凶禍福觀念融合，產生所謂生、勝（尅）的系統，再轉而與五星體比附，也作了一系列的印證和解說。由陰陽和五行二學說的結合，正好可以推斷它們共同的骨幹來源，實際上是依靠天文學知識建立起來的。

在陰陽五行說與天文學發展路線釐清後，本文的後半部分，則依前、後漢時代的進程，論列二者共存共榮的微妙關係。陰陽五行說依存於天文異象以說災異，依天文常象以說月令、明堂，並附會至帝德迭勝（或迭生）之體系以論帝統代興。而天文學至無法解釋處，則藉陰陽五行以爲說，導至天文學遂受拖滯之累。

結論則將二種學術思想相爲表裏、互爲牽制之關係一一鉤取提要，期望能對治漢代學術之大體面貌或延伸至後代之學術流裔，有提挈整理、廓清紛雜的貢獻。

# 目 次

自 序

第一章 緒 論 ……………………………………………………………… 1

第二章 漢代天文學述要 ………………………………………………… 3

　第一節 漢代天文學之範疇 …………………………………………… 3

　第二節 天象類略論 …………………………………………………… 5

　　一、天圖 …………………………………………………………… 5

　　二、日月五緯之運動及特質 …………………………………… 11

　　三、異星、雲氣 ………………………………………………… 15

　　四、儀器 ………………………………………………………… 17

　第三節 曆法類略論 ………………………………………………… 19

　　一、漢代以前之曆法 …………………………………………… 19

　　二、漢代曆法之沿革 …………………………………………… 22

　第四節 宇宙論概述 ………………………………………………… 26

　　一、先秦之宇宙觀 ……………………………………………… 26

　　二、漢代之宇宙觀 ……………………………………………… 30

第三章 漢代陰陽五行說概述 ………………………………………… 35

　第一節 陰陽五行說之由來 ………………………………………… 35

　　一、陰陽說之由來 ……………………………………………… 35

　　二、五行說之由來 ……………………………………………… 38

　　三、陰陽說與五行說之調合 …………………………………… 46

　第二節 漢代陰陽五行說之演變 …………………………………… 51

　　一、帝德系統之變遷 …………………………………………… 51

　　二、月令系統之運用 …………………………………………… 55

　　三、災異說之孳蔓 ……………………………………………… 57

第四章 漢代天文學與陰陽五行說之發展與特質 ………………… 61

　第一節 二者發展過程中之關係 …………………………………… 61

　　一、漢初之古代天文學胥賴陰陽五行說以傳 ………………… 61

　　二、武帝時之天文學因陰陽五行說而興 ……………………… 64

　　三、西漢末造災異說之泛濫 …………………………………… 68

　　四、東漢中期天文學之極盛 …………………………………… 71

　　　五、天文學與陰陽五行說之分途 ························· 75
　　第二節　二者特質之比較 ······························· 80
　　　一、陰陽五行說與天文學相同之處 ····················· 80
　　　二、陰陽五行說與天文學相異之處 ····················· 84
第五章　結　論 ········································· 89
　　第一節　天文學與陰陽五行說互為表裏 ··················· 89
　　　一、天文學為陰陽五行說之骨幹 ······················· 89
　　　二、由天文學可推測陰陽五行說之進展過程 ············· 90
　　第二節　陰陽五行說令天文學滯留 ······················· 91
引用及參考文獻 ········································· 93
附　　圖 ··············································· 97

# 董仲舒天人思想研究

## 作者簡介

　　陳禮彰，國立中央大學中國文學系學士，國立台灣師範大學國文研究所碩士、博士，現職為國立澎湖科技大學通識教育中心副教授。除碩士論文《董仲舒天人思想研究》與博士論文《荀子人性論及其實踐研究》外，已發表的論文有〈白虎通義的人性論〉、〈試論《白虎通義》與《黃老帛書》政治思想之異同〉、〈荀子「法後王」說究辨〉，審查中的論文有〈從時間範疇省察荀子思想的義涵〉，正在進行的國科會專題研究計畫為〈荀子「兩」而能「一」的思維方式〉。

## 提　要

　　本論文分為五章。第一章除介紹董仲舒的生平與著作外，主要是擬由漢初政治現實與學術潮流的考察，以闡明董仲舒所面臨的時代課題，及其思想所以具有多元特性的緣由。第二章論述先秦天人思想的發展，目的在由天的不同涵義與不同類型的天人關係理論中，追溯董仲舒天人相與理論的思想淵源。第三章析論董仲舒如何結合《春秋》公羊學與陰陽五行學說，而建立其天人思想體系，以展示其理論架構與內涵，及其證成天人相與的方法。第四章探討董仲舒如何以天人相與的理論統攝其政治觀、人性觀、倫理觀、歷史觀，並使之落實而為具體的規範以實踐之。第五章則藉由比較，以彰顯董仲舒天人思想兼具神性義、自然義、道德義的特色，與以儒家思想改造陰陽五行學說、以德治政治

轉化法治政治的時代意義。

就理論的實踐而言，董仲舒建立天人相與理論的目的，在於藉法天而治的要求，使任德遠刑、尚賢使能的王道教化，成為漢代政治運作的主導原則，以取代漢初以來的法治政治。就理論的建立而言，董仲舒不僅由文辭使用的「常」與「變」來推論《春秋》的微言大義，更融會貫通《春秋》的「辭」而體察微言大義的「指」，於是將《春秋》中災異的記載與陰陽五行學說結合，如此即可先由人道推論天道，再以天道規範人道。唯有如此，方能在災異符命觀念盛行的專制時代，以德治政治轉化法治政治，以儒家思想改造陰陽五行學說，解決其所面對的時代課題。

## 目　次

第一章　緒　論 ...................................................................... 1
　第一節　董仲舒的生平與著作 ...................................... 1
　　一、生平 .......................................................................... 1
　　二、著作 .......................................................................... 4
　　三、《春秋繁露》真偽辨 .............................................. 7
　第二節　漢初的政治思想與學術潮流 .......................... 9
　　一、黃老思想的本質 ...................................................... 9
　　二、融合各家的學術潮流 ............................................ 12
　第三節　董仲舒思想的多元特性 ................................ 14
　　一、以儒家思想為內涵 ................................................ 14
　　二、援陰陽五行以立說 ................................................ 18
　　三、兼取道、法、墨、名 ............................................ 20
第二章　先秦天人思想的發展 .................................... 27
　第一節　天的涵義 ........................................................ 27
　　一、主宰的天 ................................................................ 28
　　二、義理的天 ................................................................ 29
　　三、自然的天 ................................................................ 30
　　四、命運的天 ................................................................ 31
　第二節　天人思想的型類 ............................................ 32
　　一、天人感應 ................................................................ 32
　　二、天人合德 ................................................................ 35

　　三、因任自然 ........................................................ 43

　　四、天生人成 ........................................................ 48

第三章　董仲舒天人思想的建立 ........................................ 53

　第一節　以《春秋》公羊學為基礎 .................................... 54

　　一、體察微言大義的途徑 ............................................ 55

　　二、微言大義的主要內容 ............................................ 60

　第二節　以陰陽五行為架構 .......................................... 64

　　一、天 ............................................................ 64

　　二、氣 ............................................................ 68

　　三、陰陽 .......................................................... 73

　　四、五行 .......................................................... 80

　第三節　以天人相與為原則 .......................................... 84

　　一、天人同類 ...................................................... 84

　　二、同類相動 ...................................................... 87

第四章　董仲舒天人思想的實踐 ........................................ 93

　第一節　以奉天法古作為施政依據 .................................... 93

　　一、奉天法古的意義 ................................................ 93

　　二、法天而治的內容 ................................................ 96

　第二節　以性未善論強調教化功能 ................................... 100

　　一、性未善論的證成 ............................................... 100

　　二、性未善論的涵義 ............................................... 104

　第三節　以三綱五常處理人際關係 ................................... 106

　　一、三綱的內容及涵義 ............................................. 106

　　二、五常的內容及涵義 ............................................. 110

　第四節　以三統四法推行改制更化 ................................... 113

　　一、三統四法的內容 ............................................... 113

　　二、改制更化的意義 ............................................... 117

第五章　結　論 ..................................................... 121

　第一節　董仲舒天人思想的特色 ..................................... 121

　　一、與墨子天人感應比較 ........................................... 121

　　二、與孔孟天人合德比較 ........................................... 122

　　三、與老莊因任自然比較 ················································ 123

　　四、與荀子天生人成比較 ················································ 124

第二節　董仲舒天人思想的時代意義 ································· 124

　　一、以德治政治轉化法治政治 ········································ 124

　　二、以儒家思想改造陰陽五行學說 ································· 126

參考書目 ······································································· 129

# 第二十冊　魏晉美學趨勢

## 作者簡介

　　張鈞莉，國立台灣師範大學國文系、台灣大學中文研究所碩士班、師範大學國文研究所博士班畢業，早期研究重心在六朝的文學與美學思想，近年全力參與籌備台灣第一個專司培育對外華語教學師資的大學專業科系——中原大學應用華語文學系（Department of Teaching Chinese as a Second Language, Chung Yuan Christian University），曾擔任其創系系主任兩年。現仍任教於該系，主授文學與文化類課程。

## 提　要

　　本書非為探討魏晉美學之現象，而在追溯這些美學現象的根源。認為魏晉南北朝時期的一切美學盛況，乃肇端於漢末魏初所產生之一股全新的、銳利的美學趨勢。此趨勢至少有三個層面：人本、緣情，與抽象。

　　所謂人本趨勢，是從以外在價值為重，轉為以人的自身為根本，將人的存在、人的自由意志視為首要的一種審美態度上的新趨勢。這是魏晉南北朝美學發生重大轉變的最根本原因。

　　當人的地位和價值凸顯之後，人們內心的情感意識得以自然表露，「緣情趨勢」遂成為魏晉時期另一個審美共通趨勢。魏晉人士特別重情。從人本趨勢到緣情趨勢，也說明了中國美學之內向化、主體化的發展特徵。

　　而除了內向化發展之外，魏晉之際另具有一個朝向形上玄遠發展的普遍趨勢，本書名之曰「抽象趨勢」。故其時論人以「才」「氣」「風」「神」為重；論學以「無」為貴，從而將中國美學從傳統的具體人事範圍，一轉而向玄遠抽象的境界邁進。

人本、緣情、抽象，此三方面合而形成所謂的「魏晉風度」。本書即針對此三大趨勢，分析其形成的原因、論證其各種呈現的形態，並統理其對兩晉南北朝美學之影響。期能爲魏晉美學巋然有別於其他時代的特殊現象，做一番追本溯源的澄清與說明。

# 目　次

緒　論......................................................................1
　一、釋　名..............................................................1
　二、研究範圍..........................................................6
　三、研究方法..........................................................7
第一章　魏晉美學的生成環境......................................9
　前　言..................................................................9
　第一節　險惡的政治社會現實....................................9
　　一、戰亂頻仍........................................................9
　　　（一）戰亂頻仍的情況........................................9
　　　（二）戰亂頻仍對美學生成的影響.......................11
　　二、儒學衰微......................................................12
　　　（一）儒學衰微的原因.......................................12
　　　（二）儒學衰微的情況.......................................17
　　　（三）儒學衰微對美學生成的影響.......................23
　　三、名士受害......................................................26
　　　（一）名士受害的情況.......................................26
　　　（二）名士受害對美學生成的影響.......................27
　第二節　巨變的心理價值結構...................................28
　　一、聖王信念動搖................................................28
　　　（一）聖王信念動搖的原因.................................28
　　　（二）聖王信念動搖對美學生成的影響.................29
　　二、倫理規範解體................................................30
　　　（一）倫理規範解體的原因.................................30
　　　（二）倫理規範解體對美學生成的影響.................31
　　三、建功理想破滅................................................33

（一）建功理想破滅的原因 ·················· 33

（二）建功理想破滅對美學生成的影響 ·········· 35

第三節　堅實的玄學哲理基礎 ················· 35

一、有無論 ························· 35

（一）有無論的基本意涵 ··············· 36

（二）有無論與審美 ················· 36

二、自然說 ························· 37

（一）自然說的基本意涵 ··············· 37

（二）自然說與審美 ················· 40

三、體情觀 ························· 42

（一）體情觀的基本意涵 ··············· 42

（二）體情觀與審美 ················· 47

結　語 ··························· 50

第二章　魏晉美學的人本趨勢 ··············· 51

前　言 ·························· 51

第一節　人本趨勢的形成 ·················· 54

一、重才輕德的社會風氣 ················· 54

（一）東漢唯德是尚的社會價值標準 ·········· 54

（二）曹操「唯才是舉」的反道德意識 ········· 55

（三）曹操的個性化人格美特徵 ············ 58

二、死生新故的人生感慨 ················· 60

（一）人生感慨與人的存在自覺 ············ 60

（二）寫實詩作與人的責任自覺 ············ 62

三、有無之論的哲理建構 ················· 63

（一）有無之論與個性 ················ 63

（二）有無之論與審美 ················ 68

第二節　人本趨勢的奠定 ·················· 76

一、文氣之說 ── 審美意識的覺醒 ··········· 77

（一）「文氣」觀念的淵源 ·············· 78

（二）文氣說的內含 ················· 79

（三）「文氣說」與個性本位的創作審美意識 ······ 82

（四）「文氣說」與風格本位的作品審美意識 ⋯⋯⋯⋯⋯⋯⋯⋯ 85

二、英雄之論 ── 人物審美的新標準 ⋯⋯⋯⋯⋯⋯⋯⋯⋯⋯⋯⋯ 89

　（一）「英雄」觀念的產生及演變 ⋯⋯⋯⋯⋯⋯⋯⋯⋯⋯⋯⋯⋯ 89

　（二）英雄論的內含 ── 「智」與「力」的統一 ⋯⋯⋯⋯⋯ 92

　（三）英雄論的審美價值 ── 以智為美 ⋯⋯⋯⋯⋯⋯⋯⋯⋯ 95

三、才性之辨 ── 審美標準的哲理基礎 ⋯⋯⋯⋯⋯⋯⋯⋯⋯⋯⋯ 96

　（一）才性之辨的淵源 ⋯⋯⋯⋯⋯⋯⋯⋯⋯⋯⋯⋯⋯⋯⋯⋯⋯ 97

　（二）才性之辨的展開 ⋯⋯⋯⋯⋯⋯⋯⋯⋯⋯⋯⋯⋯⋯⋯⋯⋯ 99

　（三）才性之辨的審美價值 ⋯⋯⋯⋯⋯⋯⋯⋯⋯⋯⋯⋯⋯⋯ 103

第三節　人本趨勢對魏晉美學的影響 ⋯⋯⋯⋯⋯⋯⋯⋯⋯⋯⋯⋯ 106

一、唯我之風 ⋯⋯⋯⋯⋯⋯⋯⋯⋯⋯⋯⋯⋯⋯⋯⋯⋯⋯⋯⋯⋯⋯ 106

　（一）唯我之風的內含 ⋯⋯⋯⋯⋯⋯⋯⋯⋯⋯⋯⋯⋯⋯⋯⋯ 108

　（二）唯我之風的影響 ⋯⋯⋯⋯⋯⋯⋯⋯⋯⋯⋯⋯⋯⋯⋯⋯ 112

二、生死之觀 ⋯⋯⋯⋯⋯⋯⋯⋯⋯⋯⋯⋯⋯⋯⋯⋯⋯⋯⋯⋯⋯⋯ 120

　（一）生死之觀的內含 ⋯⋯⋯⋯⋯⋯⋯⋯⋯⋯⋯⋯⋯⋯⋯⋯ 120

　（二）生死之觀的影響 ⋯⋯⋯⋯⋯⋯⋯⋯⋯⋯⋯⋯⋯⋯⋯⋯ 125

結　語 ⋯⋯⋯⋯⋯⋯⋯⋯⋯⋯⋯⋯⋯⋯⋯⋯⋯⋯⋯⋯⋯⋯⋯⋯⋯ 138

第三章　魏晉美學的緣情趨勢 ⋯⋯⋯⋯⋯⋯⋯⋯⋯⋯⋯⋯⋯⋯⋯⋯ 141

前　言 ⋯⋯⋯⋯⋯⋯⋯⋯⋯⋯⋯⋯⋯⋯⋯⋯⋯⋯⋯⋯⋯⋯⋯⋯⋯ 141

第一節　緣情趨勢的形成 ⋯⋯⋯⋯⋯⋯⋯⋯⋯⋯⋯⋯⋯⋯⋯⋯⋯⋯ 142

一、人當道情 ⋯⋯⋯⋯⋯⋯⋯⋯⋯⋯⋯⋯⋯⋯⋯⋯⋯⋯⋯⋯⋯⋯ 142

二、抑情抗禮 ⋯⋯⋯⋯⋯⋯⋯⋯⋯⋯⋯⋯⋯⋯⋯⋯⋯⋯⋯⋯⋯⋯ 143

三、鍾情在我 ⋯⋯⋯⋯⋯⋯⋯⋯⋯⋯⋯⋯⋯⋯⋯⋯⋯⋯⋯⋯⋯⋯ 146

第二節　緣情趨勢的奠定 ⋯⋯⋯⋯⋯⋯⋯⋯⋯⋯⋯⋯⋯⋯⋯⋯⋯⋯ 146

一、聖人有情說 ⋯⋯⋯⋯⋯⋯⋯⋯⋯⋯⋯⋯⋯⋯⋯⋯⋯⋯⋯⋯⋯ 147

　（一）「情」說的淵源 ⋯⋯⋯⋯⋯⋯⋯⋯⋯⋯⋯⋯⋯⋯⋯⋯ 147

　（二）「聖人有情說」的審美價值 ── 肯定審美情感的共通性 151

二、聲無哀樂論 ⋯⋯⋯⋯⋯⋯⋯⋯⋯⋯⋯⋯⋯⋯⋯⋯⋯⋯⋯⋯⋯ 152

　（一）樂論的淵源 ⋯⋯⋯⋯⋯⋯⋯⋯⋯⋯⋯⋯⋯⋯⋯⋯⋯⋯ 152

　（二）聲無哀樂論的審美價值 ── 強調審美情感的主體性 154

三、詩緣情說 ⋯⋯⋯⋯⋯⋯⋯⋯⋯⋯⋯⋯⋯⋯⋯⋯⋯⋯⋯⋯⋯⋯ 157

（一）詩「緣情」的審美價值 —— 情感的審美中介地位·········157

（二）詩「綺靡」的審美價值 —— 情感表現的藝術形式·········158

第三節　緣情趨勢對魏晉美學的影響·········159

一、尚情之風·········159

（一）父子之情·········160

（二）夫妻之情·········161

（三）愛情·········162

（四）兄弟之情·········163

（五）友情·········163

（六）山川之情·········164

（七）愛智之情·········167

二、緣情制禮·········170

三、緣情論文·········173

結　語·········174

第四章　魏晉美學的抽象趨勢·········177

前　言·········177

第一節　魏晉學術思想的抽象趨勢·········178

一、漢魏之際的學術思想 —— 儒、道、名、法兼融·········178

（一）曹操重法術而名法兼備·········178

（二）曹丕崇黃老而各家雜揉·········181

（三）學術界各家兼融之情況·········184

二、正始以後的學術思想 —— 玄學獨盛·········187

（一）劉邵論君德而歸結於人才識鑒·········187

（二）王弼論君德以證成其玄遠之學·········188

第二節　魏晉清談發展的抽象趨勢·········189

一、漢魏之際的清談 —— 人物品鑒為主·········190

（一）東漢以德行為中心的清議式人物品鑒·········190

（二）漢末以直覺下判語的印象式人物品鑒·········196

（三）清談一詞的產生，及人物品鑒的崇高化和理論化·········200

二、正始以後的清談 —— 談玄說理·········205

（一）太和年間荀粲、傅嘏之談·········205

　　（二）正始年間何晏、王弼之談 ……………………………208
　第三節　抽象趨勢對魏晉美學的影響 …………………………210
　一、形神之論 —— 審美觀感之改變 …………………………210
　　（一）唯「神」是尙的人物品鑑 ……………………………210
　　（二）以「形」寫「神」的藝術理論 ………………………212
　二、玄虛之風 —— 生活行爲之滲透 …………………………222
　結　語 ……………………………………………………………225
結　論 ………………………………………………………………227
參考書目 ……………………………………………………………231

# 第二一冊　公與私——魏晉士群的角色定位與自我追尋

## 作者簡介

　　施穗鈺，國立成功大學中文博士。主要研究方向爲中國思想史。已在學術期刊與研討會議發表〈詮釋與建構—以魏晉時期對「閑邪存誠」的詮釋爲主軸〉、〈般若學與玄學的交會及選擇——以《維摩結經》爲核心〉等多篇文章，顯示了對魏晉時期相關議題的持續關注。近期研究重點是透過經典詮釋方法，重新抉發魏晉人物針對《論語》、《老子》、《莊子》等文本所作出的闡發，期能以全視角建構魏晉倫理學。

## 提　要

　　由於魏晉時期「公」與「私」的內容，兼具「公家」、「私門」的一般性用語與「至公」、「無私」的價值性詞彙之雙重意涵。因此，本文選擇以魏晉士群作爲主要對象，意欲藉由兩種研究方式完成下列的工作：一者，透過析理魏晉士群對傳統經典的注解內容，來呈顯魏晉公私觀念在思想層面的衍繹與嬗變。二者，通過對史傳資料及相關文獻的梳理，以彰顯魏晉人物在參與政治社會活動過程中所實踐的「公型理念」與「無私」價值。這樣的做法，不僅可以完整地呈顯魏晉「公」與「私」的基本意涵，更能從「清」與「身」兩個概念，勾勒出魏晉士群在公私論題上的特殊思想史意義。

　　是以，本篇論文寫作的必要性，可從兩方面說之。第一，就公與私的論題而言。目前既有的研究成果，多從先秦的「義利之辨」跳接宋明理學的「天理人欲之辨」，至於魏晉時期的相關討論則付之闕如。但是，從嵇康〈釋私論〉

與曹羲〈至公論〉的題目來看，便顯示了魏晉思想家對此論題保持著一定的關注。因而，本篇論文的選題，即具補白研究區塊的效用。第二，就魏晉時期的公私詮釋脈絡而言。曹羲所說「崇公抑私」與袁準所言「背私向公」，顯然和王弼「無身無私」之說及嵇康「公成私敗」之理，屬於不同的論述方式。那麼，藉由本文採取的研究方法，不但可以呈現魏晉公私的兩種意涵，並且還能在目前玄學「本末」、「有無」、「體用」的研究框架之外，提出另一種關於魏晉思想史的論述視角。

## 目　次

體例說明
第一章　緒　論 ……………………………………………………………… 1
　第一節　研究旨趣與選題釋義 ………………………………………… 1
　　一、問題的提出 ……………………………………………………… 1
　　二、篇題釋義 ………………………………………………………… 4
　第二節　前行研究及未來展望 ………………………………………… 5
　　一、研究成果的回顧 ………………………………………………… 5
　　二、未來可能的發展 ………………………………………………… 8
　第三節　研究方法與論文結構 ………………………………………… 9
　　一、研究方法 ………………………………………………………… 9
　　二、論文結構 ………………………………………………………… 9
第二章　魏晉官僚士群的「公型理念」 …………………………………… 13
　第一節　「公型理念」的界說 ………………………………………… 14
　　一、「天道無私」觀念的衍繹 ……………………………………… 15
　　二、「共同體」理論：士的自律精神之體現 ……………………… 18
　　　（一）中古士族的公共性格 ……………………………………… 18
　　　（二）德行：「國士」的標準 …………………………………… 25
　　三、「國家至上」的理念 …………………………………………… 27
　　　（一）國家至上，憂國恤民 ……………………………………… 28
　　　（二）砥身存公，致惠興利 ……………………………………… 31
　第二節　公正之德：公則無私，正則無邪 …………………………… 33
　　一、漢魏之際「天道無私──君主至公」的思想脈絡 …………… 34
　　二、高誘對《呂氏‧貴公》與《淮南‧脩務》的詮釋 …………… 37

（一）法天地而無私爲 ……………………………… 38

（二）無所愛惡則公正 ……………………………… 42

三、魏晉政論疏文的訴求重心 ……………………… 44

（一）袁準：治國之道在公心 …………………… 46

（二）桓範：君正身則吏無邪 …………………… 47

（三）曹羲與劉寔：崇公抑私以讓賢 ………… 50

（四）傅玄：去私欲以行至公 …………………… 54

第三節　「公忠」、「公清」價值的實踐 ……………… 58

一、「公」的觀念叢：公方與公忠 ………………… 60

（一）「公方」品格的重視 ……………………… 60

（二）魏晉時期「忠」的多重意涵 …………… 62

二、「公而清」：倫理與政治的雙向反饋 ………… 72

（一）「清」的公眾品格 ………………………… 72

（二）在公清慎與守正清節 …………………… 75

（三）俸祿散之，不營私利 …………………… 79

第四節　小結 …………………………………………… 84

第三章　魏晉不朝之士的公眾意向 …………………… 87

第一節　高讓不仕以遂志 …………………………… 88

一、適己之志，非棄人事 …………………………… 89

（一）養志超俗而非隱身匿迹 ………………… 89

（二）節行超逸而非遁世不返 ………………… 92

（三）淡漠逃名而非冷漠逃避 ………………… 94

二、辭榮不仕，高尚其志 …………………………… 96

（一）隱學之士，樂道無悶 …………………… 97

（二）性分所至，各任其眞 …………………… 99

第二節　斯文以自任的志業 ………………………… 101

一、研籍味道，閉門教授 ………………………… 102

（一）隱修經業的鄭玄 ………………………… 102

（二）自隱逃名的法眞 ………………………… 103

二、遁心遺名，激貪勵薄 ………………………… 105

（一）抱道懷貞的管寧 ………………………… 105

（二）闔門守靜的胡昭 …………………………………………… 109

三、博學明道，志操屬俗 …………………………………………… 110

第三節 「全身行道」與「循性適志」 …………………………… 113

一、存身行道，唯義所在 …………………………………………… 114

二、價值的重塑：意足與適志 ……………………………………… 118

（一）嵇康：循性適志以拒位 …………………………………… 118

（二）葛洪：著書立言以定志 …………………………………… 121

三、淡然無求，安身安心 …………………………………………… 122

（一）身親或名重的提問 ………………………………………… 123

（二）高誘：反己清靜則安身自得 ……………………………… 124

（三）潘尼：無私寡欲則篤志心安 ……………………………… 126

第四節 秉志高讓的人物解析 ……………………………………… 131

一、「有晉高士」皇甫謐 …………………………………………… 131

（一）皇甫氏的謙退家風 ………………………………………… 132

（二）沈靜寡欲，閑居養疾 ……………………………………… 134

二、孝養不仕的李密 ………………………………………………… 137

三、不能固志，名聲減半的鄧粲 …………………………………… 139

第五節 小結 ………………………………………………………… 141

第四章 「謙容無私，具德在身」的人格範型 …………………… 143

第一節 劉劭論「犯而不校」的君子 ……………………………… 144

一、「犯而不校」的不爭君子 ……………………………………… 147

（一）不伐而謙讓 ………………………………………………… 148

（二）慎言以自脩 ………………………………………………… 155

二、從「平淡」到「曠淡」 ………………………………………… 160

（一）平淡無味的聖人 …………………………………………… 160

（二）道韻平淡的樂廣 …………………………………………… 162

第二節 王弼論「與天合德，體道大通」的人格 ………………… 168

一、容公無私的聖王理型 …………………………………………… 170

（一）「容乃公」之釋義 ………………………………………… 171

（二）「公」的多面向詮釋 ……………………………………… 175

（三）無為不爭，無身滅私 ……………………………………… 181

二、盛德質眞的體道之士 ......................................................188

　　（一）質眞不矜 ..............................................................189

　　（二）履道尙謙 ..............................................................191

第三節　嵇康論「體亮心達」的無措君子 ........................197

　一、顯情爲「公」，矜匿爲「私」 ................................198

　　（一）坦蕩無措即爲「公」 ........................................198

　　（二）釋私：超出繫於所欲的身體 ............................201

　二、愛惡不爭，方中美範 ................................................205

　　（一）機心不存的宏達先生 ........................................205

　　（二）不論人過，與物無傷 ........................................207

第四節　小結 ........................................................................208

第五章　公共禮法與個人情實的協和 ....................................211

第一節　貴「信」著「誠」的思考向度 ............................212

　一、以禮治國，彝倫敘定 ................................................212

　　（一）徐幹：懿德君子，可以經人倫 ........................212

　　（二）杜恕：禮爲治體，養心以誠 ............................215

　二、信結人心，民誠政平 ................................................218

　　（一）信而不疑，人道定矣 ........................................218

　　（二）推誠相與，不臆不信 ........................................220

　三、愛敬之誠，人道之極 ................................................223

第二節　德合自然，尋禮本意 ............................................230

　一、何晏的詮釋觀點：「絕繁禮」以「反民情」 ..........232

　　（一）聖人作制，德者無爲 ........................................233

　　（二）禮用貴和，民德歸厚 ........................................237

　　（三）以無爲本，開務成物 ........................................240

　二、王弼的詮釋觀點：推誠歸厚以反眞 ........................243

　　（一）拘執形名，樸散眞離 ........................................246

　　（二）推誠訓俗，使民歸厚 ........................................250

　　（三）前識之智，失直喪篤 ........................................255

第三節　反眞得情與愼禮持矩的對詰 ................................263

　一、貴眞獨志，默探道德 ................................................264

　　二、眞情即禮意：重解阮籍的「縱情越禮」…………………269

　　三、放達飭虛或矜禮矯僞…………………………………………272

　第四節　稱情備禮的共識……………………………………………278

　　一、郭象：得性爲德，損華反眞…………………………………279

　　　（一）天理自然，因其自爲…………………………………280

　　　（二）任物眞性，人理自全…………………………………282

　　　（三）效慕仁義，徇物喪眞…………………………………286

　　　（四）至仁無親，至禮忘禮…………………………………288

　　二、郭象：禮之本意在「稱情而直往」…………………………290

　　三、「晉禮」的精神：稱情以立文…………………………………295

　　　（一）孝敬愼終，盡情致禮…………………………………295

　　　（二）理制適變，情禮兼申…………………………………297

　　四、「孝」的眞諦：「居喪備禮」及「哀毀遺禮」………………298

　第五節　小結…………………………………………………………305

第六章　結論……………………………………………………………307

引用文獻…………………………………………………………………313

# 第二二冊　自然與名教的調色盤──從《世說新語》看漢晉士人的人生觀

## 作者簡介

　　王妙純，台中縣霧峰鄉人，國立彰化師範大學國文研究所博士，現爲國立虎尾科技大學通識教育中心副教授。學術研究以《世說新語》、魏晉文化與國文教學爲主，著有〈從《世說新語》試探當代的美男子形象〉、〈《世說新語‧傷逝篇》新探〉、〈親愛的，我把大一國文 Live 秀了〉等學術論文多篇。並著有《竹林七賢的思想與行爲》、《漢晉之際士人對生命的考察──以《世說新語》爲核心的探討》等書。「悅讀《世說新語》計畫」曾獲選爲「96 學年度教育部補助推動人文社會學科學術強化創新計畫」之經費補助。

## 提　要

　　本題論述之程序分六：

　　首就《世說新語》之卷帙、門類與相關問題作一略述。接著闡述本題時代

之斷限與命名之由。最後將本題研究之步驟與論述之程序,做一敘述。

二就漢晉士人自我意識覺醒做說明。分為四節:一曰「生命主題的勃發」。二曰「自我意識的發展與覺醒」。三曰「自我意識的行為表現」。四曰「人格的分裂」。透過本章之探討,期能說明士人之出處觀、審美觀與感情處理,均與自我意識之高漲息息相關,以便作為後文論述的基礎點。

三就漢晉士人出處觀做探討。亦分為四節:一曰「三立人生觀之式微」。二曰「不嬰事務與士無特操」。三曰「山水審美與企慕隱逸」。四曰「棲逸之通例與特例」。透過本章之探討,期能掌握士人之政治態度與當代隱士行為特色。

四就漢晉士人的深情的取向做一研究。分三節論述:一曰「一往情深」。二曰「稱情直往」。三曰「宇宙悲情」。透過本章之探討,期能掌握士人對情感之態度與特色。

五就漢晉士人審美觀做探討。分為三節:一曰「以形為美」。二曰「以神為美」。三曰「以才為美」。透過本章之探討,期能掌握士人之美學成就與貢獻。

六就本題研究所得之結果做一論述,並試圖將士人人生觀特色作一統整歸納。最後將士人人生觀作一檢討並評其功過。

# 目　次

序
第一章　序　論 ……………………………………………………………… 1
　第一節　《世說新語》之卷帙、門類與其它相關問題略述 …………… 1
　第二節　本題時代之斷限與題名釋名 …………………………………… 6
　第三節　本題研究之步驟與論述之程序 ……………………………… 10
第二章　自我意識的覺醒與張揚 ………………………………………… 13
　第一節　生命主題的勃發 ……………………………………………… 13
　　一、政治方面 …………………………………………………………… 15
　　二、社會方面 …………………………………………………………… 16
　　三、經濟方面 …………………………………………………………… 17
　　四、學術方面 …………………………………………………………… 18
　第二節　自我意識之發展與重新覺醒 ………………………………… 19
　第三節　自我意識的行為表現 ………………………………………… 25
　　一、我寧作我 …………………………………………………………… 25
　　二、但求其真 …………………………………………………………… 29

　　三、好異尚奇……………………………………………36

　　四、以慢爲高……………………………………………42

　第四節　士人人格之分裂………………………………46

第三章　出處之人生觀………………………………………55

　第一節　三不朽人生觀之式微…………………………55

　第二節　不嬰事務與士無特操…………………………68

　　一、不嬰事務……………………………………………68

　　二、士無特操……………………………………………73

　第三節　山水審美與企慕隱逸…………………………81

　第四節　棲逸的通例與特例……………………………91

　　一、棲逸之通例…………………………………………92

　　二、棲逸之特例…………………………………………103

第四章　深情之人生觀………………………………………111

　第一節　一往情深………………………………………111

　第二節　稱情直往………………………………………122

　第三節　宇宙悲情………………………………………139

　　一、感物…………………………………………………139

　　二、惜時…………………………………………………143

　　三、傷別…………………………………………………147

　　四、憂生…………………………………………………148

第五章　審美之人生觀………………………………………159

　第一節　以形爲美………………………………………160

　　一、以「白」爲美………………………………………163

　　二、以「弱」爲美………………………………………166

　　三、以「服飾美」爲美…………………………………167

　　四、以「神仙美」爲美…………………………………171

　第二節　以神爲美………………………………………173

　第三節　以才爲美………………………………………182

第六章　結　論………………………………………………193

　第一節　本題論述之要點………………………………193

　第二節　漢晉士人人生觀之特色與歷史評價…………196

一、唯我主義 ······································ 196

二、無君思想 ······································ 197

三、越名教而任自然 ······························ 198

四、縱情以樂生 ···································· 200

五、重美而輕德 ···································· 201

　第三節　餘　論 ·································· 203

參考書目 ·········································· 207

# 第二三冊　魏晉氣化思想研究

## 作者簡介

　　吳秉勳，新竹市人。目前就讀東海大學中文系博士班，擔任東海大學中文系兼任講師、《台中縣大肚鄉鄉誌》編輯委員。

　　主要學術著作：《魏晉氣化思想研究》（東海大學中國文學系碩士論文）、〈魏晉人士的個體自覺表現──以《世說新語》〈容止〉和〈任誕〉篇爲例〉（《有鳳初鳴年刊》第 2 期，2006 年）、〈從《管子》「精氣說」論其對《老子》「道」中含「氣」思維的開展〉（《雲漢學刊》第 15／16 期，2008 年）、〈鄭注《禮記》中「讀爲」、「讀曰」等訓詁術語釋疑〉（《東方人文學誌》2010 年）。

　　共同創作部份：《中文經典 100 句：淮南子》（台北：商周出版社，2009年）、《中文經典 100 句：易經》（台北：商周出版社，2010 年）、《臺中縣大肚鄉地方自治發展史》（大肚鄉公所／群御廣告公司，2010 年）。

## 提　要

　　本論文撰著之旨，是欲利用較全面性、專門性與系統性之視角，針對魏晉哲人或彼時之思想性史料典籍中之「氣」義，進行深入的考察與研究，以探討魏晉學者對「氣」與「氣化」思想之詮解，及「氣」概念在魏晉學術環境的時空背景下，所體現的一些時代特色或產生的思想性質變。是剋就研究方式之主軸而論，筆者首先總述秦漢時期之「氣」論，作爲論文主體部分之對照基礎，再仔細爬梳魏晉時期之相關文獻，以充分呈現魏晉「氣」學之若干特色。此外，復旁及此時典籍文獻中，「氣」義出現頻率寡於其他時代的一些可能因素，並簡單提點魏晉以後「氣」論之發展態勢，合而作爲定義魏晉「氣」與「氣化」在思想史上的學術地位與價值時之關鍵論述。

中國古代學者總試圖將「氣」定位為構成一切有形體、有生命之物的原始材料，甚至可泛指一切物質現象與精神境界，並以「氣」的中介作用解釋事物的相互作用，而「氣化」則是此類生化、運作與活動等模式之整體過程，可謂哲人對宇宙中各種客觀物質存在，與事物發展樣態的慣用認知方式。魏晉以降，學者或者承繼前代之氣化論而更有所發展；或者在前代之思想成果上再開創別具風格之「氣」論；或者高度重視「氣」在經驗世界的實踐義；甚或由於學說或宗教基本理論之需要而較不關注「氣」義，致使「氣」概念自秦漢以後，雖已逐漸脫離單純的物象範疇而朝向形上意涵超昇，並在漢末近幾與「道」同格，但在此時又反有逐漸動搖之傾向。如此看似紛雜而無共識之情況，不僅反成為魏晉「氣」學的特色之一，亦足作為魏晉以後，哲人能對「氣」義作更多元、更精確之闡釋的磨合與過渡時期。依此，魏晉學者對「氣」義之理解與運用，在一定程度上，仍是中國古代思想史上的重要課題之一，實不能輕易地刻意忽略，而魏晉對「氣」與「氣化」降低關注的學術氛圍，亦是一不容置喙的歷史事實，故當時典籍文獻為何較少涉及「氣」義之可能原因，自是另一值得探究的思想議題。

總之，「氣」是中國思想史上極受廣泛使用的概念，絕非獨在魏晉時期，即湮沒殆盡，筆者本著此等立場，希冀透過撰述此論文，不致讓「氣」在魏晉思想之空缺，成為中國古代「氣」學研究上的遺珠之憾，更盼能在一定意義上，透顯此論文之學術價值。

## 目　次

凡　例

第一章　緒　論 ………………………………………………………………… 1
　第一節　中國「氣」的文字概念及其思想內涵之開展 ………………… 1
　　一、「氣」字字義溯源 ……………………………………………………… 1
　　二、「氣」與「氣化」思想之肇端 …………………………………………… 4
　　三、中國「氣」與「氣化」思想與西方諸理論之異同 ……………… 8
　第二節　前人研究成果簡述 ……………………………………………… 10
　　一、西元 1978 年以前的「氣」學研究 ………………………………… 10
　　二、西元 1978～2006 年間的「氣」學專著 ………………………… 13
　　三、近二十年的相關性學術著作簡介 ………………………………… 17
　　四、哲學思想方面以外的研究成果 …………………………………… 20
　第三節　研究動機與目的 ………………………………………………… 23

　　第四節　研究範圍、方法與材料 ……………………………………24

第二章　先秦諸子論「氣」梗概 ……………………………………29

　　第一節　對「天地自然之氣」的關注與「萬物一氣」思維的發展 …29

　　第二節　被賦予意志與道德成分的「血氣」概念 …………………36

　　第三節　「氣」與「氣化」思維被高度重視之代表性概念：「精氣」 …44

　　第四節　「氣」與「陰陽」、「五行」之聯繫 ……………………………50

第三章　高度重視「氣」概念的兩漢哲學 …………………………57

　　第一節　漢代「元氣論」概說 ………………………………………57

　　第二節　《春秋繁露》與《淮南子》論「氣」 ……………………………66

　　　一、《春秋繁露》的「氣化宇宙論」圖式 …………………………66

　　　二、《淮南子》對「道」、「氣」相互關係的二種說解 ……………71

　　第三節　早期道教的以「氣」釋「道」思維 ………………………76

　　　一、《老子道德經河上公章句》將「道」的內涵規定為「氣」 …76

　　　二、《太平經》將「道」、「氣」、「一」互相闡釋 …………………77

　　　三、《老子想爾注》強調「道」、「氣」不二 ……………………82

第四章　魏晉學者對「氣」概念的兩極化看法 ……………………87

　　第一節　劉劭援用傳統「氣」概念以開展其「才性」理論 ………87

　　　一、「氣性」是「才性論」的形上根據 ……………………………88

　　　二、利用「陰陽」、「血氣」等概念開展其獨具風格的才性理論 …89

　　第二節　阮籍與嵇康是魏晉人士中善用「氣」概念者 ……………91

　　　一、阮籍詩文中傾向於道家思維之「氣」 ………………………92

　　　二、嵇康藉「氣」概念以加強其諸論證 …………………………96

　　第三節　「貴無」、「崇有」學術論爭下「氣」地位之升降 ………104

　　　一、何晏、王弼不重視「氣」概念：兼論韓康伯之「氣」思想 …105

　　　二、楊泉大量援引「氣」義並重視其實踐層面 …………………108

　　　三、郭象間接提高「氣」在形下世界的重要性 …………………115

第五章　「氣」在魏晉玄、釋、道交涉後的概念性轉變 …………123

　　第一節　葛洪強調「氣」在經驗世界的實踐作用 …………………123

　　　一、以「成仙」為最高理想開展其攝生觀 ………………………123

　　　二、吐納導引是「氣」在經驗世界的具體實踐 …………………125

　　　三、玄學理論對葛洪「道」、「氣」等概念之影響 ………………129

　　第二節　從《弘明集》與《廣弘明集》考察魏晉佛教徒論「氣」 ………132

　　　一、對「氣」概念的若干限定 …………………………………………134

　　　二、間接否認氣化萬物的重要性 ………………………………………136

　　　三、多數佛教徒仍肯定陰陽二氣之實存與「血氣」、「氣息」等義……142

　　第三節　從「氣」之視角論張湛雜揉玄、釋、道思想 …………………145

　　　一、大量沿用前代「氣」概念 …………………………………………145

　　　二、賦予「氣」循環作用的生死觀 ……………………………………147

第六章　魏晉文獻較少論及「氣」義之可能原因 …………………………151

　　第一節　玄學理論無益於「氣」概念之發展 ……………………………153

　　第二節　科技的成熟與進步對「氣」概念發展的影響與侷限 …………157

　　第三節　佛教哲學對中國「氣化」思維發展的限制 ……………………164

　　　一、般若學的「空」論 …………………………………………………164

　　　二、業報輪迴說與神不滅論 ……………………………………………167

　　　三、「無常」觀念 ………………………………………………………173

第七章　結語：本論文的六大研究議題 ……………………………………175

主要參考書目 …………………………………………………………………183

# 第二四冊　裴頠崇有論研究

## 作者簡介

　　詹雅能，現任東南科技大學通識教育中心專任講師，早期從事中國思想研究，近年來主要關注臺灣文學與文化課題。著有〈裴頠崇有論研究〉、〈儒者典型的塑造——禮記儒行篇的時代意義〉、〈新竹教育史話——明志書院的人、事、物〉、〈櫻井勉與日治前期的新竹詩社〉、〈從福建到臺灣——「擊缽吟」的興起、發展與傳播〉、〈主體重構與現代性——1930 年臺灣儒墨論辯的文化意義〉等文；另編撰有《明志書院沿革志》、《靜遠堂詩文鈔》、《聽見樹林頭的詩歌聲》（合編）等書，並撰寫《續修新竹市志藝文志文學篇》（合撰），以及校勘清代臺灣方志多種。

## 提　要

　　茲篇之作，旨在探討裴頠〈崇有論〉的思想內涵與意義，希望藉由本題的研究，凸顯出魏晉思想中「有」、「無」概念的爭辯，以及當時「名教與自然」

之衝突與調和的糾擾現象。文中取徑於〈崇有論〉之疏解，以釐清裴頠「崇有」的義理層次，並辨別其著論立場；進而以此相較於其他魏晉思想家對於「有」、「無」概念的規定與思考理路，卒欲使能確切掌握時人對於「名教與自然」課題之偏向，以及立論觀點的差異，而予以客觀之評價與定位。

全篇共分六章十六節，約十萬字。

第一章「緒論」。從歷史詮釋的視角，縱觀玄學清談中「有」、「無」論題的形成與發展，進以彰顯裴頠〈崇有論〉在思想史上的地位。

第二章「裴頠的生平與學術」。評述裴頠個人生平與著作，經由其人平素的具體表現，以闡明裴氏的思想立場與言論傾向。

第三章「〈崇有論〉疏解」。本章直接由原典入手，透過疏解的方式，用以顯明其義理層次，並疏通其思想理路。全文分為六大段，包括四個部分。起首標明基本義理；次為正文，論說名教與自然的主題；再次為附文，敘述裴氏著論的緣由；末為結論，以「無不能生有」而「濟有者皆有」回應全文。

第四章「魏晉道家思想中『有』『無』的義涵」。從思想的比較上著眼，透過對道家思想中「有」、「無」概念的規定，說明其主觀境界之理路，進而凸顯其與〈崇有論〉客觀性思考的不同。其中以何、王的「無」與郭象的「有」為敘述重點。

第五章「〈崇有論〉中『有』『無』的規定與釐清」。承順前文的疏解與比較，針對〈崇有論〉中「有」、「無」的概念，重新作一規定。並就裴氏本身對於「無」，以及唯物論者對於「有」的誤解加以釐清。

第六章「結論」。綜括全文要旨，肯定裴頠〈崇有論〉在思想史上的地位與價值。

# 目　次

序

第一章　緒　論……………………………………………………………1

　第一節　魏晉玄學清談的特殊背景………………………………………1

　　一、清談的形成與發展……………………………………………………2

　　二、道家思想的復興………………………………………………………4

　第二節　魏晉玄學清談的歷史發展………………………………………7

　　一、以「有」、「無」論題為中心的歷史發展…………………………10

　　二、〈崇有論〉在魏晉玄學發展中的定位………………………………15

第二章　裴頠的生平與學術 ……………………………………………… 19

　第一節　生平事蹟 …………………………………………………… 19

　　一、家庭背景 ………………………………………………………… 19

　　二、個人氣質 ………………………………………………………… 21

　　三、政治生涯 ………………………………………………………… 23

　　四、學術表現 ………………………………………………………… 27

　第二節　著作考辨 …………………………………………………… 31

　　一、裴頠的著作 ……………………………………………………… 31

　　二、〈貴無論〉考辨 ………………………………………………… 32

　第三節　思想派別 …………………………………………………… 35

　　一、清談的派別問題 ………………………………………………… 35

　　二、裴頠的思想派別 ………………………………………………… 39

第三章　〈崇有論〉疏解 ……………………………………………… 43

　第一節　基本概念 …………………………………………………… 43

　　一、萬有存在的認識基礎 …………………………………………… 43

　　二、有生之物存在的根本 …………………………………………… 51

　　三、物類存在的共通情性 …………………………………………… 54

　第二節　論說名教的重要 …………………………………………… 56

　　一、聖人制訂名教禮制的原由 ……………………………………… 56

　　二、貴無賤有議論的產生與危害 …………………………………… 58

　　三、強調名教禮制的重要性 ………………………………………… 63

　第三節　評斥貴無的弊害 …………………………………………… 65

　　一、虛無風氣的形成與流衍 ………………………………………… 65

　　二、貴無論對道德風俗的危害 ……………………………………… 66

　第四節　闡明老氏的旨意 …………………………………………… 70

　　一、老子乃偏立一家之辭 …………………………………………… 70

　　二、老氏貴無而旨在全有 …………………………………………… 72

　第五節　申述著論的緣由 …………………………………………… 76

　　一、道家學說的發展情形 …………………………………………… 76

　　二、寫作〈崇有論〉的緣由 ………………………………………… 78

　第六節　總結：「無不能生有」 ……………………………………… 79

一、由自生說論證無不能生有 …………………………………… 79

二、濟有者皆有而無無益於有 …………………………………… 85

第四章　魏晉道家思想中「有」、「無」的義涵 ………………… 89

第一節　引言 ……………………………………………………… 89

第二節　何晏、王弼的理解 ……………………………………… 91

第三節　向秀、郭象的體會 ……………………………………… 95

第五章　〈崇有論〉中「有」、「無」的規定與釐清 …………… 99

第一節　〈崇有論〉的規定 ……………………………………… 99

一、對於「有」的規定 ………………………………………… 99

二、對於「無」的規定 ………………………………………… 102

第二節　誤解的釐清 ……………………………………………… 102

一、〈崇有論〉對於道家「無」的誤解 …………………… 102

二、唯物論者對於裴頠「有」的曲解 ……………………… 103

第六章　結　論 …………………………………………………… 105

主要參考書目 ……………………………………………………… 107

# 阮籍研究

## 作者簡介

　　徐麗霞，臺灣臺北縣板橋市人，1949 年生，臺灣師範大學國文系學士、碩士、博士。曾任教於私立亞東工專（今亞東技術學院）、臺北醫學院（今臺北醫科大學）等大專院校，現專職於私立銘傳大學應用中國文學系，講授中國文學史、臺灣文學等課程。參與黃文吉主編，丁原基、徐麗霞、周彥文、周益忠、馮永敏合注《中國文學史參考作品選》；撰有《賈誼與晁錯政論思想比較研究》、《板橋行腳：古蹟與宗教》、《林本源園邸細賞系列叢書三：匾聯之美》等專書；並於《中國語文月刊》發表多篇單篇論文。

## 提　要

　　阮籍生處亂世，屬魏晉之際，天下多故，名士少有全者，遂佯狂縱酒，領袖竹林七賢。自古以來，論阮籍者，褒貶殊塗，莫衷一是。《阮籍研究》主要即探討阮籍之行事與思想，期於紛紜眾說之中尋繹真義。全文共計五章加一序：序言寫作動機與目的。第一章考阮籍之家世與傳略，有「阮籍世系圖」。

第二章論阮籍之行事：反對禮法、依違儒道、蹭蹬仕途。其中，政治立場爭議最多，本論文擇選六十六家，成「阮嗣宗政治立場臆測舉隅表」，分爲四派進行討論：親曹魏、親司馬、非曹非馬、主意漢朝；俾方便於深入阮籍內在心境，由內而外，洞見行事之內因。第三章阮籍行爲思想產生之間接因素，此爲外緣探討，分別由：時代背景、社會背景、學術變遷等三面向入手，見證阮籍思想行事乃有激使然，而能力闢蹊徑，開魏晉之先導。第四章阮籍之思想，分爲：宇宙論、政治論、人生觀三節述說。阮籍標舉「自然」爲眾甫之大本，以「自然」爲「體」，與莊子以「自然」爲「用」之意不同，啓發向秀、郭象「獨化」「自生」說之建立。阮籍以老莊思想體爲基礎，主張無政府論，但仍倡「移風易俗，莫善於樂」，故著〈樂論〉不廢以樂治國。阮籍以「自然」爲宇宙生生之本，因而衍生齊物、守本、逍遙等人生觀。第五章餘論，承上所述，綜括言之，阮籍之思想行事，特時代之所陶鑄，識者堪玩其味。

## 目　次

自　序
第一章　阮籍之家世與傳略 ……………………………………………………… 1
　　第一節　家世 ……………………………………………………………………… 1
　　第二節　傳略 ……………………………………………………………………… 5
第二章　阮籍之行事 ……………………………………………………………… 11
　　第一節　反對禮法 ……………………………………………………………… 13
　　第二節　依違儒道 ……………………………………………………………… 26
　　第三節　蹭蹬仕途 ……………………………………………………………… 41
第三章　阮籍行爲思想產生之間接因素 …………………………………… 67
　　第一節　時代背景 ……………………………………………………………… 67
　　第二節　社會背景 ……………………………………………………………… 81
　　第三節　學術變遷 ……………………………………………………………… 91
第四章　阮籍之思想 ……………………………………………………………… 103
　　第一節　宇宙論 ………………………………………………………………… 103
　　第二節　政治論 ………………………………………………………………… 109
　　第三節　人生觀 ………………………………………………………………… 122
第五章　餘　論 …………………………………………………………………… 133
主要參考書目 ……………………………………………………………………… 137

# 第二五冊　王通儒學思想及其在學術史上的意義

## 作者簡介

　　鍾永興，桃園縣人，私立銘傳大學應用中國文學系碩士班畢業，現為天主教輔仁大學中國文學系博士侯選人。現職：銘傳大學應用中國文學系兼任講師、輔仁大學全人教育課程中心兼任講師。研究領域目前以儒家思想、程朱理學為主，旁及易學、清代學術。曾發表：〈從「人倫」、「事理」、「物類」三端探討先秦儒學之發揚進路〉、〈試論《周易》「致用之變」——原典與詮釋〉、〈「經之流變，必入於史」一章實齋「史學文」之研究〉〈黃宗羲之「理學反動」與「政教思想」〉等單篇論文。

## 提　要

　　王通，字仲淹，諡曰「文中子」。其傳世作品為《中說》，《中說》在前人考證之下，認為此書並非偽書，但其間恐有後人穿鑿附益之嫌。王通另有《續六經》之作，可惜皆已亡佚。王通為隋代大儒，其一生尊崇周孔，以匡復儒學為己志，慨然有弘道濟世之心。南北朝以來中原板蕩，政治情勢紛擾，社會弊端叢生，在學術與思想上，儒學日漸衰微，佛老思想盛行，王通儒學思想在此種環境背景下創生，實具有特殊的學術價值與時代意義。王通儒學思想既重視道德修養，亦強調以「儒術」重建人倫秩序之和諧，是故「政教得失」始終是王通所關切的議題。「內聖外王」是儒家思想的一體兩面，王通儒學無非也是以「內聖」的道德思想為「體」，以「外王」的政治、教化為「用」。王通儒學思想論述了仁、性等儒家原始義理，他又首創「中道」思想，以此進一步闡發儒家的道德觀念。他析論天、地、人三才之間的密切關係，強調天命必與德性相應的道德思維，並反對漢代以來迷信讖緯的天命觀點。王通的政治觀以闡明王道為重心，在文化意識先於種族意識的前提下，他奉北魏孝文帝之政權為正統。王通提出一系列相關於政教得失的實際舉措，意欲將「儒術」確實地貫徹施行，藉政教的力量使儒家思想普及於社會民間。王通在文學觀上，反對南朝那種綺麗委靡的文學風氣，他認為文學之本質應在於貫道、濟義。對於佛道兩家的看法，王通站在儒家立場而言雖不甚贊同，但提出「三教可一」之獨特觀點，其立意不在於融合三教，而是以務實性的態度尊重佛老學說，目的是防止三教思想間的惡鬥。王通儒學脫離以往經學注疏的風氣，他著重儒學「經世」、「務實」的實際效益，強調「儒學思想」與「政教施為」的緊密結合。文中子

之學在中晚唐以來逐漸受到儒者的青睞，宋朝之時更一度蔚爲顯學，仰慕文中子的有范仲淹、柳開、石介、陳亮等人，而朱熹、陳亮兩人對文中子之學認知之角度迥異，也曾因此在書信往來之間產生爭辯。由此足見王通學說涵蘊獨特的思想價值，其對後世儒學風氣之影響著實不容小覷。本文即就上述諸項議題，分章專述王通儒學思想的特色及其價值意義，希冀能於隋代儒學發展的相關研究中，完整地呈現文中子之學術風貌。

# 目　次

第一章　緒　論 ......................................................................... 1

　第一節　問題的提出 .............................................................. 2

　第二節　研究方法與步驟 ...................................................... 3

　第三節　前人研究方向與成果之檢討 .................................. 5

第二章　文中子其人及其書之探討 ........................................ 11

　第一節　文中子生平及時代背景 ........................................ 11

　第二節　文中子家學及經學傳承 ........................................ 16

　第三節　《中說》其書梗概與眞僞問題 ............................ 18

第三章　《中說》之道德觀 .................................................... 23

　第一節　中道思想 ................................................................ 25

　第二節　論仁與性 ................................................................ 28

　第三節　天命觀點 ................................................................ 34

　第四節　修養工夫 ................................................................ 44

　　一、窮理盡性 .................................................................... 45

　　二、少思寡欲 .................................................................... 47

　　三、誠靜恭謹 .................................................................... 49

　　四、誠愼思過 .................................................................... 50

　　五、謙退寡言 .................................................................... 52

　　六、查時知變 .................................................................... 53

第四章　《中說》之政治觀 .................................................... 57

　第一節　明王道 .................................................................... 57

　　一、重仁德、輕刑罰 ........................................................ 63

　　二、薄徵斂、寡勞役 ........................................................ 65

　　三、反驟變、止亂媒 ........................................................ 67

四、納諫言、善補過 ·········································· 69
第二節　帝北魏 ············································· 75
一、大公己私之分判 ····································· 79
二、文化種族之先後 ····································· 82
第五章　《中說》之文化觀 ································· 85
第一節　教育觀 ············································· 85
一、倫常禮教 ············································· 87
二、教學相長 ············································· 93
第二節　文史觀 ············································· 95
一、論文 ··················································· 95
二、論史 ·················································· 102
第三節　三教觀 ············································ 105
第六章　王通思想在儒學發展史上的意義 ········· 113
第一節　復興儒家學說 ·································· 113
第二節　另闢儒學蹊徑 ·································· 124
第三節　啓迪宋儒思想 ·································· 133
一、朱熹 ·················································· 134
二、陳亮 ·················································· 141
三、朱陳之爭 ············································ 146
第七章　結　論 ············································· 149
參考書目 ······················································· 155

# 第二六冊　張載思想之研究

## 作者簡介

姓名：方蕙玲。

學歷：東海大學哲學博士。

經歷：東吳大學、淡江大學、台北護理學院、陽明大學、台灣科技大學、台灣藝術大學兼任教師。

現職：明新科技大學專任副教授。

學術專長：中國哲學、易經、生死學、女權主義。

## 提　要

　　本書除緒論外，共計五章十七節，凡十三餘萬言。緒論部分除敘述張載之身世經歷、思想背景與依據，及與諸子間之交往關係外，亦針對其易學立論之基礎──周易經傳之內容做一粗淺之交待。

　　第一章敘述張載易學之宇宙論，透過其對太虛、太和、道、氣與陰陽之立論，將張載所構做之動態的宇宙觀呈現出來，為其合人道於天道之理想，做一理論奠基之工作。

　　第二章敘述張載易學之人性論，除以「善反」活動為溝通形而上下之特性外，尚透過盡性活動中意志趨向義理之性質，指出人性自由之基礎；最後並藉心之作用，使人道與天道得以契合，完成其所欲達致之價值宇宙論。

　　第三章敘述張載易學之涵養論，藉由對變化氣質與涵養歷程之說明，指出盡性之主要精神，是藉公志之得以遂行、生民大利之得以完成，來延長一己有限生命之價值。

　　第四章敘述張載易學與周敦頤易學思想之異同，說明周子宇宙論中欲合有無之用心，以及其所未竟之主張，並對照張載之宇宙論，指出二人同異之處。

　　第五章敘述張載易學與程伊川易學思想之異同，除指出二人學說所立基之角度有所不同之外，亦將伊川以宇宙自體開發視為最終目的，與張載視生物不已為宇宙最終目的，二者之不同加以指出。

　　最後，於結論之中，將張載援引先秦儒學入易之精神再次凸顯出來，並以之為其易學最大之貢獻。

## 目　次

序　言
緒　論 ………………………………………………………………………… 1
　壹、生平 ………………………………………………………………………… 1
　貳、思想背景 …………………………………………………………………… 3
　參、張載與宋儒之關係 ………………………………………………………… 5
　肆、張載易學思想與易學 ……………………………………………………… 6
第一章　張載之宇宙論 ………………………………………………………… 11
　第一節　論太虛之真義 ………………………………………………………… 11
　　一、太虛之內涵 ……………………………………………………………… 11
　　二、太虛與神 ………………………………………………………………… 15

三、太虛與萬物之關係 ……………………………………… 18

第二節　論太和之眞義 …………………………………………… 22

第三節　論氣之眞義 ……………………………………………… 27

一、論氣與象 ………………………………………………… 28

二、氣與變化 ………………………………………………… 33

第四節　張載道論 ………………………………………………… 36

第五節　論陰陽 …………………………………………………… 39

一、陰陽與乾坤 ……………………………………………… 39

二、陰陽之性質及其運作規律 ……………………………… 42

結論 ………………………………………………………………… 46

第二章　張載論人性 ……………………………………………… 47

一、天道與人事之探討 ……………………………………… 48

二、張載對性之定義 ………………………………………… 50

第一節　性與命 …………………………………………………… 51

一、天地之性與氣質之性 …………………………………… 51

二、性與命之分別 …………………………………………… 54

三、性善之意義 ……………………………………………… 56

第二節　盡性與窮理 ……………………………………………… 58

一、盡性之眞義 ……………………………………………… 58

二、窮理之眞義 ……………………………………………… 61

第三節　張載對心之定義 ………………………………………… 64

一、心之內涵 ………………………………………………… 64

二、心與意志之關係 ………………………………………… 68

三、心與情之關係 …………………………………………… 71

結論 ………………………………………………………………… 74

第三章　張載論涵養 ……………………………………………… 75

第一節　張載涵養論之內容與意義 ……………………………… 76

第二節　論變化氣質之義 ………………………………………… 82

一、虛心與弘心之義 ………………………………………… 83

二、禮之本源與表現形式 …………………………………… 85

第三節　論涵養之歷程 …………………………………………… 88

　　　一、由博文而集義⋯⋯⋯⋯⋯⋯⋯⋯⋯⋯⋯⋯⋯⋯⋯90
　　　二、精義入神之義⋯⋯⋯⋯⋯⋯⋯⋯⋯⋯⋯⋯⋯⋯⋯94
　　第四節　大人與聖人之分別⋯⋯⋯⋯⋯⋯⋯⋯⋯⋯⋯⋯97
　　　一、大人之義⋯⋯⋯⋯⋯⋯⋯⋯⋯⋯⋯⋯⋯⋯⋯⋯⋯97
　　　二、聖人之義⋯⋯⋯⋯⋯⋯⋯⋯⋯⋯⋯⋯⋯⋯⋯⋯⋯99
　　　三、誠之眞義⋯⋯⋯⋯⋯⋯⋯⋯⋯⋯⋯⋯⋯⋯⋯⋯⋯101
　　結論⋯⋯⋯⋯⋯⋯⋯⋯⋯⋯⋯⋯⋯⋯⋯⋯⋯⋯⋯⋯⋯104
第四章　張載與周敦頤思想之異同⋯⋯⋯⋯⋯⋯⋯⋯⋯⋯105
　　生平⋯⋯⋯⋯⋯⋯⋯⋯⋯⋯⋯⋯⋯⋯⋯⋯⋯⋯⋯⋯⋯105
　　第一節　周子太極圖與張載宇宙論之比較⋯⋯⋯⋯⋯⋯107
　　　一、太極圖所呈現之宇宙論⋯⋯⋯⋯⋯⋯⋯⋯⋯⋯⋯108
　　　二、周子與張載宇宙論之比較⋯⋯⋯⋯⋯⋯⋯⋯⋯⋯115
　　第二節　周子人性論與張載人性論之比較⋯⋯⋯⋯⋯⋯117
　　　一、論「誠」之異同⋯⋯⋯⋯⋯⋯⋯⋯⋯⋯⋯⋯⋯⋯118
　　　二、論「性」之異同⋯⋯⋯⋯⋯⋯⋯⋯⋯⋯⋯⋯⋯⋯121
　　　三、其他人性論問題之比較⋯⋯⋯⋯⋯⋯⋯⋯⋯⋯⋯123
　　結論⋯⋯⋯⋯⋯⋯⋯⋯⋯⋯⋯⋯⋯⋯⋯⋯⋯⋯⋯⋯⋯125
第五章　張載與程伊川思想之比較⋯⋯⋯⋯⋯⋯⋯⋯⋯⋯127
　　生平⋯⋯⋯⋯⋯⋯⋯⋯⋯⋯⋯⋯⋯⋯⋯⋯⋯⋯⋯⋯⋯127
　　第一節　伊川宇宙論與張載宇宙論之比較⋯⋯⋯⋯⋯⋯129
　　　一、道、乾坤與太極之義⋯⋯⋯⋯⋯⋯⋯⋯⋯⋯⋯⋯130
　　　二、理與變易性之說明⋯⋯⋯⋯⋯⋯⋯⋯⋯⋯⋯⋯⋯133
　　第二節　伊川人性論與張載人性論之比較⋯⋯⋯⋯⋯⋯141
　　第三節　伊川涵養論與張載涵養論之比較⋯⋯⋯⋯⋯⋯146
　　結論⋯⋯⋯⋯⋯⋯⋯⋯⋯⋯⋯⋯⋯⋯⋯⋯⋯⋯⋯⋯⋯150
總　結⋯⋯⋯⋯⋯⋯⋯⋯⋯⋯⋯⋯⋯⋯⋯⋯⋯⋯⋯⋯⋯153
參考書目⋯⋯⋯⋯⋯⋯⋯⋯⋯⋯⋯⋯⋯⋯⋯⋯⋯⋯⋯⋯155

# 第二七冊　胡五峰理學思想之研究

## 作者簡介

　　王俊彥，江蘇漣水人，一九五六年生，中國文化大學中國文學博士，現爲

中國文化大學中文系專任教授，著有《劉蕺山之成學經過》、《胡五理學思想之研究》、《王廷相與明代氣學》等書。及〈王廷相的元氣無息論〉、〈呂緝熙「氣生於氣」之思想〉、〈王廷相的「性者，氣之生理論」〉、〈徐三重《信古餘論》之理氣論〉、〈王龍溪之心論〉、〈吳廷翰「以氣即理，以性即氣」的思想〉、〈吳廷翰的致知格物論〉、〈王船山氣學思想述要〉、〈論張載的氣質之性及其開展〉、〈陳確的理氣論〉、〈羅欽順的理氣心性論——以理氣是一爲詮釋路徑〉等論文十數篇。

## 提　要

　　本書共分七章，第一章導論介紹五生平及學術師承。第二章天道論，五以道德創造不已的實體爲天道，並承前賢以太極、太和、仁義等概念詮釋道。特殊的是視理欲爲同體異用，同行異情。即理欲之別，非由多寡言，乃就天理能否純一至善而分。第三章心性論，五論性，主承中庸，易傳「天命之謂性」一義來。主性具存有義，爲萬有存在之本然。性具超越至善義，以爲乾坤萬有善惡之判準，亦爲眞實世界的根據。性具生化義，以性爲萬化之本源，萬物生於性。五由孟子內在地道德本心言心，但因重客觀之性天，故其心較孟子多出超越的意味！心以仁爲內蘊外，亦如客觀之性般，賦予心有超越義及生化形著等義。心之形著生化作用即源自天道創生的實體。第四章盡心成性論，此爲五義理自成系統，足與程朱、陸王二系區隔者。盡心是充分呈現此即存有即活動的道德本心，而本心之形著，能引發生生之性天的活動義。亦即心之形著，在彰顯性之生化義及存有義，使性體挺立，萬物亦眞實存在。第五章工夫論，五主張以道德自覺彰顯人物本然潛具之善性。而透過道德本心自體的逆覺體証，是唯一本質的工夫。第六章朱子「知言疑義」之疏解與駁正，則藉著對五與朱子義理系統的差異做一疏解，更確認五思想的特點。第七章結論，對五以心著性，逆覺體証的義理做一評論。

## 目　次

序　言

第一章　導　論……………………………………………………………1

　引言…………………………………………………………………………1

　第一節　本文寫作之範圍、方法、進路與凡例……………………………2

　第二節　五峯傳略…………………………………………………………6

一、生平家世與著作 ································ 6
二、學術淵源與師承 ································ 16
第二章　天道論 ································ 23
引言 ································ 23
第一節　天道釋義 ································ 24
一、天道無息 ································ 24
二、陰陽成象而天地著 ································ 26
三、內容與諸名 ································ 30
（一）仁爲體、義爲用之內容 ································ 30
（二）道之諸名：太極、太和、誠、仁、鬼神 ············· 31
第二節　命之釋義 ································ 34
一、理命與氣命 ································ 35
二、盡性以至命 ································ 37
第三節　即事以明道 ································ 39
一、事本乎道，道藏乎事 ································ 39
二、天理人欲同體而異用，同行而異情 ·················· 43
（一）天理與人欲 ································ 43
（二）詭譎的相即——同體異用、同行異情 ············· 44
（三）德福一致——圓教之建立 ·········· 46
第四節　辨佛老 ································ 47
第三章　心性論 ································ 53
引言 ································ 53
第一節　性之釋義 ································ 55
一、性體至善義 ································ 55
（一）由超越言至善 ································ 55
（二）由好惡顯至善 ································ 56
二、天下大本義 ································ 58
（一）天地之所以立 ································ 58
（二）大哉性乎 ································ 59
三、生生不已義 ································ 60
（一）中庸、易傳之生化義 ·········· 60

（二）五峯之生化義 ................................................ 61

四、生之謂性釋義 .................................................. 63

　（一）孟子、告子辯生之謂性 .................................... 63

　（二）五峯論告子生之謂性 ...................................... 65

　（三）五峯承明道論生之謂性 .................................... 66

第二節　心之釋義 .................................................. 68

一、永恒普遍義 .................................................... 68

　（一）與天同大 ................................................ 68

　（二）心無死生 ................................................ 70

二、創生形著義 .................................................... 72

　（一）生生不窮 ................................................ 72

　（二）心宰萬物 ................................................ 73

三、以仁爲體義 .................................................... 75

　（一）仁爲心之體 .............................................. 75

　（二）仁心之感通 .............................................. 76

四、心之知覺作用 .................................................. 77

第四章　盡心成性論 ................................................ 81

引言 .............................................................. 81

第一節　盡心與盡性 ................................................ 82

一、五峯與孟子盡心之異 ............................................ 82

二、五峯之盡性源于中庸 ............................................ 85

三、盡心即盡性 .................................................... 86

第二節　成性釋義 .................................................. 87

一、五峯之成性異於易傳 ............................................ 87

二、五峯與橫渠、蕺山之成性義 ...................................... 88

　（一）五峯由形著言成性 ........................................ 88

　（二）橫渠首開形著之成性義 .................................... 89

　（三）蕺山之形著義 ............................................ 90

第三節　盡心成性 .................................................. 92

一、盡其心以成吾性 ................................................ 92

二、體用義 ........................................................ 94

　　三、已發與未發義‥‥‥‥‥‥‥‥‥‥‥‥‥‥‥96

　第四節　限制與圓成‥‥‥‥‥‥‥‥‥‥‥‥‥‥‥99

第五章　工夫論‥‥‥‥‥‥‥‥‥‥‥‥‥‥‥‥‥103

　引言‥‥‥‥‥‥‥‥‥‥‥‥‥‥‥‥‥‥‥‥‥103

　第一節　道德實踐工夫之根據‥‥‥‥‥‥‥‥‥‥‥104

　　一、道德實踐之根據‥‥‥‥‥‥‥‥‥‥‥‥‥‥104

　　　（一）良心‥‥‥‥‥‥‥‥‥‥‥‥‥‥‥‥‥104

　　　（二）工夫之所由生‥‥‥‥‥‥‥‥‥‥‥‥‥105

　　二、罪惡之由來‥‥‥‥‥‥‥‥‥‥‥‥‥‥‥‥107

　　　（一）心之惑乃過‥‥‥‥‥‥‥‥‥‥‥‥‥‥107

　　　（二）情欲之助長‥‥‥‥‥‥‥‥‥‥‥‥‥‥108

　第二節　逆覺體證之工夫‥‥‥‥‥‥‥‥‥‥‥‥‥110

　　一、本質之工夫‥‥‥‥‥‥‥‥‥‥‥‥‥‥‥‥110

　　　（一）先識仁之體‥‥‥‥‥‥‥‥‥‥‥‥‥‥110

　　　（二）逆覺體證‥‥‥‥‥‥‥‥‥‥‥‥‥‥‥111

　　　（三）即察識即涵養‥‥‥‥‥‥‥‥‥‥‥‥‥113

　　　（四）以放心求心‥‥‥‥‥‥‥‥‥‥‥‥‥‥115

　　二、學、格物與致知、窮理與居敬‥‥‥‥‥‥‥‥‥117

　　三、終教之功夫‥‥‥‥‥‥‥‥‥‥‥‥‥‥‥‥123

　　　（一）純一不已‥‥‥‥‥‥‥‥‥‥‥‥‥‥‥123

　　　（二）由仁義行‥‥‥‥‥‥‥‥‥‥‥‥‥‥‥126

　　　（三）無爲之爲‥‥‥‥‥‥‥‥‥‥‥‥‥‥‥128

第六章　朱子「知言疑義」之疏解與駁正‥‥‥‥‥‥‥131

　引言‥‥‥‥‥‥‥‥‥‥‥‥‥‥‥‥‥‥‥‥‥131

　第一節　朱子「知言疑義」之緣起與義理格局‥‥‥‥132

　　一、「知言疑義」之緣起‥‥‥‥‥‥‥‥‥‥‥‥132

　　二、朱子義理格局之概述‥‥‥‥‥‥‥‥‥‥‥‥135

　第二節　「知言疑義」之疏解與駁正‥‥‥‥‥‥‥‥140

　　一、性無善惡之疏正‥‥‥‥‥‥‥‥‥‥‥‥‥‥140

　　二、心爲已發之疏正‥‥‥‥‥‥‥‥‥‥‥‥‥‥144

　　三、仁以用言之疏正‥‥‥‥‥‥‥‥‥‥‥‥‥‥146

　　　　四、心以用盡之疏正⋯⋯⋯⋯⋯⋯⋯⋯⋯⋯⋯⋯⋯⋯⋯146

　　　　五、不事涵養、先務知識之疏正⋯⋯⋯⋯⋯⋯⋯⋯⋯⋯151

　　　　六、氣象迫狹、語論過高之疏正⋯⋯⋯⋯⋯⋯⋯⋯⋯⋯155

　第七章　結　論⋯⋯⋯⋯⋯⋯⋯⋯⋯⋯⋯⋯⋯⋯⋯⋯⋯⋯⋯159

　　引言⋯⋯⋯⋯⋯⋯⋯⋯⋯⋯⋯⋯⋯⋯⋯⋯⋯⋯⋯⋯⋯⋯⋯159

　　第一節　建立以心著性系統之價值⋯⋯⋯⋯⋯⋯⋯⋯⋯⋯⋯160

　　第二節　開展逆覺體證工夫之價值⋯⋯⋯⋯⋯⋯⋯⋯⋯⋯⋯168

　　第三節　五峯思想之綜述與傳衍⋯⋯⋯⋯⋯⋯⋯⋯⋯⋯⋯⋯177

　參考書目⋯⋯⋯⋯⋯⋯⋯⋯⋯⋯⋯⋯⋯⋯⋯⋯⋯⋯⋯⋯⋯⋯187

# 第二八、二九冊　《朱子晚年定論》與朱陸異同

## 作者簡介

　　蔡龍九，民國67年生，高雄市人；私立東吳大學哲學學士、國立政治大學哲學碩士、國立臺灣大學哲學博士。著有《高攀龍易學思想研究》（碩士論文）《《朱子晚年定論》之相關探究》（博士論文）、〈論陳建《學蔀通辨》之貢獻與失誤〉（國立臺灣大學哲學論評）、〈對孔、孟「論性」之反省與「性善惡同俱」之述說嘗試〉（2009年05月07日～2009年05月09日「傳統中國形上學的當代省思」國際學術研討會）……等。

## 提　要

　　此書從王陽明之《朱子晚年定論》（以下簡稱《定論》）出發來談論三個問題。第一；《定論》本身的問題意識爲何？第二；《定論》之立論是否合理。第三；《定論》造成何種延伸問題。

　　筆者初步探究上述三問題之後導出幾個延伸談論。第一；「朱陸異同」或「朱王異同」其「同異」的內容爲何？第二；參與談論「朱陸異同」或「朱王異同」問題的學者各提出何種看法？第三；「朱陸異同」或「朱王異同」在「調和」與「反調和」之間又造成何種問題、如何釐清？第四；「朱陸異同」或「朱王異同」如何更清楚的說明？而共計七個主要議題中，於本書中欲一一釐清之。

　　第二章即談論陽明對朱熹的批評與認同內容，且反省其中的合理性與《定論》造成的影響；其中一項重大影響，即所謂「調和朱陸」或「反對調和」者

紛紛表達立場而爭論不斷。因此即於第三章中詳細談論「朱陸異同爭論史」，從元、明、清等多位學者的談論中，精要地列舉他們的述說與其中之合理性。此外，此章的探究導出筆者自身對「朱陸異同爭論史」的問題歸結，並依此得出解決問題的方向與方式。此即第四章再次衡定朱、陸、王的重要思想，對照爭論者所提之「年代早晚」與「異同」的關聯性，來陳述三人思想的精要，可自然釐清「朱陸異同爭論史」中某些學者提出的批評是否合理。最後，第五章筆者以「工夫心」此一新詞彙來論說朱、陸、王於何種脈絡下可談「同」，而其「異」又如何面對之。

目　次
上　冊
張　序
杜　序
彭　序
自　序

第一章　緒　論 ……………………………………………………………… 1
　一、問題意識 ………………………………………………………………… 1
　　（一）探究《定論》自身的問題意識與失誤 …………………………… 1
　　（二）探究《定論》所造成的問題與延伸問題 ………………………… 5
　　（三）釐清朱子自身思想及其轉折的問題 ……………………………… 7
　　（四）對陸、王的思想作出儒學判定 …………………………………… 8
　　（五）歸結至筆者判斷「異同」之方式 ………………………………… 9
　二、研究方法與處理模式 ………………………………………………… 19
　　（一）先分析、後分類的討論方式 …………………………………… 19
　　（二）重視年代考據 …………………………………………………… 21
　　（三）不預設學派立場的討論方式 …………………………………… 22
　　（四）盡可能的歸結爭論史，以釐清問題 …………………………… 22
　　（五）筆者處理範圍與自身談論模式之提出 ………………………… 23
　三、預期成果 ……………………………………………………………… 32
　　（一）對《定論》的內容作出評價 …………………………………… 32
　　（二）了解朱陸異同爭論史 …………………………………………… 32
　　（三）解決朱陸異同之不必要爭論 …………………………………… 32

第二章 《朱子晚年定論》及其相關內涵 ⋯⋯⋯⋯⋯⋯⋯⋯35

　第一節 陽明對朱子的批判與認同 ⋯⋯⋯⋯⋯⋯⋯⋯35

　　一、陽明對朱子之批判 ⋯⋯⋯⋯⋯⋯⋯⋯⋯⋯⋯⋯32

　　　（一）關於《大學》的批評及其得失 ⋯⋯⋯⋯⋯32

　　　（二）其他之批評內容及其得失 ⋯⋯⋯⋯⋯⋯⋯43

　　　（三）陽明對朱子批評之總結與反省 ⋯⋯⋯⋯⋯47

　　二、陽明對朱子之認同 ⋯⋯⋯⋯⋯⋯⋯⋯⋯⋯⋯⋯49

　　　（一）《朱子晚年定論‧序》的線索 ⋯⋯⋯⋯⋯49

　　　（二）〈王陽明年譜〉的線索 ⋯⋯⋯⋯⋯⋯⋯⋯49

　　　（三）其他相關之認同內容 ⋯⋯⋯⋯⋯⋯⋯⋯⋯52

　　　（四）筆者對陽明認同朱子之反省 ⋯⋯⋯⋯⋯⋯53

　第二節 《朱子晚年定論》的內容要旨與初步評述 ⋯⋯55

　　一、《朱子晚年定論》的形成與要旨 ⋯⋯⋯⋯⋯⋯55

　　　（一）《定論》的形成與問題意識 ⋯⋯⋯⋯⋯⋯55

　　　（二）《定論》的內容主旨 ⋯⋯⋯⋯⋯⋯⋯⋯⋯57

　　二、初步評價《朱子晚年定論》之貢獻與失誤 ⋯⋯62

　　　（一）《定論》之失誤處 ⋯⋯⋯⋯⋯⋯⋯⋯⋯⋯62

　　　（二）《定論》的貢獻處 ⋯⋯⋯⋯⋯⋯⋯⋯⋯⋯71

第三章 《朱子晚年定論》所造成的現象與延伸問題 ⋯⋯77

　第一節 調和者對「朱陸異同」的談論內容 ⋯⋯⋯⋯77

　　一、陽明之前的「朱陸異同」調和概況 ⋯⋯⋯⋯⋯78

　　　（一）程敏政的「始異終同」論說 ⋯⋯⋯⋯⋯⋯79

　　　（二）元代時期的朱陸調和者 ⋯⋯⋯⋯⋯⋯⋯⋯81

　　　（三）宋代時期的朱陸調和可能 ⋯⋯⋯⋯⋯⋯⋯85

　　二、陽明之後的「朱陸異同」調和概況 ⋯⋯⋯⋯⋯88

　　　（一）陽明後學者對調和的捍衛 ⋯⋯⋯⋯⋯⋯⋯88

　　　（二）高攀龍的「不必言合」說 ⋯⋯⋯⋯⋯⋯⋯90

　　　（三）清代對朱陸調和的貢獻人物 ⋯⋯⋯⋯⋯⋯95

　第二節 反調和者對「朱陸異同」的談論內容 ⋯⋯⋯119

　　一、明代時期的反調和者勾勒 ⋯⋯⋯⋯⋯⋯⋯⋯119

　　　（一）程瞳《閑闢錄》的反調和先導 ⋯⋯⋯⋯119

（二）陳建「朱陸早同晚異」立論與儒佛之辨的批評模式⋯⋯⋯125

（三）馮柯針對陸、王與《定論》的三路線批評模式⋯⋯⋯⋯134

二、清代時期的反調和者勾勒⋯⋯⋯⋯⋯⋯⋯⋯⋯⋯⋯⋯143

（一）陸隴其的尊朱排王路線⋯⋯⋯⋯⋯⋯⋯⋯⋯⋯⋯144

（二）張烈《王學質疑》的激烈批評⋯⋯⋯⋯⋯⋯⋯⋯⋯149

（三）熊賜履的尊程朱闢陸王路線⋯⋯⋯⋯⋯⋯⋯⋯⋯156

（四）夏炘《述朱質疑》的朱子內部理論釐清⋯⋯⋯⋯⋯161

第三節　雙方爭論之形式、問題的歸結與解決方向⋯⋯⋯⋯⋯⋯165

一、調和者與反調和者的問題陳述與歸結⋯⋯⋯⋯⋯⋯⋯⋯166

（一）雙方僅能論述「部分」之「同異」⋯⋯⋯⋯⋯⋯⋯166

（二）無共識的「晚年」與「定論」⋯⋯⋯⋯⋯⋯⋯⋯⋯167

（三）有所偏的取材與詮釋問題⋯⋯⋯⋯⋯⋯⋯⋯⋯⋯168

（四）門派與政治問題⋯⋯⋯⋯⋯⋯⋯⋯⋯⋯⋯⋯⋯⋯170

二、解決問題的方向⋯⋯⋯⋯⋯⋯⋯⋯⋯⋯⋯⋯⋯⋯⋯170

（一）「同」之年代、範圍的釐清⋯⋯⋯⋯⋯⋯⋯⋯⋯⋯171

（二）朱、陸、王思想的再次定位⋯⋯⋯⋯⋯⋯⋯⋯⋯⋯171

（三）重新尋找「同」的內涵⋯⋯⋯⋯⋯⋯⋯⋯⋯⋯⋯172

下　冊

第四章　陸、王與朱子中晚年思想之衡定⋯⋯⋯⋯⋯⋯⋯⋯⋯⋯173

第一節　朱子思想及其轉折之相關探究⋯⋯⋯⋯⋯⋯⋯⋯⋯⋯173

一、朱子思想的簡要定位⋯⋯⋯⋯⋯⋯⋯⋯⋯⋯⋯⋯⋯⋯174

（一）朱子早年思想與學術轉型⋯⋯⋯⋯⋯⋯⋯⋯⋯⋯⋯174

（二）排佛、老返儒至「中和新舊說」時期的朱子⋯⋯⋯180

（三）「中和新說」與「心統性情」⋯⋯⋯⋯⋯⋯⋯⋯⋯195

（四）朱子論「心」之大總括⋯⋯⋯⋯⋯⋯⋯⋯⋯⋯⋯203

二、朱子與陽明的「心理合一」問題⋯⋯⋯⋯⋯⋯⋯⋯⋯206

（一）「心與理一」的各種層面⋯⋯⋯⋯⋯⋯⋯⋯⋯⋯208

（二）陽明與朱子的「心與理一」之總括論述⋯⋯⋯⋯215

第二節　陸、王思想之儒學判定⋯⋯⋯⋯⋯⋯⋯⋯⋯⋯⋯⋯217

一、陽明學說的儒學判定⋯⋯⋯⋯⋯⋯⋯⋯⋯⋯⋯⋯⋯⋯217

（一）陽明學中「儒學」的要點⋯⋯⋯⋯⋯⋯⋯⋯⋯⋯217

　　（二）陽明學中的爭議點 …………………………………………226

　　（三）陽明思想的儒學特點總結 …………………………………239

　二、象山學說的儒學判定 ……………………………………………241

　　（一）象山學中「儒學」的要點與爭議處 ………………………241

　　（二）象山思想的儒學特點總結 …………………………………255

第五章　朱、陸、王異同的判斷模式與「工夫心」…………………257

　第一節　《定論》之歸結與「工夫心」的判斷方式 ………………257

　一、陽明所認同的「朱子晚年」與「定論」之眞相 ………………257

　　（一）非僅晚年之論 ………………………………………………257

　　（二）陽明的學說內容非僅有此「定論」的內容 ………………257

　　（三）《定論》無法「直接同」於陽明的某些立教特色 ………259

　二、筆者的判斷方式與「工夫心」的內涵 …………………………259

　　（一）如何以「工夫心」作爲判斷標準 …………………………259

　　（二）另一個「同」的範疇之追尋──「心態與意志」即「工夫
　　　　　心」…………………………………………………………275

　第二節　從「工夫心」反省朱、陸、王三人的「同異」…………281

　一、筆者所判定的朱、陸、王之「工夫心」………………………281

　　（一）「工夫」之各種模式與「工夫心」………………………281

　　（二）朱子之「工夫心」內容 …………………………………283

　　（三）象山之「工夫心」內容 …………………………………288

　　（四）陽明之「工夫心」內容 …………………………………290

　　（五）朱、陸、王三人「工夫心」的總結 ……………………295

　二、以「工夫心」弱化「本源」與「條目」的差異 ………………297

　　（一）「本源」與「條目」於實踐時的地位 …………………297

　　（二）「工夫心」的持續即聖賢──弱化「本源」之異 ……299

　　（三）「工夫心」並非由「條目」可限制──弱化「條目」之異…301

　三、以「工夫心」總結朱陸王之「同」的內涵 ……………………304

　　（一）「工夫心」是三人對「實踐時」的同等堅持 …………304

　　（二）其他之「異」可暫時擱置 ………………………………305

第六章　結　論 ………………………………………………………307

　一、《朱子晚年定論》之總結 ………………………………………307

（一）「同」的內容是儒者共識，但細節上非「同」 ············ 307

（二）「同」的範圍須界定清楚，避免混淆「同」的內涵 ········ 307

（三）「爲求思想上的同」而導致「年代」的細節上出現錯誤 ···· 308

二、「朱陸異同」的相關問題與總結 ························· 308

（一）「同」的範圍界定是關鍵 ·························· 308

（二）爭論史中的問題與釐清 ·························· 309

三、「工夫心」所說的「同」 ····························· 309

（一）有限制的說「同」 ···························· 310

（二）容許其他層面的「異」 ·························· 310

四、本文研究的意義與限制 ····························· 310

（一）《定論》與「朱陸異同爭論史」的釐清有助於理解當時學
者的問題 ·································· 310

（二）「工夫心」是一個新的「求同」基點 ·················· 311

（三）「工夫心」以外的「異」筆者無法求同 ················ 311

參考文獻 ····································· 313

附錄一　朱陸異同爭論史概略 ························· 319

附錄二　朱子之重要年代勾勒 ························· 337

# 第三十冊　朱子學對日本的影響

## 作者簡介

　　陳弘昌，台南師範畢業，國家文學博士。當過小學、高中教員、專科講師、大學副教授、教授。歷任國立台中師範學院語文教育系主任，玄奘大學中文系創系主任。

　　讀師範時，醉心文藝，主編南師青年，執教師院時，曾編過國小國語教科書。致力於台語文研究和創作。主講「語文科教材教法」、「聲韻聲」、「台灣文學」、「中國文學史研討」等課程。著有《藤堂明保之等韻說》、《朱子學對日本的影響》、《國小語文科教學研究》、《大唐西域記詞彙研究》等書。現仍以教學與研究爲樂。

## 提　要

　　本文除前言外，共分六章。並有參考用書目錄、朱子簡易年譜、及中、日

文研究朱子學論文目錄等附錄。

第一章為緒論，用來解說朱子學，內分五節，先解釋朱子學的定義與特色。第二節，述朱子的生平，分家世、為學、仕宦、講學四大項敘述，第三節綜合前人之說，分析朱子學的成因為三：即漢唐學術的反動，佛道兩家思想的衝擊與當時政治社會的自然產物。第四節略述朱子的著作。第五節說明朱子學的內容，分自然哲學、人生哲學、教育哲學與政治哲學四項陳述。

第二章說明朱子學在日本的流傳情形，第一節先就日本儒學的發展概括說明。第二節則述及朱子學傳入日本的各種異說及傳入情形。第三節則述傳入朱子學以後的流傳情形，著重在五山禪僧間的承傳。第四節承第三節而來，分述室町後期的三個朱子學派，特別著重各派代表人物的介紹。

第三章為江戶時代儒學的概略介紹。其第一節先說明朱子學在江戶時代的學術地位，次節則分析其興盛的原因為四：即儒學本身思想的革新、佛教學術的衰頹、適合封建社會需要，及政府的大力提倡。第三、四、五節分別敘述同時儒學各派的梗概。

第四章敘述江戶時代的朱子學派各派特色與代表人物，內分五節，第一節京學派，介紹藤原惺窩以下二十個代表人物，其中林羅山、木下順庵、新井白石、室鳩巢、賴山陽、元田東野等人尤為大家，敘述較詳。第二節海西學派只提了四人，而人人都是卓有成就的學者，尤其貝原益軒更為優秀，敘述亦較多。第三節為海南學派，以谷時中、山崎闇齋、崎門三傑、谷秦山為詳。第四節為大阪學派，以三宅石庵、中井竹山兄弟為詳。第五節為水戶學派，敘其所承，另分三期的主要人物。以朱舜水、德川光、栗山潛峰、德川齊昭、藤田幽谷父子、會澤正志齋諸人為主。

第五章，從各方面探討朱子學對日本的影響。分政治、宗教、學術及其他四節，首節分析出三點，即朱子學在政治促成建武中學，安定德川時代，誘發明治維新，次節談朱子學對日本佛教及日本神道的影響，第三節則敘述朱子學於日本史學、文學與科學的影響，最後敘及朱子學對社會與教育，及日本特有的武士道之影響。

第六章為結論，認為朱子學為日本社會的安定力量，其尊王攘夷與正統觀，使日人對自己本國有信心，而促成明治維新，朱子學成為日本思想根源之一。並對日人善於吸收外來文化，特別注意。並提出應重視名教觀念，應復興朱子學，發揮朱子學長處的意見。

# 目 次

前 言 ······················································································· 1
第一章　緒　論 ········································································· 7
　第一節　何謂朱子學 ································································ 7
　第二節　朱子的生平 ······························································ 11
　第三節　朱子學形成的原因 ····················································· 22
　　一、爲漢唐學術的反動 ·························································· 22
　　二、受佛道兩家思想的衝擊 ···················································· 22
　　三、是當時政治社會的自然產物 ············································· 24
　第四節　朱子的著作 ······························································ 24
　第五節　朱子學概述 ······························································ 28
　　一、自然哲學 ······································································ 29
　　二、人生哲學 ······································································ 30
　　三、教育哲學 ······································································ 32
　　四、政治哲學 ······································································ 35
第二章　朱子學在日本的流傳 ····················································· 37
　第一節　日本儒學的發展 ························································· 37
　第二節　朱子學傳入日本概述 ···················································· 45
　第三節　日本朱子學的流傳 ····················································· 50
　第四節　室町後期的朱子學派 ···················································· 58
　　一、薩南學派 ······································································ 58
　　二、海南學派 ······································································ 61
　　三、博士公卿派 ··································································· 66
第三章　江戶時代儒學概述 ························································· 71
　第一節　朱子學在江戶時代的學術地位 ········································ 71
　第二節　朱子學興盛的原因 ····················································· 76
　　一、儒學本身思想的革新 ······················································ 77
　　二、佛教學術的衰頹 ···························································· 77
　　三、適合封建社會的需要 ······················································ 78
　　四、政府的大力提倡 ···························································· 79
　第三節　古學派的興隆 ···························································· 83

第四節　陽明學派的興起 ……………………………………………… 85

第五節　折衷學派及其他 ……………………………………………… 87

　　一、考證學派 ………………………………………………………… 88

　　二、獨立學派 ………………………………………………………… 88

　　三、心學派 …………………………………………………………… 90

第四章　江戶時代的朱子學派 ………………………………………… 93

第一節　京學派 ………………………………………………………… 94

　　一、藤原惺窩 ………………………………………………………… 94

　　二、林羅山 …………………………………………………………… 98

　　三、松永尺五 ………………………………………………………… 105

　　四、那波活所 ………………………………………………………… 105

　　五、堀杏庵 …………………………………………………………… 105

　　六、木下順庵 ………………………………………………………… 106

　　七、宇都宮遯庵 ……………………………………………………… 107

　　八、榊原篁洲 ………………………………………………………… 108

　　九、新井白石 ………………………………………………………… 108

　　十、室鳩巢 …………………………………………………………… 111

　　十一、雨森芳洲 ……………………………………………………… 114

　　十二、西山拙齋 ……………………………………………………… 115

　　十三、柴野栗山 ……………………………………………………… 117

　　十四、尾藤二洲 ……………………………………………………… 118

　　十五、賴春水 ………………………………………………………… 119

　　十六、安積艮齋 ……………………………………………………… 120

　　十七、賴山陽 ………………………………………………………… 121

　　十八、大橋訥庵 ……………………………………………………… 124

　　十九、楠木端山 ……………………………………………………… 125

　　二十、元田東野 ……………………………………………………… 125

第二節　海西朱子學派 ………………………………………………… 126

　　一、安東省庵 ………………………………………………………… 126

　　二、藤井懶齋 ………………………………………………………… 129

　　三、貝原益軒 ………………………………………………………… 130

四、中村惕齋‧‧‧‧‧‧‧‧‧‧‧‧‧‧‧‧‧‧‧‧‧‧‧‧‧‧‧‧‧‧‧‧‧‧‧‧‧‧‧‧‧‧‧‧‧‧‧134

第三節　海南朱子學派‧‧‧‧‧‧‧‧‧‧‧‧‧‧‧‧‧‧‧‧‧‧‧‧‧‧‧‧‧‧‧‧135

一、谷時中‧‧‧‧‧‧‧‧‧‧‧‧‧‧‧‧‧‧‧‧‧‧‧‧‧‧‧‧‧‧‧‧‧‧‧‧‧‧‧‧‧‧‧136

二、小倉三省‧‧‧‧‧‧‧‧‧‧‧‧‧‧‧‧‧‧‧‧‧‧‧‧‧‧‧‧‧‧‧‧‧‧‧‧‧‧‧136

三、野中兼山‧‧‧‧‧‧‧‧‧‧‧‧‧‧‧‧‧‧‧‧‧‧‧‧‧‧‧‧‧‧‧‧‧‧‧‧‧‧‧137

四、山崎闇齋‧‧‧‧‧‧‧‧‧‧‧‧‧‧‧‧‧‧‧‧‧‧‧‧‧‧‧‧‧‧‧‧‧‧‧‧‧‧‧140

五、岡新之‧‧‧‧‧‧‧‧‧‧‧‧‧‧‧‧‧‧‧‧‧‧‧‧‧‧‧‧‧‧‧‧‧‧‧‧‧‧‧‧‧‧‧145

六、谷一齋‧‧‧‧‧‧‧‧‧‧‧‧‧‧‧‧‧‧‧‧‧‧‧‧‧‧‧‧‧‧‧‧‧‧‧‧‧‧‧‧‧‧‧145

七、黑岩東峯‧‧‧‧‧‧‧‧‧‧‧‧‧‧‧‧‧‧‧‧‧‧‧‧‧‧‧‧‧‧‧‧‧‧‧‧‧‧‧146

八、長澤潛軒‧‧‧‧‧‧‧‧‧‧‧‧‧‧‧‧‧‧‧‧‧‧‧‧‧‧‧‧‧‧‧‧‧‧‧‧‧‧‧147

九、町定靜‧‧‧‧‧‧‧‧‧‧‧‧‧‧‧‧‧‧‧‧‧‧‧‧‧‧‧‧‧‧‧‧‧‧‧‧‧‧‧‧‧‧‧147

十、三宅尚齋‧‧‧‧‧‧‧‧‧‧‧‧‧‧‧‧‧‧‧‧‧‧‧‧‧‧‧‧‧‧‧‧‧‧‧‧‧‧‧148

十一、淺見絅齋‧‧‧‧‧‧‧‧‧‧‧‧‧‧‧‧‧‧‧‧‧‧‧‧‧‧‧‧‧‧‧‧‧‧‧‧151

十二、佐藤直方‧‧‧‧‧‧‧‧‧‧‧‧‧‧‧‧‧‧‧‧‧‧‧‧‧‧‧‧‧‧‧‧‧‧‧‧155

十三、谷秦山‧‧‧‧‧‧‧‧‧‧‧‧‧‧‧‧‧‧‧‧‧‧‧‧‧‧‧‧‧‧‧‧‧‧‧‧‧‧‧157

十四、米川操軒‧‧‧‧‧‧‧‧‧‧‧‧‧‧‧‧‧‧‧‧‧‧‧‧‧‧‧‧‧‧‧‧‧‧‧‧159

十五、鵜飼鍊齋‧‧‧‧‧‧‧‧‧‧‧‧‧‧‧‧‧‧‧‧‧‧‧‧‧‧‧‧‧‧‧‧‧‧‧‧159

十六、鹽田任庵‧‧‧‧‧‧‧‧‧‧‧‧‧‧‧‧‧‧‧‧‧‧‧‧‧‧‧‧‧‧‧‧‧‧‧‧160

十七、川井東村‧‧‧‧‧‧‧‧‧‧‧‧‧‧‧‧‧‧‧‧‧‧‧‧‧‧‧‧‧‧‧‧‧‧‧‧160

十八、深井秋水‧‧‧‧‧‧‧‧‧‧‧‧‧‧‧‧‧‧‧‧‧‧‧‧‧‧‧‧‧‧‧‧‧‧‧‧161

十九、大高坂芝山‧‧‧‧‧‧‧‧‧‧‧‧‧‧‧‧‧‧‧‧‧‧‧‧‧‧‧‧‧‧‧‧‧161

二十、谷一齋門下‧‧‧‧‧‧‧‧‧‧‧‧‧‧‧‧‧‧‧‧‧‧‧‧‧‧‧‧‧‧‧‧‧163

廿一、淺見絅齋門下‧‧‧‧‧‧‧‧‧‧‧‧‧‧‧‧‧‧‧‧‧‧‧‧‧‧‧‧‧164

廿二、尾池存齋‧‧‧‧‧‧‧‧‧‧‧‧‧‧‧‧‧‧‧‧‧‧‧‧‧‧‧‧‧‧‧‧‧‧‧‧165

廿三、谷秦山家學及其門人‧‧‧‧‧‧‧‧‧‧‧‧‧‧‧‧‧‧‧‧‧165

廿四、稻葉迂齋門下‧‧‧‧‧‧‧‧‧‧‧‧‧‧‧‧‧‧‧‧‧‧‧‧‧‧‧‧‧169

廿五、若林強齋‧‧‧‧‧‧‧‧‧‧‧‧‧‧‧‧‧‧‧‧‧‧‧‧‧‧‧‧‧‧‧‧‧‧‧‧170

廿六、古賀精里‧‧‧‧‧‧‧‧‧‧‧‧‧‧‧‧‧‧‧‧‧‧‧‧‧‧‧‧‧‧‧‧‧‧‧‧171

第四節　大阪朱子學派‧‧‧‧‧‧‧‧‧‧‧‧‧‧‧‧‧‧‧‧‧‧‧‧‧‧‧‧‧‧‧‧173

一、五井持軒‧‧‧‧‧‧‧‧‧‧‧‧‧‧‧‧‧‧‧‧‧‧‧‧‧‧‧‧‧‧‧‧‧‧‧‧‧‧‧175

二、三宅石庵‧‧‧‧‧‧‧‧‧‧‧‧‧‧‧‧‧‧‧‧‧‧‧‧‧‧‧‧‧‧‧‧‧‧‧‧‧‧‧175

三、中井甃庵 ......................................................... 176

四、五井蘭洲 ......................................................... 177

五、中井竹山 ......................................................... 178

六、中井履軒 ......................................................... 180

七、富永仲基 ......................................................... 183

八、山片蟠桃 ......................................................... 184

第五節　水戶學派 ................................................. 184

一、北畠親房 ......................................................... 187

二、朱舜水 ........................................................... 187

三、德川光圀 ......................................................... 189

四、安積澹泊 ......................................................... 191

五、栗山潛鋒 ......................................................... 192

六、三宅觀瀾 ......................................................... 194

七、森儼塾 ........................................................... 196

八、立原翠軒 ......................................................... 196

九、德川齊昭 ......................................................... 197

十、藤田幽谷 ......................................................... 199

十一、會澤正志齋 ................................................. 200

十二、藤田東湖 ..................................................... 202

第五章　朱子學對日本的影響 ............................ 205

第一節　政治 ........................................................ 205

一、促成建武中興 ................................................. 205

二、安定德川時代 ................................................. 207

三、誘發明治維新 ................................................. 209

第二節　宗教 ........................................................ 215

一、佛教 ............................................................... 215

二、神道 ............................................................... 221

第三節　學術 ........................................................ 232

一、史學 ............................................................... 232

二、文學 ............................................................... 242

三、科學 ............................................................... 246

  第四節 其他⋯⋯⋯⋯⋯⋯⋯⋯⋯⋯⋯⋯⋯⋯⋯⋯⋯⋯⋯⋯⋯250

   一、社會與教育⋯⋯⋯⋯⋯⋯⋯⋯⋯⋯⋯⋯⋯⋯⋯⋯⋯⋯⋯250

   二、武士道⋯⋯⋯⋯⋯⋯⋯⋯⋯⋯⋯⋯⋯⋯⋯⋯⋯⋯⋯⋯⋯253

第六章 結 論⋯⋯⋯⋯⋯⋯⋯⋯⋯⋯⋯⋯⋯⋯⋯⋯⋯⋯⋯⋯261

參考用書目錄⋯⋯⋯⋯⋯⋯⋯⋯⋯⋯⋯⋯⋯⋯⋯⋯⋯⋯⋯⋯⋯⋯⋯269

附 錄

  附錄一 朱子簡易年譜⋯⋯⋯⋯⋯⋯⋯⋯⋯⋯⋯⋯⋯⋯⋯⋯⋯277

  附錄二 研究朱子學論文目錄⋯⋯⋯⋯⋯⋯⋯⋯⋯⋯⋯⋯⋯287

  附錄三 日本朱子學者代表人物特色一覽表⋯⋯⋯⋯⋯⋯315

  附錄四 朱子學對日本的影響簡表⋯⋯⋯⋯⋯⋯⋯⋯⋯⋯317

# 第三一冊 程端禮與《讀書分年日程》

## 作者簡介

  黃漢昌，台灣省屏東縣人。政治大學中國文學研究所碩士，台灣師範大學教育研究所博士。曾赴美國 PSU 及 UCLA 進修，目前任教於新竹交通大學及清華大學，講授文學導讀、書學與書道、儒家與道家哲學、人生哲學、中文教材教法、教育哲學等科目，著有羅近溪學述、葛琳（Maxine Greene）存在現象學及其在覺醒教育之應用、我國大學通識教育的轉型及其可能途徑、在服務的行動中覺醒、習慣領域之研究——一個教育的觀點等專書及論文，與賈馥茗先生等合譯康德教育學（Vorlesungen über Pädagogik）。

## 提 要

  本論文探究元代儒學教育家程端禮的理學思想及其教學實踐，以了解元代儒學教育的實踐概況，並從當代教學設計的觀點，闡述程氏《讀書分年日程》的意義與價值。作者首先依程端禮的文章、墓誌及地方誌等文獻資料，考證其生平與著作，指出《四庫提要》、《元史》等書的謬誤，其次依端禮《畏齋集》、《讀書分年日程》等相關文章，整理出程端禮的理學思想，指出其與朱熹「性即理」的承繼脈絡，再其次則依《讀書分年日程》，闡述程端禮的教育目標與教學方法（含閱讀、作文、寫字等）。最後則對程端禮讀書法的價值與其意義加以評論。全書共七章，各章要點如下：

  第一章考證家世、生平與著作，指出黃溍所作墓誌的錯誤，辨明《元史》

以他為衢州路儒學教授的誤載，並指明《畏齋集》中明顯誤入的文章，庶研究
不致遭錯誤資料誤導。

　　第二章討論端禮的理學思想，從心性、修養與其人生哲學等方面著手，以
辨明端禮似陸而實朱的理學內涵。

　　第三章論端禮的教育思想，以當代「系統教學設計」為架構，分別就教育
目標、指導原則、教學設計、教學方法等方面加以闡明，並特別指出其所設計
的「日程空眼簿」實有管理與指導的功效。

　　第四章論端禮的閱讀教學，主要以經書句讀及文章批點為討論重點，以說
明元代閱讀教學的一般實況及其特色。

　　第五章論端禮的作文教學，以見出理學家教導作文的特殊立場、取則標準
與教學步驟。並附論其文學思想，兼評《四庫全書》論端禮《畏齋集》之謬誤。

　　第六章論端禮的書法教學，可見出理學家對「藝」與「道」的基本看法，
並從其教材教法中，了解元代寫字教學的概況。

　　第七章論端禮《讀書分年日程》對後代學校教育的影響，先引前賢對程氏
日程的評論，以了解前人對《日程》的評價及該書對元代、明代社學乃至清代
教育的影響，同時分析此影響的形成原因，然後就後人對日程的質疑作出解
釋，最後總結前文，作結論。

# 目　次

第一章　程端禮家世、生平與著作 ………………………………………………… 3
　第一節　家世與生平 …………………………………………………………… 3
　第二節　著作考證 ……………………………………………………………… 9
　　一、《讀書分年日程》 ………………………………………………………… 9
　　二、《畏齋集》 ………………………………………………………………… 11
　　三、其他著作 ………………………………………………………………… 13
第二章　程端禮的理學思想 …………………………………………………… 17
　第一節　程端禮的師承淵源 …………………………………………………… 17
　　一、從朱子到程端禮 ………………………………………………………… 17
　　二、史蒙卿的思想 …………………………………………………………… 18
　第二節　程端禮的思想內涵 …………………………………………………… 22
　　一、心性論 …………………………………………………………………… 22
　　　（一）心統性情 …………………………………………………………… 22

（二）心備萬理 ·······················································24

二、修養論 ······························································26

（一）居敬畏謹 ·······················································26

（二）靜坐調息 ·······················································26

（三）讀書窮理 ·······················································27

三、人生哲學 ···························································29

（一）避甜思苦 ·······················································29

（二）去巧守拙 ·······················································30

（三）棄華取實 ·······················································30

（四）以儒為宗 ·······················································31

（五）明體達用 ·······················································32

第三章　程端禮的教育思想 ···········································35

第一節　教育思想淵源 ···············································35

一、源於朱熹 ···························································35

二、源於史蒙卿 ·······················································38

三、博採各家 ···························································39

第二節　程端禮的教育計劃 ··········································39

一、教育目標 ···························································40

（一）根本目標 ·······················································40

（二）次要目標 ·······················································41

二、指導原則 ···························································43

（一）循序漸進 ·······················································44

（二）熟讀精思 ·······················································44

（三）虛心涵泳 ·······················································44

（四）切己體察 ·······················································44

（五）著緊用力 ·······················································44

（六）居敬持志 ·······················································44

三、教學設計 ···························································45

（一）啓蒙階段 ·······················································45

（二）小學階段 ·······················································45

（三）大學階段 ·······················································48

四、教學方法 ································································· 53

　　（一）有效的教學法 ········································· 54

　　（二）道德實踐的門徑 ····································· 56

五、結語 ··································································· 58

第四章　程端禮的閱讀教學 ································· 61

第一節　論經書批點法 ········································· 61

一、批點經書凡例 ··············································· 61

　　（一）館閣校勘法 ············································ 61

　　（二）勉齋批點四書例 ··································· 62

二、實勉齋例 ························································· 63

三、續補句讀例 ····················································· 64

第二節　論韓文批點法 ········································· 71

一、議論體 ····························································· 71

二、敘事體 ····························································· 75

第五章　程端禮的作文教學 ································· 77

第一節　《四庫全書》論程端禮《畏齋集》 ···· 77

第二節　程端禮的評文標準 ································· 79

一、尊朱子為文家極則 ········································· 79

二、文章須有華有實 ············································· 80

第三節　程端禮的作文教學 ································· 81

一、選取範本 ························································· 81

二、擇篇鈔背 ························································· 82

三、分析文脈 ························································· 82

四、旁及名家 ························································· 82

五、分類指導 ························································· 83

　　（一）史筆文字 ············································· 83

　　（二）應舉文字 ············································· 84

六、答題規格 ························································· 85

七、作文日程 ························································· 87

八、作文要領 ························································· 88

九、進步關鍵 ························································· 88

第六章　程端禮的書法教學⋯⋯⋯⋯⋯⋯⋯⋯⋯⋯⋯⋯⋯⋯⋯⋯⋯91

　第一節　教學目標⋯⋯⋯⋯⋯⋯⋯⋯⋯⋯⋯⋯⋯⋯⋯⋯⋯⋯⋯⋯91

　第二節　教材、教法⋯⋯⋯⋯⋯⋯⋯⋯⋯⋯⋯⋯⋯⋯⋯⋯⋯⋯⋯93

　　一、教材⋯⋯⋯⋯⋯⋯⋯⋯⋯⋯⋯⋯⋯⋯⋯⋯⋯⋯⋯⋯⋯⋯⋯93

　　二、教學法⋯⋯⋯⋯⋯⋯⋯⋯⋯⋯⋯⋯⋯⋯⋯⋯⋯⋯⋯⋯⋯⋯95

　　　（一）筆法⋯⋯⋯⋯⋯⋯⋯⋯⋯⋯⋯⋯⋯⋯⋯⋯⋯⋯⋯⋯⋯95

　　　（二）臨摹⋯⋯⋯⋯⋯⋯⋯⋯⋯⋯⋯⋯⋯⋯⋯⋯⋯⋯⋯⋯⋯98

　　　（三）配合考字與鈔書⋯⋯⋯⋯⋯⋯⋯⋯⋯⋯⋯⋯⋯⋯⋯⋯99

　第三節　程端禮的書學述評⋯⋯⋯⋯⋯⋯⋯⋯⋯⋯⋯⋯⋯⋯⋯⋯99

　　一、書學理論⋯⋯⋯⋯⋯⋯⋯⋯⋯⋯⋯⋯⋯⋯⋯⋯⋯⋯⋯⋯⋯99

　　　（一）評書標準⋯⋯⋯⋯⋯⋯⋯⋯⋯⋯⋯⋯⋯⋯⋯⋯⋯⋯100

　　　（二）學書入門⋯⋯⋯⋯⋯⋯⋯⋯⋯⋯⋯⋯⋯⋯⋯⋯⋯⋯100

　　二、書法成就⋯⋯⋯⋯⋯⋯⋯⋯⋯⋯⋯⋯⋯⋯⋯⋯⋯⋯⋯⋯101

第七章　程端禮對後世的影響⋯⋯⋯⋯⋯⋯⋯⋯⋯⋯⋯⋯⋯⋯⋯105

　第一節　有關《讀書分年日程》的論評⋯⋯⋯⋯⋯⋯⋯⋯⋯⋯105

　第二節　程氏日程影響的成因探討⋯⋯⋯⋯⋯⋯⋯⋯⋯⋯⋯108

　　一、外在因素⋯⋯⋯⋯⋯⋯⋯⋯⋯⋯⋯⋯⋯⋯⋯⋯⋯⋯⋯⋯108

　　二、內在因素⋯⋯⋯⋯⋯⋯⋯⋯⋯⋯⋯⋯⋯⋯⋯⋯⋯⋯⋯⋯110

　第三節　對《讀書分年日程》的質疑與論辯⋯⋯⋯⋯⋯⋯⋯111

　第四節　結　論⋯⋯⋯⋯⋯⋯⋯⋯⋯⋯⋯⋯⋯⋯⋯⋯⋯⋯⋯⋯115

參考書目⋯⋯⋯⋯⋯⋯⋯⋯⋯⋯⋯⋯⋯⋯⋯⋯⋯⋯⋯⋯⋯⋯⋯⋯117

# 羅近溪學述

## 作者簡介

　　黃漢昌，台灣省屏東縣人。政治大學中國文學研究所碩士，台灣師範大學教育研究所博士。曾赴美國 PSU 及 UCLA 進修，目前任教於新竹交通大學及清華大學，講授文學導讀、書學與書道、儒家與道家哲學、人生哲學、中文教材教法、教育哲學等科目，著有羅近溪學述、葛琳（Maxine Greene）存在現象學及其在覺醒教育之應用、我國大學通識教育的轉型及其可能途徑、在服務的行動中覺醒、習慣領域之研究──一個教育的觀點等專書及論文，與賈馥茗先生等合譯康德教育學（Vorlesungen über Pädagogik）。

# 提 要

本論文探討王門泰州學派之羅近溪，凡六章，二十二節，內容大致如下：

第一章、生平與著作——本章分年譜與著作二節，首在辨正古今人所作近溪年譜之謬誤，次則就台灣目前所見近溪之作品略加介紹，其重要考據。

第二章、成學之經過——本章三節，分從學術時代背景，近溪之成學階段與近溪所感之問題三方面討論，旨在考其學術淵源。

第三章、本體論——本章亦分三節，首論宋明儒學之分系，以略爲心體定位；次則詳述近溪之即生即身言心，以明近溪對道體之確指；最後則舉龍溪、念菴與雙江之論心體以與近溪比較，以凸顯近溪論本體之特色。

第四章、工夫論——分「辨志」、「覺悟」等九節，討論近溪對工夫入路之指點。

第五章、近溪學說疏釋——本章三節，一在列舉時人對近溪之懷疑與誤解，二在對此誤解加以疏釋，三則對近溪之其他學說更作疏解，以明確其原意。

第六章、近溪之特色及地位——本章先指點近溪之特色及在王學中之地位，更舉內聖外王之圓境以相對照，以明近溪之不足及其在整個中國儒學中之地位，凡二節。

# 目 次

序 言

第一章　羅近溪之生平與著作……………………………………………1

　第一節　年譜及考證………………………………………………………1

　第二節　著作之考證………………………………………………………7

第二章　近溪成學之經過…………………………………………………11

　第一節　學術時代背景…………………………………………………11

　第二節　近溪成學之階段………………………………………………13

　　一、十有五而定志於張洵水——志學之初階…………………………14

　　二、十七、八歲，觀水鏡以復澄湛之體——靜坐觀心時期…………15

　　三、二十六而正學於顏山農……………………………………………16

　　四、三十四悟易於胡生…………………………………………………17

　　五、三十九歲劇病，舊習悉去，學風完成……………………………19

　第三節　近溪所感之問題………………………………………………20

第三章　近溪之本體論……………………………………………………23

第一節　略論宋明儒之分系 ………………………………………………23

第二節　近溪之即生即身言心 ……………………………………………25

　一、即「生」言心體之創生不已 ………………………………………25

　二、即「身」言心體之自然平常 ………………………………………29

第三節　近溪論心體與龍溪、念菴、雙江之比較 ……………………32

　一、王龍溪之即虛言心 …………………………………………………32

　二、羅念菴與聶雙江之致虛歸寂 ………………………………………33

第四章　近溪之工夫論 …………………………………………………35

第一節　辨志 ………………………………………………………………35

第二節　覺悟 ………………………………………………………………37

第三節　自信 ………………………………………………………………40

第四節　爲學須先得「頭腦」 …………………………………………44

第五節　「當下」爲用工之地 …………………………………………46

第六節　「戒懼」爲入道之首、進德之先 ……………………………50

第七節　「疑」爲進學之階 ……………………………………………52

第八節　怯除光景 …………………………………………………………54

第九節　道中庸 ……………………………………………………………55

　一、以孝弟慈爲實際 ……………………………………………………55

　二、簡易直截 ……………………………………………………………58

　三、渾淪順適、自然平常 ………………………………………………59

第五章　近溪學說疏釋 …………………………………………………63

第一節　時人對近溪之懷疑與誤解 ……………………………………63

　一、混知覺爲良知 ………………………………………………………63

　二、茫然莫可措手 ………………………………………………………64

　三、援禪門以說儒宗 ……………………………………………………65

第二節　對近溪學說若干誤解之疏釋 …………………………………67

　一、良知與知覺 …………………………………………………………68

　二、自律道德與他律道德 ………………………………………………69

　三、下學與上達 …………………………………………………………73

第三節　近溪學說之其他要點 …………………………………………74

　一、論大學與致知格物 …………………………………………………74

　　二、論已發未發、中和、寂感、體用、動靜諸義…………………78

　　三、迷覺一心……………………………………………………80

　　四、近溪之評議宋明儒家………………………………………82

第六章　近溪之特色及其在儒學中之地位………………………………87

　第一節　近溪之特色及在王學中之地位………………………………87

　第二節　近溪在中國儒學中之地位……………………………………92

參考書目…………………………………………………………………97

# 第三二冊　曹端理學思想研究

## 作者簡介

　　徐銘謙，民國 69 年生，臺灣臺北市人。91 學年畢業於銘傳大學應用中國文學系，後以周志煌教授所指導的《曹端理學思想研究》論文取得 95 學年銘傳大學應用中國文學系碩士學位。現為 99 學年中央大學中國文學系博士班四年級生。目前研究興趣為宋代學術史、以及北宋禪宗與政治社會等相關議題。

## 提　要

　　本文以探討、評述明初曹端理學思想為主要內容。首先藉由掌握明初理學的開局，包含元代折衷朱陸的學術傾向，以論述曹端理學中的思想層面。就其理氣論而言，主要是太極動靜的問題，除了明白曹端理學的一些基本觀念，並與朱熹的看法做分析比較。其次討論「孔顏樂處」，這是屬於曹端論仁的部分，透過整理周敦頤、二程、朱熹以來的說法，藉以明曹端之所承、以及在此議題上的貢獻。再次，闡述曹端的事心之學，此進德工夫之大旨在「誠」與「敬」，同樣也可從二程、朱熹之處見曹端工夫論銜接前儒的軌跡。

　　在道德實踐方面，本文將曹端著作、及其他文獻資料所記載的生平事跡，歸納出「躬行篤實」、「義理之教」、與「異端之辨」等三大要目。第一從曹端篤實的個性與學術性格立說；第二從曹端對後學子弟的教育來論述；最後是曹端對佛老的批駁，這一點可說是整體實踐中最為鮮明的部分。

　　曹端理學帶給後學之貢獻，以薛瑄、胡居仁、羅欽順、王廷相等人為論述焦點，藉由檢視各家理氣論以刻劃出清晰的影響脈絡。其次討論兩岸學者的研究成果，比較各說異同，並進一步釐清曹端理學思想內涵。

　　最後，透過本文研究成果的統整，以見曹端理學思想的研究價值與未來展望，進而提昇學界對曹端的關注。

# 目　次

自　序
第一章　緒　論 ………………………………………………………………………… 1
　第一節　問題的提出 ……………………………………………………………… 1
　第二節　研究方法與步驟 ……………………………………………………… 3
　第三節　前賢研究成果略論 ……………………………………………………… 7
第二章　曹端與明初理學發展概況 ……………………………………………… 11
　第一節　從元代的折衷朱陸到明初朱學的官學化 ……………………… 11
　　一、元代的過渡時期——折衷朱陸 ………………………………………… 11
　　二、明初朱學的官學化 ……………………………………………………… 13
　第二節　《五經大全》、《四書大全》、與《性理大全書》的編成 ……… 15
　　一、《五經大全》的部分 …………………………………………………… 16
　　二、《四書大全》的部分 …………………………………………………… 19
　　三、《性理大全書》的部分 ………………………………………………… 19
　第三節　明初理學家與曹端小傳 …………………………………………… 20
　　一、明初的理學家 …………………………………………………………… 20
　　二、曹端小傳 …………………………………………………………………… 24
第三章　曹端的理氣論 …………………………………………………………… 29
　第一節　太極動靜 …………………………………………………………………… 29
　第二節　孔顏樂處 …………………………………………………………………… 37
　第三節　事心之學 …………………………………………………………………… 45
　　一、主敬 ………………………………………………………………………… 48
　　二、存誠 ………………………………………………………………………… 50
第四章　曹端理學思想之實踐 …………………………………………………… 53
　第一節　躬行篤實 ………………………………………………………………… 53
　第二節　義理之教 ………………………………………………………………… 59
　　一、觀聖賢氣象 ……………………………………………………………… 59
　　二、家規族訓的訂立 ………………………………………………………… 61
　第三節　異端之辨 ………………………………………………………………… 67

第五章　曹端理學對明儒之影響⋯⋯⋯⋯⋯⋯⋯⋯⋯⋯⋯⋯⋯77

　　第一節　理氣一體的內涵發展⋯⋯⋯⋯⋯⋯⋯⋯⋯⋯⋯79

　　　一、薛瑄⋯⋯⋯⋯⋯⋯⋯⋯⋯⋯⋯⋯⋯⋯⋯⋯⋯⋯79

　　　二、胡居仁⋯⋯⋯⋯⋯⋯⋯⋯⋯⋯⋯⋯⋯⋯⋯⋯⋯82

　　第二節　從理本論走到氣本論⋯⋯⋯⋯⋯⋯⋯⋯⋯⋯⋯84

　　　一、羅欽順⋯⋯⋯⋯⋯⋯⋯⋯⋯⋯⋯⋯⋯⋯⋯⋯⋯84

　　　二、王廷相⋯⋯⋯⋯⋯⋯⋯⋯⋯⋯⋯⋯⋯⋯⋯⋯⋯87

第六章　近人研究曹端理學之相關議題辨析⋯⋯⋯⋯⋯⋯⋯91

　　第一節　關於曹端〈辨戾〉一文的探討⋯⋯⋯⋯⋯⋯⋯91

　　第二節　關於曹端心性論的探討⋯⋯⋯⋯⋯⋯⋯⋯⋯⋯97

　　　一、論心⋯⋯⋯⋯⋯⋯⋯⋯⋯⋯⋯⋯⋯⋯⋯⋯⋯⋯97

　　　二、論性⋯⋯⋯⋯⋯⋯⋯⋯⋯⋯⋯⋯⋯⋯⋯⋯⋯100

　　第三節　關於曹端工夫論的探討⋯⋯⋯⋯⋯⋯⋯⋯⋯104

　　第四節　關於曹端影響後學的探討⋯⋯⋯⋯⋯⋯⋯⋯106

　　第五節　關於孔顏樂處及其他議題的探討⋯⋯⋯⋯⋯110

　　　一、孔顏樂處⋯⋯⋯⋯⋯⋯⋯⋯⋯⋯⋯⋯⋯⋯⋯110

　　　二、其他議題的討論⋯⋯⋯⋯⋯⋯⋯⋯⋯⋯⋯⋯111

第七章　結　論⋯⋯⋯⋯⋯⋯⋯⋯⋯⋯⋯⋯⋯⋯⋯⋯⋯117

本文主要參考書目⋯⋯⋯⋯⋯⋯⋯⋯⋯⋯⋯⋯⋯⋯⋯⋯129

附錄　劉蕺山對太極的詮釋⋯⋯⋯⋯⋯⋯⋯⋯⋯⋯⋯⋯139

# 第三三冊　王陽明「致良知」方法論之研究

## 作者簡介

　　黃信二，中原大學通識中心副教授。近年研究主題在中國哲學之當代詮釋方法，以及儒家哲學。近年主要著作：《哲學表達及其基礎中國哲學研究之新思維》（台北：理得出版社，2005）。《陸象山哲學研究》（台北：秀威資訊，2009）。

## 提　要

　　在今日陽明學研究成果已達千巖競秀與萬壑爭流之際，本書具有下列特色：

一、本書寫作目標，本於「以方法控馭材料」，以及「以思想導引文本」之信念；而不將重心置於堆砌國內外「陽明研究史」之資料。即本書提供一方法性之研究模型，可使讀者在各種自身研究主題中，藉由此例以發展自身方法論，以詮釋中國哲學。

本書在《中庸》修養論觀點下，藉由三個新概念的設定，建立一新範疇以詮釋陽明學。第一個概念是「中和式自然動力」，另外二者是「人自體」與「中庸的道德心境」。提出此三概念，目標在試圖透過一方法性設定，以對陽明精神有較精準之掌握，而不至滑出致良知學之精義。

當然，本書亦對二手資料進行研究比較，其目標在於檢擇後用以支持本書論點；全書焦點置於此一新方法遭遇各項命題時之解決過程。本書之目標，一方面論證此一新範疇詮釋陽明學的合理性；另一方面，亦試圖提出新方法，使之能合理地論述陽明精神，同時，又能藉由此一過程，賦予古典之學新時代的意義。

二、在方向上，全書從《中庸》的觀點，「集中」且「多面向」探討陽明致良知體系之建立精神。

（一）「集中」：主要是使本書分析，朝向觀察陽明如何以擴大對「心」之詮釋，處理其時代（宋明理學）之重要議題。其哲學意義在於指出，陽明如何以自身方式處理歷史，從明代返觀宋代，以古鑑今；他更新各種當時的學術「術語」之方法與歷程，值得今日欲為儒學注入新生命力者參酌。

（二）「多面向」：包含主觀與客觀二方向，主要是指本書一方面著重在呈顯陽明主觀之基本立場；另一方面，則從與陽明同期之學者、王門後學諸子，以及當代新儒家的發展（以牟宗三先生為例），從客觀外在，分析陽明致良知哲學方法之後續發展與影響。

三、對「古、今之陽明學」研究成果加以評析

就視野廣度而言，本書採取了歷史研究法，從明代陽明同期學者與後期王門諸子的論點，考察致良知學的發展。另外，本書亦採取分類與比較法，從《中庸》修養論的觀點，對目前「陽明學」與「致良知方法」之學界研究成果160筆資料，以宏觀與縱攝的方法，從「研究陽明論著類型分析」與「致良知教研究成果檢討」二個角度進行反省，以宏觀的方式探討研究陽明學之各種方法，輔以縱攝的方法融會各家見解，以整合前人意見，做為本書之研究基礎。

四、對「明德與親民」觀念進行現代之詮釋

本書新概念中所設定的「人自體」即良知自體，其目的在說明此一承擔、面對他人，以及遭遇歷史與社會過程之「主體」。陽明強調「就自己心地良知良能上體認擴充」，即是強調對人自身「主體」的考驗。以現代觀點而言，陽明對「心」的強調實即是對今日「人心」鍛鍊的要求與更高責任之付託。再回顧人心之存在場域——歷史與文明，在本國之歷史文化與各種區域性文明交衝之際，人們如何因勢利導，借用「自身危機」以反省「現代文明」的危機，並尋求人類文明的出路；此一使區域成爲全球，使個別成爲普遍的作法，以及使個案危機成爲普世轉機的哲學企圖，即成爲當前中國哲學的任務，亦是「明德與親民」觀念之現代詮釋。

五、重新詮釋「四句教」之內容

在「四句教」的研究過程中，本書認爲四句教爲徹上徹下，適合各種資質學生的工夫方法。其中的「一無」是指「無善無惡是心之體」所指稱的本體；此即王龍溪所據以理解之出發點。從正面而言，這是陽明更有進於先儒之說者，它一方面承認「心」兼有善端與不善端之表現，另一方面則解構了「心」之文字觀念，使理解者無法以「正反」或「善惡」論心；同時亦可在文字外之上一層次中，自善其善兼惡其惡。從反面思考，「一無」的提出亦是後來陽明被指責爲「掃善惡以空念」的原因；因爲「一無」非常容易使學者產生誤解，使後學僅空有「掃善惡以空念」之自負，但欠缺一股戒懼努力之工夫，自以爲其「良知心體」與「道德價值」無關。

本書雖指出此一弊端，然而，從另一角度言，這亦是理解者自身思辨方式的問題，因爲「一無」之說本不困擾陽明。本書認爲「只有哲學家才能眞正的理解另一位哲學家的內心」，後人的詮釋與批評，對眞具原創性之哲學家而言，不過是社會性之學術活動，它與眞正的哲學心靈是處於完全不同的層次。此一分析並非斷論，而是一如陽明自身之言：「若論聖人大中至正之道，徹上徹下，只是一貫，更有甚上一截，下一截？」這是陽明明白之言，反對孤立文字概念式（上一截，下一截）的分析，他又說：「學者亦須是知得心之本體，亦元是如此，則操存功夫，始沒病痛」。換言之，詮釋上的種種阻礙，很可能是讀者自身未能識得「本體」，而後在「操存」中所衍生之各種文字性弊端。

簡言之，陽明曾經設法使先秦經典，經由適當之詮釋而活化，此即其透過窮天理之極，而爲其良知學說覓得源頭活水的論證過程。本書亦強調王學之創造精神，故運用《中庸》揭示的天命觀，開發其中所蘊含的中和式自然動力，

分析其在「知」與「行」之間,「物理」與「吾心」如何不再一分爲二,並能統收於本書所設定的「人自體」運作中;使得人於修養過程中,一方面能進入中國哲學的道德心境,「還原」道德之創生義,另一方面,亦能同時以之「保障」道德之規範義與應用義。

　　本書全面地以「方法意識」爲操作文獻之軸心,主要目的在於提供一種觀「看」的眼睛,正如陽明致良知教所強調的──找到一工夫的「實下手處」,一方面使哲學家之原創精神再現;另一方面,本書更希望思考儒家心性之學在當代的新方向,如何納能入區域現況與全球思潮,使儒學能眞正地、務實地引導社會並有益人心,本書認爲這將是中國哲學今後必須深度思考之課題。

## 目　次

緒　論 ································································ 1
前　言 ································································ 1
　　壹、「致良知」方法之意義 ································ 1
　　貳、本書寫作目標 ········································· 4
　　參、文獻處理與研究方法 ································ 5
第一章　觀念的嘗試與當前研究成果之反思 ··········· 9
　　第一節　致良知詮釋方法新探:從「《中庸》修養論」的觀點 ·· 9
　　　　壹、新詮釋範疇的緣起:歷史的觀點 ·········· 10
　　　　貳、新詮釋範疇的建構 ····························· 11
　　　　參、新詮釋範疇的內容 ····························· 15
　　　　肆、新詮釋範疇的特性、優點與應用 ·········· 22
　　第二節　當代研究陽明論著類型分類與檢討 ······ 24
　　　　壹、對當代陽明學研究成果之分類 ·············· 25
　　　　貳、對當代陽明學研究成果之分析與考察 ····· 26
　　　　參、歸納與反思 ···································· 41
　　第三節　當代「致良知教」研究成果分類與檢討 ·· 44
　　　　壹、「良知」的定義與類型 ······················· 44
　　　　貳、對當代「致良知教」研究成果之分析與考察 ·· 46
　　　　參、歸納與反思 ···································· 61
　　結語 ··························································· 66
第二章　陽明致良知方法之基礎 ·························· 67

第一節　陽明哲學的主要精神——千思萬慮只是要致良知 …………… 67

　　壹、良知即天理 …………………………………………………… 67

　　貳、致良知教之精神 ……………………………………………… 78

第二節　陽明「心」觀念之歷史溯源 ……………………………… 85

　　壹、孟子之「心」 ………………………………………………… 86

　　貳、象山之「心」 ………………………………………………… 94

　　參、陽明心學之歷史背景 ……………………………………… 101

　　肆、陽明心學要義 ……………………………………………… 108

第三節　致良知方法之進路：心即性、性即理 ………………… 114

　　壹、方法與進路 ………………………………………………… 115

　　貳、從「《中庸》修養論」的觀點：論心即性，性即理 …… 117

　結語 ………………………………………………………………… 122

第三章　陽明致良知方法之建立 ………………………………… 123

第一節　知行合一與誠意之教 …………………………………… 123

　　壹、知行合一之宗旨 …………………………………………… 124

　　貳、知行合一之工夫 …………………………………………… 126

　　參、誠意之教的內涵：格物與格心 ………………………… 130

　　肆、誠意之教的結構為一開放與還原的系統 ……………… 141

第二節　致良知之教 ……………………………………………… 146

　　壹、「致良知教」的三元結構分析：《中庸》修養論觀點 … 146

　　貳、「致良知」哲學的利弊分析 ……………………………… 152

第三節　四句教 …………………………………………………… 162

　　壹、「四句教」之內涵 ………………………………………… 163

　　貳、錢緒山與王龍溪之論學 ………………………………… 170

　　參、從良知與心體之開放與還原結構——分析「心外無理、心外無

　　　　事、心外無物」 …………………………………………… 179

　結語 ………………………………………………………………… 186

第四章　陽明同期學說之爭論及其致良知方法之發展與影響 … 187

第一節　王學同期反陽明學說之論爭 …………………………… 188

　　壹、湛甘泉：隨處體認天理 ………………………………… 188

　　貳、羅整菴：通天地亙古今，無非一氣 …………………… 198

　　　參、王廷相：理根於氣 ⋯⋯⋯⋯⋯⋯⋯⋯⋯⋯⋯⋯⋯⋯⋯⋯ 209

　　第二節　王門諸子對陽明《中庸》觀點之闡釋及其會通之道 ⋯⋯⋯ 217

　　　壹、鄒東廓的戒懼之學 ⋯⋯⋯⋯⋯⋯⋯⋯⋯⋯⋯⋯⋯⋯⋯⋯ 219

　　　貳、歐陽南野自慊獨知之學 ⋯⋯⋯⋯⋯⋯⋯⋯⋯⋯⋯⋯⋯⋯ 224

　　　參、王塘南的透性研幾說 ⋯⋯⋯⋯⋯⋯⋯⋯⋯⋯⋯⋯⋯⋯⋯ 232

　　　肆、胡廬山心造天地萬物說 ⋯⋯⋯⋯⋯⋯⋯⋯⋯⋯⋯⋯⋯⋯ 238

　　第三節　當代新儒家對陽明學的發展：以牟宗三思想為例之考察 ⋯ 244

　　　壹、以牟宗三為例統觀當代新儒家受陽明學影響之要點 ⋯⋯⋯ 245

　　　貳、從《中庸》修養論觀點檢視牟宗三先生之方法論 ⋯⋯⋯⋯ 252

　　結語 ⋯⋯⋯⋯⋯⋯⋯⋯⋯⋯⋯⋯⋯⋯⋯⋯⋯⋯⋯⋯⋯⋯⋯⋯ 264

　第五章　結　論 ⋯⋯⋯⋯⋯⋯⋯⋯⋯⋯⋯⋯⋯⋯⋯⋯⋯⋯⋯⋯ 267

　主要參考書目 ⋯⋯⋯⋯⋯⋯⋯⋯⋯⋯⋯⋯⋯⋯⋯⋯⋯⋯⋯⋯⋯ 275

# 第三四冊　湛甘泉理學思想之研究

## 作者簡介

　　賴昇宏，中國文化大學中國文學研究所博士班畢業，現兼任中國文化大學、中原大學助理教授。主要研究有《禮記》、宋明理學等，撰有《禮記》氣論思想研究、《湛甘泉理學思想研究》等專著。另有單篇論文〈論呂氏春秋〈十二紀〉之公義〉、〈《禮記·禮運》論人之氣性義〉等。

## 提　要

　　本文宗旨主要在論述甘泉理學思想，由於甘泉所處乃明代中期新舊思潮交替的時期，且甘泉早年深受朱學薰陶，青年受教於白沙，並與陽明交甚篤的學術背景，使得甘泉的理學呈現出多元思潮影響的豐富內涵。但也使其理學思想的特色不易透顯，而增加了為其學定位的困難度，本文即嘗試突破以上的困境而提出：

　　第一章、諸論：主要論述為學方法與目的，及其困難之處。

　　第二章、學思歷程與時代思潮：先述甘泉生平與師友交遊，再由時代思潮的變化，藉由理氣與心性兩股時代的思潮趨勢，以概括甘泉思想所處之時代背景，並作為甘泉思想定位的兩個座標。

　　第三章、理氣論：分析甘泉理氣論的特色，並探討其「理氣合一」說。

第四章、心性論：分析甘泉在心性論上的主張，並提出「心性氣合一」的理論模型。

第五章、修養論：說明甘泉「隨處體認天理」的宗旨與內涵，以及如何由認知心的爲學路徑，透過「勿忘勿助之間」的工夫，以轉化作德性心的天理過程。

第六章、甘泉學的定位與價值：藉由甘泉學對白沙學的融會與轉向，觀察甘泉與江門心學的傳承關係；由甘泉學對朱學的吸收與修正，釐清甘泉與朱學的轇轕；由甘泉與王學的比較，了解其間的異同，以得其在時代思潮中的定位與貢獻。其次，再論及甘泉學的傳承，與其後學對王門的針砭，復對應於晚明「朱、王合流」思潮的啓發與開拓，以明甘泉學在「朱王會通」這一議題，所取得的成就。最後，甘泉學對於認知心與德性心的轉化，這一論題上的嘗試，則有其今日的時代意義。

第七章、結論：比較甘泉學與朱學、王學的異同，以得其「心性氣合一」之學的特色，由其完整的體系與獨特的工夫主張，實乃自成一家之言，而與上述兩家皆有別，是當視作一獨立學派來看待。由時代思潮的演變上說，則甘泉、白沙與陽明，可說是針對朱學之弊而生的三種不同的心學型態，表示明代由朱學以至於王學這一思潮的變化，其間是呈現多元的百家爭鳴的局面，這是研究明代理學演變時，值得我們注意的現象。

此外，甘泉學本身亦有其缺陷處，如對「中正」之義的無所據，對「勿忘勿助」之說的不能自圓其說等皆是。但其理論本身，仍表現出豐富的時代色彩，有助於我們進一步研究明代中期這段理學思潮的變化過程。

## 目　次


序

第一章　緒　論……1

　第一節　研究動機與目的……1

　第二節　研究之困難處……2

　第三節　研究方法……3

第二章　學思歷程與時代思潮……5

　第一節　甘泉之生平……5

　　一、早年的學業……5

　　二、從學白沙，傳承江門……5

（一）悟「隨處體認天理」之旨 ················· 5

（二）傳承江門 ···································· 6

三、隱居西樵時期 ····································· 7

四、仕途的復起 ······································· 9

五、晚年之論學 ······································ 10

第二節　甘泉之師友論交與著作 ··············· 12

一、白沙的影響 ····································· 12

二、與陽明及諸儒的論交 ··························· 14

三、甘泉著作 ······································· 18

第三節　時代思潮的演變 ························· 19

一、篤實踐履的學風 ································· 19

二、理氣論的修正 ··································· 21

（一）明初諸儒理氣論的反省 ················· 21

（二）明中諸儒理氣論的修正 ················· 24

三、心性論的轉變 ··································· 27

（一）明初諸儒的心學氣象 ··················· 27

（二）白沙的心學先驅 ······················· 29

（三）陽明心學的建立 ······················· 30

四、兩股思潮的激盪 ································· 32

（一）諸儒對陽明的批評 ····················· 32

（二）陽明的回應 ··························· 33

第四節　甘泉學的背景與定位 ················· 34

第三章　理氣論 ······································ 37

第一節　渾然宇宙一氣 ························· 37

一、氣化流行、與道爲體 ··························· 37

二、由氣之實有反對佛老 ··························· 38

三、萬物一體於氣 ··································· 39

第二節　以天理爲頭腦 ························· 40

一、以天理爲頭腦 ··································· 40

二、由生理生意處見天理 ··························· 41

三、天理無內外心物之別 ··························· 41

四、天理即自然 ……………………………………………… 42

第三節　理氣合一 …………………………………………… 43

一、理不離氣 ………………………………………………… 43

二、氣之中正爲理 …………………………………………… 44

三、「理氣合一」說的論難與比較 ………………………… 46

（一）甘泉與欽順之論辨 ………………………………… 46

（二）欽順與陽明之「理氣合一」說 …………………… 47

（三）三家「理氣合一」說之比較與意義 ……………… 49

第四章　心性論 ……………………………………………… 53

第一節　形氣之知覺曰心 …………………………………… 53

一、氣之知覺曰心 …………………………………………… 53

二、心者體物而不遺 ………………………………………… 54

三、心之虛靈不昧 …………………………………………… 56

第二節　氣之中正曰性 ……………………………………… 57

一、性即理 …………………………………………………… 57

二、氣之中正曰性 …………………………………………… 58

第三節　心性之辨 …………………………………………… 59

一、人心道心之辨 …………………………………………… 59

二、池水清光之辨 …………………………………………… 61

三、心之生理曰性 …………………………………………… 62

第四節　心性氣的三分與合一 ……………………………… 64

一、心性氣三分 ……………………………………………… 64

二、心性氣合一 ……………………………………………… 65

第五節　甘泉「心性論」的比較與意義 …………………… 66

第五章　修養論 ……………………………………………… 69

第一節　立志 ………………………………………………… 69

一、志於天理 ………………………………………………… 69

二、學問思辨之功 …………………………………………… 70

第二節　煎銷習心 …………………………………………… 71

一、寡欲 ……………………………………………………… 72

二、全放下 …………………………………………………… 73

第三節　隨處體認天理 …………………………………………………… 74

一、勿忘勿助之間 ………………………………………………… 76

（一）存中以應外、制外以養中 ………………………… 77

（二）知幾 ………………………………………………… 77

（三）自然 ………………………………………………… 78

（四）甘泉與陽明就「勿忘勿助」與「必有事焉」的論辨 …… 79

二、執事敬 ………………………………………………………… 81

（一）敬義合一 …………………………………………… 81

（二）執事敬 ……………………………………………… 83

（三）與朱、王二家的比較 ……………………………… 83

三、知行並進與合一 ……………………………………………… 85

四、格物義的論辨 ………………………………………………… 87

（一）甘泉格物說 ………………………………………… 87

（二）與陽明的論辨 ……………………………………… 89

第四節　對白沙工夫的融會與轉向 ……………………………………… 91

一、矯白沙近禪之譏 ……………………………………………… 91

二、對白沙功夫的融會與轉向 …………………………………… 92

第五節　甘泉修養論的特色與缺陷 ……………………………………… 94

一、融會朱、王之學的特色 ……………………………………… 94

二、「勿忘勿助之間」的疑義 …………………………………… 94

第六章　甘泉學的定位與價值 …………………………………………… 97

第一節　甘泉對白沙學的發展與轉向 …………………………………… 97

一、天道論的建立 ………………………………………………… 97

二、心性論的分解與渾合 ………………………………………… 98

三、「道問學」的新方向 ………………………………………… 99

第二節　甘泉對時代的回應 ……………………………………………… 99

一、朱學之困境 …………………………………………………… 99

二、甘泉對朱學的修正 …………………………………………… 100

（一）理氣論的新義 ……………………………………… 100

（二）心性氣合一的補充 ………………………………… 101

（三）「執事敬」的發揮 ………………………………… 101

三、諸儒對朱學的修正 ·············································· 102

　　（一）「理氣合一」的趨勢 ··································· 102

　　（二）「心即理」的主張 ····································· 103

四、甘泉之學在時代中的定位 ···································· 104

　　（一）湛學與王學的比較 ····································· 104

　　（二）自成一家之言 ········································· 105

第三節　甘泉學的傳承與價值 ······································ 107

一、傳承的多變與偏向 ············································ 107

　　（一）呂懷 ················································· 108

　　（二）何遷 ················································· 108

　　（三）洪垣 ················································· 109

　　（四）唐樞 ················································· 110

二、對王學流弊的針砭 ············································ 112

　　（一）龍溪 ················································· 112

　　（二）泰州 ················································· 113

三、晚明「朱、王合流」的思潮 ···································· 114

　　（一）高攀龍 ··············································· 115

　　（二）劉宗周 ··············································· 116

四、由「朱、王合流」再論甘泉學 ·································· 118

　　（一）「氣之中正」之補偏救弊 ······························ 118

　　（二）心性義的轉化 ········································· 118

　　（三）工夫義的會通 ········································· 119

第四節　義理的衡定 ·············································· 120

一、「氣之中正」的疑義 ·········································· 120

二、認知心與德性性轉化的疑義 ···································· 121

第七章　結　論 ·················································· 125

第一節　甘泉學的思想特色 ········································ 125

第二節　甘泉學的時代意義 ········································ 127

第三節　影響與啓發 ·············································· 130

參考書目 ························································ 133

附錄　論《呂氏春秋》十二紀之「公」義 ···························· 137

# 第三五冊　羅欽順、王廷相、吳廷翰自然氣本論研究

## 作者簡介

許錦雯

學歷：政大中文系、政大中文所畢（2005 年）

經歷：國立海洋大學通識課程教師、基隆市立暖暖高級中學國文科教師

## 提　要

明代中期羅欽順、王廷相、吳廷翰的哲學型態爲自然氣本論，此一哲學強調「理在氣中」、「理在事中」、「理在情中」。他們一方面要從朱子理學對傳統經典的強勢詮釋中掙脫出來，另一方面又要與新興崛起的陽明學勢力展開論戰。在這雙重的學術壓力氛圍之下，他們辛苦地逐漸走出一條嶄新的路途！

自然氣本論學者認爲日用倫常中的規則即是天理流行的結果。但此一型態的哲學並不能視爲是「他律」的道德哲學，因爲他們的工夫實踐仍是要合內外之道的。他們要將內在的道德良知〔此良知是有限度的道德直覺，是屬於弱性的良知〕與外在的聖人禮教，在兩者相互的權衡中來逐步實踐的。明清的自然氣本論者是主張「人性向善論」的，而此一性善論與孟子的「人性本善論」是有差異的。

羅欽順、王廷相、吳廷翰可說是自然氣本論哲學的發端，而此哲學型態最成熟、典型的代表人物即是清代的戴震。所以，戴震此類型重智傾向哲學家之出現，並非是突然的，他仍然可在明清哲學的脈絡中來看出其端倪的。而羅、王、吳此哲學型態不僅影響中國後學而已，他們甚至影響到日本、韓國的學術發展。因此，筆者認爲此時對明清氣本論學者給予正面的肯定與積極的評價，是極具其正當性及合理性的！

## 目　次

第一章　緒　論 …………………………………………………………… 1
　第一節　研究的動機與目的 …………………………………………… 1
　第二節　前人研究成果 ………………………………………………… 13
　　一、相關研究文獻的探討 …………………………………………… 13
　　二、對羅欽順、王廷相、吳廷翰的定位 …………………………… 20
第二章　元氣本體論 ……………………………………………………… 23
　第一節　元氣本體之特質 ……………………………………………… 23

一、「元氣爲天地萬物之祖」：元氣之終極性……………………………23

二、「元氣無息」：元氣之能動性……………………………………………28

三、「萬物之生即氣之所爲」：元氣之創生性………………………………30

第二節　對「太極」的重新詮解………………………………………………33

一、羅欽順的觀點：太極指向「氣中之理」的規律義……………………33

二、王廷相、吳廷翰的觀點：太極指向「元氣」的本體義………………36

第三節　世界的圖像：從元氣造化的過程談起……………………………40

一、羅欽順、吳廷翰「易有太極，是生兩儀」的宇宙生成模式…………40

二、王廷相從「元氣種子說」來建構宇宙生成的次序……………………43

三、附錄：與漢儒宇宙生成論之比較──以《淮南子》爲例……………46

第四節　結　語………………………………………………………………49

第三章　根於元氣的心性論…………………………………………………51

第一節　性即氣即生…………………………………………………………52

一、「以氣釋性」：元氣爲道德價值之根源…………………………………52

二、「無生則性不見」：從已生來論性………………………………………56

三、氣質之性與義理之性的合一……………………………………………58

第二節　性善惡論……………………………………………………………61

一、羅欽順：性善是理一，性有善有不善是分殊…………………………61

二、王廷相：元氣有善有惡，故人性有善有惡……………………………63

三、吳廷翰：「以生言性乃性之本旨」的性善說…………………………68

四、綜論自然氣本論者的「人性向善論」…………………………………70

第三節　自然氣本論下的「心」、「性」與「情」…………………………73

一、心性之辨：羅欽順、吳廷翰的觀點……………………………………74

二、心性情一貫：王廷相的觀點……………………………………………79

三、對舊道德的鬆動：自然氣本論者對「情與欲」的安頓………………81

第四節　結　語………………………………………………………………84

第四章　工夫論的實踐歷程…………………………………………………87

第一節　涵養：對自我生命的初步安頓……………………………………88

一、羅欽順：以操代敬………………………………………………………89

二、王廷相：澄思寡欲………………………………………………………92

三、吳廷翰：戒愼寡欲………………………………………………………94

　　第二節　察識：對「氣中之理」的追求‧‧‧‧‧‧‧‧‧‧‧‧‧‧‧‧‧‧‧‧‧‧97

　　　一、自然氣本論者對「格物」的詮解‧‧‧‧‧‧‧‧‧‧‧‧‧‧‧‧‧‧‧97

　　　二、重智的傾向：提高「道問學」的地位‧‧‧‧‧‧‧‧‧‧‧‧‧‧‧104

　　第三節　習與性成‧‧‧‧‧‧‧‧‧‧‧‧‧‧‧‧‧‧‧‧‧‧‧‧‧‧‧‧‧‧‧‧‧‧‧118

　　　一、「定性」的實踐‧‧‧‧‧‧‧‧‧‧‧‧‧‧‧‧‧‧‧‧‧‧‧‧‧‧‧‧‧118

　　　二、變化氣質：內在化的「禮」之呈顯‧‧‧‧‧‧‧‧‧‧‧‧‧‧‧127

　　第四節　結　語‧‧‧‧‧‧‧‧‧‧‧‧‧‧‧‧‧‧‧‧‧‧‧‧‧‧‧‧‧‧‧‧‧‧‧‧131

第五章　結　論‧‧‧‧‧‧‧‧‧‧‧‧‧‧‧‧‧‧‧‧‧‧‧‧‧‧‧‧‧‧‧‧‧‧‧‧‧‧‧135

　　第一節　羅欽順、王廷相、吳廷翰的哲學價值‧‧‧‧‧‧‧‧‧‧‧135

　　　一、理氣論方面‧‧‧‧‧‧‧‧‧‧‧‧‧‧‧‧‧‧‧‧‧‧‧‧‧‧‧‧‧‧‧135

　　　二、心性論方面‧‧‧‧‧‧‧‧‧‧‧‧‧‧‧‧‧‧‧‧‧‧‧‧‧‧‧‧‧‧‧137

　　　三、工夫論方面‧‧‧‧‧‧‧‧‧‧‧‧‧‧‧‧‧‧‧‧‧‧‧‧‧‧‧‧‧‧‧142

　　第二節　明代中期自然氣本論者對後來學者的影響‧‧‧‧‧144

　　　一、理氣論方面‧‧‧‧‧‧‧‧‧‧‧‧‧‧‧‧‧‧‧‧‧‧‧‧‧‧‧‧‧‧‧144

　　　二、心性論方面‧‧‧‧‧‧‧‧‧‧‧‧‧‧‧‧‧‧‧‧‧‧‧‧‧‧‧‧‧‧‧146

　　　三、工夫論方面‧‧‧‧‧‧‧‧‧‧‧‧‧‧‧‧‧‧‧‧‧‧‧‧‧‧‧‧‧‧‧150

　　第三節　結　語‧‧‧‧‧‧‧‧‧‧‧‧‧‧‧‧‧‧‧‧‧‧‧‧‧‧‧‧‧‧‧‧‧‧‧154

參考書目‧‧‧‧‧‧‧‧‧‧‧‧‧‧‧‧‧‧‧‧‧‧‧‧‧‧‧‧‧‧‧‧‧‧‧‧‧‧‧‧‧‧‧‧‧157

# 第三六冊　吳廷翰氣學思想研究

## 作者簡介

　　林秀鳳，民國 53 年出生，台灣省高雄縣人，畢業於政治大學中文系、政治大學國文教學碩士班，曾任救國團台北義務「張老師」幼獅育樂營輔導員、台北縣私立復興商工教師、台北縣縣立石碇高中教師，現任教於台北市市立育成高中。多次指導學生參加全國中等學校學生小論文寫作比賽榮獲第一名，個人曾獲台北市高中職性別平等教育國文科教案甄選比賽佳作。

## 提　要

　　吳廷翰個性「疾惡尚嚴，而意實仁恕」，人如其號「蘇原」：「臭味芳烈」，高潔自守，不隨俗奉承。「性與時格」四字正是他一生的寫照，當他為官時，以廉潔伉嚴的態度面對貪官汙吏，歸隱期間從事著述，厭惡俗儒之支離，勇

於批評當時的官學——程朱理學和風靡一時的王陽明心學，認爲程朱理學的「理先氣後」論是「近乎異說」，王陽明以心爲本的心學是「聖學之害」，他對程朱、陸王思想的批評正也反映其伉嚴的個性本色。他的寫作意旨，乃因不滿於當時學風愈加浮濫虛靡、或輕薄而陷入佛教異端，其中「『氣即是理』，『性大於心』，《大學》之格致誠正修齊治平，與《中庸》之戒愼恐懼有直截橫貫工夫，本是一理」這段話，就是他的氣本論、心性論與修養工夫論的主要著力點，本論文即以此三方面來探討其思想的意涵。有關吳廷翰的思想研究，台灣學界的研究尚未見全面性，開展性亦不足。反觀日本學者和大陸學者的重視與肯定，他們的見解是探討吳廷翰思想的重要資源，但是以唯物主義觀點爲據，視其爲唯物主義氣本論思想家有失偏頗，本文即試圖跳脫大陸學者唯物論之思考模式，回歸吳廷翰思想原典，梳理其思想脈絡，探討其氣學思想的體系、立場與特點，以窺得此沈寂四百多年的思想家面貌，並反映明代中期以氣爲本之思潮。

# 目　次

第一章　緒　論‧‧‧‧‧‧‧‧‧‧‧‧‧‧‧‧‧‧‧‧‧‧‧‧‧‧‧‧‧‧‧‧‧‧‧‧‧‧‧‧‧‧‧‧‧‧‧‧‧ 1
　第一節　研究動機、範圍與前人研究成果‧‧‧‧‧‧‧‧‧‧‧‧‧‧‧ 1
　　一、研究動機與前人研究成果‧‧‧‧‧‧‧‧‧‧‧‧‧‧‧‧‧‧‧‧‧‧‧‧ 1
　　二、研究方法、材料與範圍‧‧‧‧‧‧‧‧‧‧‧‧‧‧‧‧‧‧‧‧‧‧‧‧‧‧ 6
　第二節　吳廷翰生平傳略‧‧‧‧‧‧‧‧‧‧‧‧‧‧‧‧‧‧‧‧‧‧‧‧‧‧‧‧‧‧ 9
　　一、疾惡尚嚴，而意實仁恕‧‧‧‧‧‧‧‧‧‧‧‧‧‧‧‧‧‧‧‧‧‧‧‧ 11
　　二、學以倫理爲本，文出自得‧‧‧‧‧‧‧‧‧‧‧‧‧‧‧‧‧‧‧‧‧‧ 12
　　三、厭世儒之支離好名‧‧‧‧‧‧‧‧‧‧‧‧‧‧‧‧‧‧‧‧‧‧‧‧‧‧‧‧ 13
　第三節　思想淵源‧‧‧‧‧‧‧‧‧‧‧‧‧‧‧‧‧‧‧‧‧‧‧‧‧‧‧‧‧‧‧‧‧‧ 15
　　一、張綸‧‧‧‧‧‧‧‧‧‧‧‧‧‧‧‧‧‧‧‧‧‧‧‧‧‧‧‧‧‧‧‧‧‧‧‧‧‧‧‧ 15
　　二、鄭長史與葉子奇‧‧‧‧‧‧‧‧‧‧‧‧‧‧‧‧‧‧‧‧‧‧‧‧‧‧‧‧‧‧ 16
　　三、王廷相‧‧‧‧‧‧‧‧‧‧‧‧‧‧‧‧‧‧‧‧‧‧‧‧‧‧‧‧‧‧‧‧‧‧‧‧‧‧ 18
　　四、羅欽順‧‧‧‧‧‧‧‧‧‧‧‧‧‧‧‧‧‧‧‧‧‧‧‧‧‧‧‧‧‧‧‧‧‧‧‧‧‧ 19
　第四節　思想背景與時代思潮‧‧‧‧‧‧‧‧‧‧‧‧‧‧‧‧‧‧‧‧‧‧‧‧ 21
第二章　氣本論‧‧‧‧‧‧‧‧‧‧‧‧‧‧‧‧‧‧‧‧‧‧‧‧‧‧‧‧‧‧‧‧‧‧‧‧‧‧‧‧ 29
　第一節　氣爲天地萬物之祖‧‧‧‧‧‧‧‧‧‧‧‧‧‧‧‧‧‧‧‧‧‧‧‧‧‧ 30
　　一、天地之初，一氣而已‧‧‧‧‧‧‧‧‧‧‧‧‧‧‧‧‧‧‧‧‧‧‧‧‧‧ 31

二、太極一氣耳 ························································· 40

三、一陰一陽之謂氣 ················································· 45

第二節　以氣為理 ····················································· 47

一、理即氣之條理 ··················································· 48

二、理有雜揉不齊 ··················································· 49

三、理氣為一物 ······················································· 50

第三節　氣即道，道即氣 ········································· 53

一、陰陽即道 ··························································· 54

二、道者，理之可由者也 ········································· 55

三、器亦道，道亦器 ··············································· 56

第三章　心性論 ·························································· 63

第一節　性即是氣，性之名生於人之有生 ············· 63

一、性即是氣 ··························································· 64

二、以生言性 ··························································· 67

三、凡言性也者，即是氣質 ····································· 71

第二節　心生於性 ····················································· 73

一、心性之辨 ··························································· 74

二、道心亦人心，人心亦道心 ································· 76

三、對佛教、張載、朱熹與陸王的批評 ··················· 82

第三節　性善惡論 ····················································· 89

一、性為仁義禮智之實體 ········································· 90

二、稟氣不齊，性有偏全、厚薄、多寡 ··················· 91

三、性相近，習相遠 ··············································· 94

第四章　修養工夫論 ················································· 99

第一節　主靜寡欲、盡性精一 ································· 99

一、主靜必兼動靜 ··················································· 99

二、聖人之學盡性而已 ··········································· 103

第二節　格物致知論 ··············································· 112

一、格物只是至物 ················································· 112

二、致知必驗之於物而得之於心，乃為真知 ··········· 117

三、反對「格物為正物」、「致良知」 ····················· 119

　　四、德性之知必實以聞見……………………………………………125

　第三節　知行常在一處，自有先後……………………………………129

　　一、知至而行即次之…………………………………………………130

　　二、知行決是兩項……………………………………………………131

　　三、反對「知行合一」………………………………………………133

第五章　結　論……………………………………………………………137

參考資料……………………………………………………………………145

# 第三七冊　黃式三學術思想研究

## 作者簡介

　　商瑈，中興大學中國文學系學士，彰化師範大學國文研究所碩士、博士，研究領域為清代經學、三禮學、清代義理學。著有《一代禮宗——凌廷堪之禮學研究》與〈兩漢儒學的真相——錢穆先生的兩漢今古學之辨〉、〈「稽古」與「易簡」——黃式三的《尚書》學〉、〈黃式三《詩》、《禮》互證的詩經研究〉、〈黃式三《易釋》的通貫精神〉、〈警世與淑世——《鏡花緣》結合氣論的思想意涵〉、〈《郭店‧緇衣》的人道思想〉、〈求是與求實——黃式三的「論語學」〉等論文十餘篇。曾任高中國文教師、彰化師大國文學系兼任講師、臺北商業技術學院兼任講師，2009 年獲選為中央研究院中國文哲研究所優秀人才培育計畫博士候選人，現為中研院文哲所「訪問學員」。

## 提　要

　　清代道、咸以降之學術，以「經世致用」為共同訴求。黃式三（1789～1862）治學不作無用玄虛空談，而以「致用」為宗旨，雖為經學名家，亦有功於古史，頗能呈顯一代之思潮。通過探究其學術內涵與義旨，得以觀察乾嘉後期到晚清學術之演變軌跡，有助於瞭解清儒之治學風向。

　　黃氏畢生博綜群籍，治學以「通貫」為原則，故欲正確評定其專書思想，探究其整體學術，有其必要。但前人對於黃氏學術之討論仍嫌不足，雖已有少數學者關注其經學專書，卻鮮有全面考察其整體學術者。是故，本書以黃氏之經學、史學、義理學為論述主線，分上、下二卷，考核其治學研究成績，並尋繹其於學術史之地位與價值。

　　卷上為黃氏「學術綜論」，探究其思想淵源、義理觀點與學術定位。首先

考察其生平、家學、師承與交遊，全面認知其學術、行止，並印證其學理。繼而探究黃氏之義理學，其以「申戴」為基調，將涵養道德重心，落在經驗實踐工夫上，主張理氣內在一元之本體論，強調踐履結果的「性教合一」性善論，以及重視成善在「習」、戒貪節欲而不絕欲之工夫進路。黃氏亦討論「理」、「禮」虛實之核心價值，將「禮義」視為「理則」，提出「約禮求理」，修正「以禮代理」過激之處。再者，黃氏史學既踵繼「浙東史學」之「以史經世」精神，故特重治亂得失、因革損益之制度考論，又能融會「浙西史學」之「稽古實證」原則，務力於纂輯戰國史蹟之考訂、辨偽、校注、輯佚補正，表現會通兩浙史學之特色。

卷下為「各經分論」，探究其專書大義。首先，黃氏畢生振興《六經》之教，務力發揚禮學，考證禮制，以釐正舊說，並推行禮教，實踐矯世正俗之禮治理想。又其解說經義，每以禮義「通貫」闡發，如其詮釋《詩經》，力尊〈毛序〉，闡發二〈南〉修齊治平之教，更通過「以《禮》證《詩》」，申明禮義，即為「以禮釋經」之表現，

其次，《論語後案》則以「求實」立場，不滿魏晉「義疏」、佛家、陽明後學之玄遠、蹈空，而力駁其玄虛。亦指責當代學術斷分漢、宋兩界之非，而漢、宋兼采，以求其是。至於案語考論舊注之失，於奧者白之、約者暢之、要者提之、異者通之，前說不足，則另出新義，最能見其學旨。

再者，黃氏「易學」乃以「通貫經傳」為綱領，力主〈象〉爻合釋，使其歸於一義，復串合六十四卦之卦爻辭，以明其皆一意相承。又倡議合漢、宋為一爐，兼取漢儒象數與宋儒義理之長，闡發卦爻象之通變義理與人事得失之感通，強調「易學」之實用價值。

最後，黃氏又擷取清代《尚書》新疏精華，提綱略目，輯錄成《尚書啟蒙》，釋義簡當，最便初學門徑。其「春秋學」則立於時風之外，以肯定「《左傳》傳經」之立場，強調《左傳》「理事合一」、「經史合一」，而撰寫《春秋釋》。其觀點與乾嘉之尚古學、尊《左傳》一脈相承，得以窺探乾嘉到晚清的《春秋》古學之演變軌跡。

## 目　次

卷上：黃式三學術綜論 ……………………………………………………………… 1
第一章　緒　論 …………………………………………………………………… 3
　第一節　研究動機 ……………………………………………………………… 4

第二節　研究文獻與前人研究成果 ............................................ 6

　一、黃式三遺書考 ............................................................ 6

　二、前人研究成果述略 .................................................... 8

第三節　研究範圍與內容 ..................................................... 13

第四節　研究方法與步驟 ..................................................... 14

第二章　黃式三之學思歷程與交遊 ..................................... 17

第一節　黃式三傳略與學思歷程 ....................................... 17

第二節　黃式三之家學與師從 ........................................... 20

第三節　黃式三交遊考 ........................................................ 23

第三章　黃式三對戴震義理學之繼承暨「約禮求理」之提出 ... 33

第一節　闡發戴震新義理學的氣本思想 ........................... 34

　一、理氣內在一元的氣本論 ........................................... 36

　二、強調踐履結果的「性教合一」性善論 .................. 39

　三、重視「成善在習」、「反躬求同欲」的工夫論 ..... 47

第二節　以「約禮求理」修正「以禮代理」 ................... 56

　一、「窮理」即「學禮」 ................................................ 58

　二、「約禮」以求理 ........................................................ 61

第三節　批評王學之「《六經》注我」 ........................... 66

第四章　會通兩浙的史學思想 ............................................. 73

第一節　黃式三之史學思想背景 ....................................... 74

　一、嘉道以降「經消史長」之學風轉移 ...................... 74

　二、繼承浙東史學之「以史經世」精神 ...................... 76

　三、融會考據史學之「稽古實證」原則 ...................... 78

第二節　強調治亂得失、因革損益的《讀通考》 ........... 80

第三節　重新纂輯戰國史的《周季編略》 ....................... 85

　一、顯揚「周德之盛」的撰述宗旨 .............................. 86

　二、以「直書」原則反對筆削微言 .............................. 90

　三、博綜約取，無門戶之見 ........................................... 97

　四、彰善癉惡之史評宗旨 ............................................... 101

　五、《周季編略》之學術價值與後人評議 .................. 109

第四節　肯定躬行實踐的人物論贊 ................................... 112

一、以「處士」勵節操 ⋯⋯⋯⋯⋯⋯⋯⋯⋯⋯⋯⋯⋯⋯⋯⋯⋯⋯ 113

二、以「孝子」勉事親 ⋯⋯⋯⋯⋯⋯⋯⋯⋯⋯⋯⋯⋯⋯⋯⋯⋯⋯ 115

**卷下：各經分論** ⋯⋯⋯⋯⋯⋯⋯⋯⋯⋯⋯⋯⋯⋯⋯⋯⋯⋯⋯⋯⋯⋯ 119

**第五章　致用出發的禮學考證** ⋯⋯⋯⋯⋯⋯⋯⋯⋯⋯⋯⋯⋯⋯⋯⋯ 121

第一節　黃式三的禮學考證背景 ⋯⋯⋯⋯⋯⋯⋯⋯⋯⋯⋯⋯⋯⋯ 121

第二節　黃式三駁斥天主教不祭祖、不祀天的古禮考證 ⋯⋯⋯ 124

一、「禘郊」乃天地之「正祀」 ⋯⋯⋯⋯⋯⋯⋯⋯⋯⋯⋯⋯⋯ 125

二、「宗廟」之文、武「二祧」爲不遷共主 ⋯⋯⋯⋯⋯⋯⋯ 128

第三節　考辨禮制以釐正舊說 ⋯⋯⋯⋯⋯⋯⋯⋯⋯⋯⋯⋯⋯⋯ 133

一、釐定明堂夏世室堂修爲「七步」 ⋯⋯⋯⋯⋯⋯⋯⋯⋯⋯ 133

二、釐正井田步尺之數 ⋯⋯⋯⋯⋯⋯⋯⋯⋯⋯⋯⋯⋯⋯⋯⋯ 139

第四節　纂修宗譜落實「尊祖收族」之禮義 ⋯⋯⋯⋯⋯⋯⋯⋯ 144

第五節　矯世正俗的禮治實踐 ⋯⋯⋯⋯⋯⋯⋯⋯⋯⋯⋯⋯⋯⋯ 148

一、推行禮教，教化鄉邑 ⋯⋯⋯⋯⋯⋯⋯⋯⋯⋯⋯⋯⋯⋯⋯ 148

二、躬身實踐禮義 ⋯⋯⋯⋯⋯⋯⋯⋯⋯⋯⋯⋯⋯⋯⋯⋯⋯⋯ 150

**第六章　求是與求實的《論語後案》** ⋯⋯⋯⋯⋯⋯⋯⋯⋯⋯⋯⋯ 155

第一節　《論語後案》版本考述 ⋯⋯⋯⋯⋯⋯⋯⋯⋯⋯⋯⋯⋯ 155

一、《論語後案》與《論語管窺》有別 ⋯⋯⋯⋯⋯⋯⋯⋯⋯ 156

二、「甲辰本」與「浙本」內容有異 ⋯⋯⋯⋯⋯⋯⋯⋯⋯⋯ 158

第二節　《論語後案》強調徵實之撰述動機 ⋯⋯⋯⋯⋯⋯⋯⋯ 160

第三節　「以考據治經」的乾嘉學風發揚 ⋯⋯⋯⋯⋯⋯⋯⋯⋯ 162

一、以經證經 ⋯⋯⋯⋯⋯⋯⋯⋯⋯⋯⋯⋯⋯⋯⋯⋯⋯⋯⋯⋯ 163

二、以史證經 ⋯⋯⋯⋯⋯⋯⋯⋯⋯⋯⋯⋯⋯⋯⋯⋯⋯⋯⋯⋯ 165

三、廣收眾說，不判軒輊 ⋯⋯⋯⋯⋯⋯⋯⋯⋯⋯⋯⋯⋯⋯⋯ 166

四、不拘門戶，兼采漢、宋 ⋯⋯⋯⋯⋯⋯⋯⋯⋯⋯⋯⋯⋯⋯ 168

第四節　崇實與經世的義理主張 ⋯⋯⋯⋯⋯⋯⋯⋯⋯⋯⋯⋯⋯ 174

一、善取「義中之利」 ⋯⋯⋯⋯⋯⋯⋯⋯⋯⋯⋯⋯⋯⋯⋯⋯ 174

二、讀經以安命 ⋯⋯⋯⋯⋯⋯⋯⋯⋯⋯⋯⋯⋯⋯⋯⋯⋯⋯⋯ 177

三、復禮以成德 ⋯⋯⋯⋯⋯⋯⋯⋯⋯⋯⋯⋯⋯⋯⋯⋯⋯⋯⋯ 182

**第七章　《易釋》的「通貫」精神** ⋯⋯⋯⋯⋯⋯⋯⋯⋯⋯⋯⋯⋯ 185

第一節　《易釋》通貫經傳之詮釋立場 ⋯⋯⋯⋯⋯⋯⋯⋯⋯⋯ 186

一、以「象爻合釋」明卦、爻辭一意相承 ……………………………… 187

二、以「同辭合釋」申卦辭之同者俱歸一義 ……………………… 190

三、辨舊說「全體不明」之失 ………………………………………… 193

第二節　闡發《易》道「知人事，悉天命」之實功 ……………… 195

第三節　兼象數、義理，復以史證《易》 ………………………… 198

一、以象數變化合君子之德 ………………………………………… 199

二、以史事印證吉凶 ………………………………………………… 200

第八章　「以《禮》證《詩》」的「詩經學」 ………………………… 205

第一節　黃式三對《詩經》基本問題的看法 ……………………… 206

一、以王道興衰分〈國風〉之「正變」 ………………………… 206

二、援「禮制」以尊〈毛序〉 …………………………………… 208

三、據《論語》贊成「孔子刪《詩》」說 …………………………… 212

第二節　推重二〈南〉之德教理想 ………………………………… 215

一、引〈樂記〉釋「南」為文王之「德化」 …………………… 215

二、論〈關雎〉、〈卷耳〉詠后妃求賢之德 …………………… 217

三、以〈葛覃〉、〈采蘋〉頌賢女之德 ………………………… 219

第三節　以「升歌」、「間歌」六詩申禮義 ……………………… 220

一、「升歌三詩」以宣德音 ………………………………………… 221

二、「間歌三詩」以求賢才 ………………………………………… 222

第四節　引〈昏義〉「六禮」證〈野有死麕〉非淫詩 …………… 224

第九章　存古義、尚易簡的《尚書啟幪》 ………………………… 229

第一節　《尚書啟幪》主於「易簡」之撰述動機 ………………… 230

第二節　宗漢說以存古義 …………………………………………… 232

第三節　專釋伏生「今文」，從馬融不錄〈泰誓〉 …………… 233

第四節　提煉王、江、段、孫四家精義，間附己意 …………… 235

一、多取江聲之音韻訓詁 ………………………………………… 235

二、採擇段玉裁之釋義精華 ……………………………………… 237

三、推重王鳴盛之地理名物考證 ………………………………… 238

四、輯錄孫星衍之義訓成果 ……………………………………… 239

五、間附己意，獨抒創見 ………………………………………… 241

第五節　鉤稽〈典〉、〈謨〉任賢大義 …………………………… 242

第十章　肯定《左傳》傳經的《春秋釋》……………………………………247

　第二節　《春秋釋》纂述的時代背景………………………………………247

　第三節　申《左傳》為傳經之作……………………………………………257

　第四節　以禮制入手之治《春秋》門徑……………………………………264

　第五節　總核經例證杜、訂非………………………………………………266

　　一、證杜氏之「是」…………………………………………………………270

　　二、校杜氏之「非」…………………………………………………………271

　　三、糾謬顧棟高駁杜之誤……………………………………………………274

　第六節　以史事提挈《春秋》大綱…………………………………………276

第十一章　結　論………………………………………………………………281

附錄　黃式三學行繫年…………………………………………………………289

徵引書目…………………………………………………………………………301

附圖目次

　圖一：黃式三繪「周明堂步筵圖」…………………………………………136

　圖二：黃式三繪「夏世室步尺圖」…………………………………………138

　圖三：甲辰本（道光二十四年甲辰刊本）《論語後案》書影………………157

　圖四：浙本（光緒九年浙江書局刻本）《論語後案》書影…………………158

　圖五：《尚書啓幪》書影………………………………………………………231

# 第三八冊　漢代養生思想研究——以黃老思想為主題

## 作者簡介

　　王璟，臺灣臺北人，國立臺灣師範大學國文研究所碩士、博士。曾任國立成功大學中文系博士後研究員，國立臺北科技大學、國立臺北商業技術學院、國立臺南大學、實踐大學兼任助理教授，現任國立澎湖科技大學通識教育中心專案助理教授，著有學術論文十餘篇。

## 提　要

　　養生是個既傳統又合時的議題，在中國傳統學術中固有重要地位。先秦至兩漢是中國傳統醫學與養生學奠基的時期，此時雖尚未出現養生專著，但是無論是諸子學說抑或醫家著作，均有養生的相關論述，可見當時對於養生議題的重視。養生思想在秦漢時期的蓬勃發展可從近年來出土的簡帛醫書中再次得到

證明。但是，就目前養生學研究的成果顯示，就時代而言，研究者大多將焦點集中在先秦或魏晉以後的發展，對於兩漢時期多存而不論，或是以概論的方式帶過，是故此階段尚存討論空間。就主題而論，以養生爲題的研究論著雖然不少，但論者往往將研究主題孤立化，缺乏將養生議題放在歷史時空背景下來處理，基於現今研究概況，本論文擇定以漢代爲時代背景，並將焦點集中在當時學術主流──黃老思想。

本論文計分六章，第一章爲緒論，一方面說明本論文研究動機，以彰顯研究之意義。另一方面檢討前人研究成果，以明本論文之開展空間，並交代本論文所採行之研究方法與論文架構。第二章討論漢代養生思想之淵源──先秦以來的養生思想，本章擬就先秦老莊道家、醫家與神仙派方士三個方向進行鋪論，分別細究它們的生命觀與身體觀。 第三章以《淮南子》爲主題，就漢代氣化宇宙論的背景著手，逐步探討關於生命的起源、形神關係的建構，與養生之理的開展及施用，以明其時代意義。第四章則針對漢武帝的尊儒，黃老思想由治國轉向治身的時代背景切入，順此探討黃老養生思想在東漢的發展。第五章討論秦漢以來在神仙思潮影響下所發展的養生方技，以藥物服食、導引行氣、房中養生爲討論主題。第六章綜合各章所言，提出結論，並探討漢代養生思想的現代意義，最後針對本論文不足處提出未來展望。

# 目　次

第一章　緒　論 ······················································································ 1
　　第一節　研究動機 ··············································································· 4
　　第二節　前人研究成果述評 ································································· 5
　　第三節　研究範圍 ··············································································· 8
　　第四節　研究方法與論文架構 ···························································· 11
第二章　漢代養生思想之淵源──先秦以來的養生思想 ···················· 17
　　第一節　先秦道家生命意識的高揚 ···················································· 17
　　　一、貴生全生的生命價值觀 ·························································· 18
　　　　（一）貴生而不益生 ·································································· 18
　　　　（二）神重於形、養形不足以存生 ············································ 21
　　　二、生必有死的自然體認 ······························································ 26
　　　　（一）死生同狀的生命歷程 ······················································ 26
　　　　（二）全生以盡年的生命安頓 ·················································· 30

第二節　醫藥衛生的進步⋯⋯⋯⋯⋯⋯⋯⋯⋯⋯⋯⋯32

一、巫醫分流的理性發展⋯⋯⋯⋯⋯⋯⋯⋯⋯⋯33

（一）巫者對醫學的掌握⋯⋯⋯⋯⋯⋯⋯⋯33

（二）醫學的獨立發展⋯⋯⋯⋯⋯⋯⋯⋯⋯37

二、《黃帝內經》的養生思想⋯⋯⋯⋯⋯⋯⋯⋯40

（一）整體全面的養生原則⋯⋯⋯⋯⋯⋯⋯41

（二）不治已病治未病的預防觀⋯⋯⋯⋯⋯46

第三節　另類生命觀的刺激⋯⋯⋯⋯⋯⋯⋯⋯⋯⋯49

一、長生不死與神仙的追求⋯⋯⋯⋯⋯⋯⋯⋯50

二、神仙方士的早期探索⋯⋯⋯⋯⋯⋯⋯⋯⋯56

第三章　西漢黃老養生思想——以《淮南子》為核心⋯61

第一節　氣化宇宙論下生命的開展⋯⋯⋯⋯⋯⋯⋯66

一、道生萬物⋯⋯⋯⋯⋯⋯⋯⋯⋯⋯⋯⋯⋯⋯66

二、天人同構、氣類相動⋯⋯⋯⋯⋯⋯⋯⋯⋯73

第二節　氣化的身體觀——形、氣、神關係的建構⋯77

一、精神生於天、形體稟於地⋯⋯⋯⋯⋯⋯⋯78

二、形神相倚、神主形從⋯⋯⋯⋯⋯⋯⋯⋯⋯79

三、氣與形、神的關係⋯⋯⋯⋯⋯⋯⋯⋯⋯⋯81

第三節　《淮南子》的養生理論⋯⋯⋯⋯⋯⋯⋯⋯84

一、形神交養、以神為主⋯⋯⋯⋯⋯⋯⋯⋯⋯84

二、清靜寡欲、適情辭餘⋯⋯⋯⋯⋯⋯⋯⋯⋯88

三、原心返性、自然勿迫⋯⋯⋯⋯⋯⋯⋯⋯⋯93

第四章　東漢黃老養生思想的發展⋯⋯⋯⋯⋯⋯⋯⋯101

第一節　黃老思想由治國側向治身的歷史轉折⋯⋯101

一、黃老思想在政治上的失勢⋯⋯⋯⋯⋯⋯⋯101

二、黃老思想後續的發展與轉化⋯⋯⋯⋯⋯⋯104

第二節　《老子河上公章句》的養生思想⋯⋯⋯⋯111

一、《老子河上公章句》作者與成書年代⋯⋯112

（一）《老子河上公章句》的作者討論⋯⋯112

（二）《老子河上公章句》的成書年代⋯⋯114

二、《老子河上公章句》治身重於治國的養生思想⋯⋯121

　　　　（一）因氣立質、愛養精氣 ·········································· 123

　　　　（二）靜以養神、除情去欲 ·········································· 127

　　　　（三）延年益壽、長存久生 ·········································· 134

　　第三節　《老子想爾注》的養生思想 ···································· 138

　　　一、黃老道形成的時代氛圍 ·········································· 138

　　　二、《老子想爾注》的養生思想 ········································ 141

　　　　（一）長生成仙的終極目標 ·········································· 143

　　　　（二）信守道誡、法道不離 ·········································· 145

　　　　（三）清靜養氣、結精自守 ·········································· 151

　　　　（四）行善積德、競行忠孝 ·········································· 154

第五章　養生之道與不死之方的交涉──紛呈多姿的養生方技 ····· 159

　　第一節　服食與辟穀 ···················································· 161

　　　一、藥物服食──從尋藥到煉藥 ····································· 161

　　　二、辟穀之術 ·························································· 169

　　第二節　行氣導引 ······················································ 174

　　　一、行氣 ······························································ 174

　　　二、導引 ······························································ 177

　　第三節　房中保養 ······················································ 183

第六章　結　語 ······························································ 199

　　第一節　各章總結 ······················································ 199

　　第二節　漢代養生思想的現代意義 ···································· 203

　　　一、養生與政治的結合 ··············································· 203

　　　二、養生方技在現實生活的施用 ····································· 204

　　第三節　未來展望 ······················································ 208

參考書目 ······································································ 211

# 第三九冊　北宋契嵩的儒釋融會思想

## 作者簡介

　　姓名：張清泉。

　　出生：1959 年。

　　籍貫：台灣省苗栗縣。

學歷：政治大學中國文學博士。

現職：彰化師範大學教授兼國文系主任暨台文所所長。

著作：《清代論語學》，1992 年。《北宋契嵩儒釋融會思想研究》，1997 年。《一諦書會書法集》（一）、（二），2003、2007 年。《儒佛文藝論集》，2010 年。《詩歌吟唱教學》，2010 年。

## 提　要

　　本書主要探討北宋高僧契嵩的儒釋融會思想，全書先就三教合一思想的源流進行探索，此外亦就北宋時期的儒釋思想背景進行觀察分析，尤其是宋初儒士的反佛思潮，包括宋祈、王禹偁、石介、孫復、李覯、歐陽修等人，均有詳細的析論。

　　其次，針對契嵩本人的生平著述、儒學思想及佛教思想等，進行詳細的分析探索。儒學部分，契嵩對於五經均有其個人的不同見解，這些有別於一般儒士對於傳統經典的詮釋，尤其是針對《尚書‧洪範》及《禮記‧中庸》的特殊詮解，實可提供主流經學外的另一種詮釋觀點，以為後人研究宋明理學發展史之參考所資。佛教部份，契嵩的主要貢獻應是在《傳法正宗記》中有關禪宗法統觀的建立，這一部分雖然和儒釋融會思想並無直接關聯，不過對於後世禪宗的發展亦有重要的影響，因此也附帶一論。

　　最後便是儒釋融會思想部分的歸納，契嵩將儒釋互動史上所有的相關訾應與辯證論述，統合集其大成，以建構其儒釋融會的理論基礎與實踐方法。理論部分包括政治論、修養論、果報輪迴論、心性宇宙論等，至於實踐方法更是回歸於「孝道」，以孝來統攝儒家的善行與佛家的戒律，這就是契嵩整個儒釋融會思想的大要。當然，這種思想不論在當代或對後世，均產生了重要的影響，本書均有詳細的分析與探索。

## 目　次

李　序

自　序

第一章　緒　論 ················································································· 1
　第一節　本文研究旨趣 ································································· 1
　　一、研究動機與目的 ······························································· 1
　　二、研究方法與範圍 ······························································· 3

　　三、前人研究成果之檢討 ................................................ 4

第二節　北宋儒釋思想背景概述 ................................ 6

　　一、北宋學術發展趨勢 ............................................ 6

　　二、北宋佛教發展概述 ............................................ 8

第三節　契嵩以前的三教合一思想 ...................... 14

　　一、東漢三國時期 .................................................. 14

　　二、魏晉南北朝時期 .............................................. 16

　　三、隋唐時期 .......................................................... 22

　　四、北宋初期 .......................................................... 26

　　五、總結——契嵩以前三教合一思想的形成原因 ..... 28

第二章　契嵩生平與著述 ............................................ 31

第一節　契嵩生平事跡略述 ...................................... 31

　　一、幼年出塵，長而遊方 .................................... 31

　　二、弘揚儒釋，道倡一貫 .................................... 33

　　三、上書朝廷，蒙賜入藏 .................................... 34

　　四、潔清自持，臨終示瑞 .................................... 36

第二節　契嵩見存著述考 .......................................... 37

　　一、《鐔津文集》十九卷（二十二卷） ............ 38

　　二、《傳法正宗記》九卷 .................................... 48

　　三、《傳法正宗定祖圖》一卷 ............................ 50

　　四、《傳法正宗論》二卷 .................................... 50

第三章　宋初儒士的反佛思潮 ................................ 53

第一節　宋祁、王禹偁的排佛說 ............................ 53

　　一、宋祁的抑佛主張 ............................................ 53

　　二、王禹偁的汰佛說 ............................................ 55

第二節　石介、孫復的排佛思想 ............................ 56

第三節　李覯的反佛觀點 .......................................... 59

　　一、批佛言論 .......................................................... 59

　　二、抑佛主張 .......................................................... 62

　　三、對佛教的矛盾心態 ........................................ 63

第四節　歐陽修的排佛始末 ...................................... 67

一、排佛論述……………………………………………………67

二、與佛教之因緣………………………………………………68

三、排佛心態始末………………………………………………70

第五節　宋初排佛論之旨趣與特色……………………………73

一、捍衛儒家道統，強調華夷之辨……………………………73

二、維護儒家倫理，鞏固社會次序……………………………74

三、整治社會民生，提振國家經濟……………………………74

第四章　契嵩對排佛言論的反響——護法思想…………………77

第一節　契嵩對當時排佛論之訾應……………………………77

一、有關儒家道統思想者——夷狄與中國之辨………………77

二、與家庭倫理相違者——出家無後之說……………………79

三、對社會民生有害者——四民之說與利害之辨……………81

第二節　契嵩對韓愈的批判……………………………………83

一、排佛老之言論不當…………………………………………84

二、儒道心性體認不深…………………………………………88

三、經史識見不足………………………………………………92

四、德行言行有虧………………………………………………93

五、不善著書爲文………………………………………………94

第五章　契嵩儒釋融會思想的理論基礎（上）——儒學篇……97

第一節　經學觀點綜論…………………………………………97

一、論五經之根本………………………………………………97

二、論五經之致用與廢失………………………………………99

三、評諸儒說經之得失…………………………………………100

四、附論《易》與《春秋》……………………………………103

第二節　《尚書·洪範》的政治思想…………………………110

一、述治道之本與得失之鑑……………………………………111

二、論皇極貫三才而通九疇……………………………………112

三、明用人之計與先後之宜……………………………………116

四、別賞罰黜陟與號令刑法……………………………………118

五、〈皇極論〉之思想架構……………………………………121

第三節　《禮記·中庸》的心性學說…………………………122

一、「中庸」與「禮」之關係……122

二、「皇極」與「中庸」之異同……123

三、「性」與「情」之區別……124

四、修禮樂以致中庸……126

五、〈中庸解〉之思想架構……128

第四節　儒家的論文品人觀點……129

一、論文觀點……129

二、品人辨道……131

第五節　契嵩儒學思想綜評……134

一、契嵩儒學思想之特色……135

二、契嵩儒學論述之疏失……138

第六章　契嵩儒釋融會思想的理論基礎（下）──佛學篇……141

第一節　佛教基本教義思想……141

一、論教道之所被──宇宙觀與人生觀……141

二、述教法之總綱──五乘說法……145

第二節　《壇經》的心性思想……153

一、「心要」為《壇經》宗本……153

二、《壇經》禪法要略……157

第三節　禪宗的法統觀……163

一、二十八祖說之源流……164

二、《傳法正宗記》的法統理論……166

三、天台宗及後世學者之質疑……175

四、《傳法正宗記》之得失……179

第七章　契嵩儒釋融會思想的理論與實踐……185

第一節　佛道與王道治體合而為一──政治論……185

一、佛教中道與皇極中正之合同……186

二、佛法有益於帝王之道德教化……187

第二節　以五常仁義會通五戒十善──修養論……188

一、五戒與五常配合說之源流……188

二、契嵩的五戒五常配合說……191

第三節　以神靈不滅與福極報應說融通儒釋──果報輪迴論……194

一、神靈不滅說之比較‧‧‧‧‧‧‧‧‧‧‧‧‧194

二、福極說與報應說之融通‧‧‧‧‧‧‧‧‧‧‧196

第四節　以中庸思想和會儒釋——心性宇宙論‧‧‧‧‧198

一、心性論之和會‧‧‧‧‧‧‧‧‧‧‧‧‧‧‧198

二、宇宙論之推闡‧‧‧‧‧‧‧‧‧‧‧‧‧‧‧201

第五節　以孝道統攝儒佛戒善——實踐論‧‧‧‧‧‧204

一、孝道爲戒善之端——孝即是戒‧‧‧‧‧‧‧204

二、儒佛孝道之比較‧‧‧‧‧‧‧‧‧‧‧‧‧‧207

三、孝行之跡與本‧‧‧‧‧‧‧‧‧‧‧‧‧‧‧209

第八章　契嵩儒釋融會思想之評價‧‧‧‧‧‧‧‧‧‧211

第一節　契嵩對佛教的影響與貢獻‧‧‧‧‧‧‧‧‧211

一、《壇經》版本的整理與刊行‧‧‧‧‧‧‧‧211

二、禪宗世系之考辨與疏證‧‧‧‧‧‧‧‧‧‧214

三、佛教地位的鞏固與拓展‧‧‧‧‧‧‧‧‧‧215

第二節　契嵩儒釋融會思想之歷史意義與價值‧‧‧‧216

一、北宋以前佛教護法思想之集大成‧‧‧‧‧216

二、儒釋融會理論系統之完成‧‧‧‧‧‧‧‧217

三、〈中庸〉宇宙論的擴展與推闡‧‧‧‧‧‧218

四、宋明理學心性觀點之先驅‧‧‧‧‧‧‧‧219

五、僧人說解世典與社會化之先鋒‧‧‧‧‧221

六、時人與後人對契嵩的論評‧‧‧‧‧‧‧‧222

第三節　契嵩儒釋融會思想對後世的影響‧‧‧‧‧‧225

一、促成宋明理學之興盛與發達‧‧‧‧‧‧‧225

二、提昇居士佛教的風氣與素質‧‧‧‧‧‧‧226

三、賡續佛教護法文學與三教合同思想之闡揚‧‧229

第九章　結　論‧‧‧‧‧‧‧‧‧‧‧‧‧‧‧‧‧‧233

附　錄

附錄一：契嵩生平、著述年表‧‧‧‧‧‧‧‧‧‧239

附錄二：北宋初期儒佛大事年表‧‧‧‧‧‧‧‧‧240

引用及參考書目‧‧‧‧‧‧‧‧‧‧‧‧‧‧‧‧‧‧247

# 第四十冊　王覺一生平及其《理數合解》理天之研究

## 作者簡介

　　鍾雲鶯，國立政治大學中國文學系博士（2000），現任元智大學中國語文學系教授。主要研究領域集中在「宗教的庶民儒學」，關注儒學在民間社會的發展，以及儒學被宗教化的解讀。研探主流儒學在民間社會被宗教解釋現象，與民間教派對主流儒學的吸收與轉化，及其三教融合的經典詮釋。著有《民國以來民間教派大學中庸思想之研究》（2000，博士論文）、《清末民初民間儒教對主流儒學的吸收與轉化》（2008，臺大出版社），以及一貫道相關研究多篇。

## 提　要

　　本文乃以清末「末後一著教」教主王覺一之《理數合解》之理天思想。

　　王覺一乃一貫道道統表之第十五代祖師，著作豐富，《理數合解》乃其代表著作，在民間社會廣為流傳，目前已逐漸受到學術界注意。

　　本文乃研究王覺一之「理天」思想，研究其吸收、轉化宋明儒學思想，衍繹成為修行的理念，並在理／氣／象之宇宙論中，建構神聖空間／宇宙空間／世俗空間之修道層級之別。

　　受到宋明儒學的影響，王覺一的心性論乃建構在宇宙論上，因此探討人性之源之善，以及人之所以為不善之由，藉以闡述人之必須修行的理由。

　　在宇宙論與心性論的架構中，王覺一著作與一般儒者最大的不同乃結合明清以來民間教派所談論之「三期末劫」思想，開展「救劫」理念，使得儒家經典在此一信念中被宗教化，藉王覺一之著作，學者可以探究儒家經典在民間宗教中被宗教詮釋的另一面向。

## 目　次

李　序
自　序
第一章　緒　論……………………………………………………………………1
　第一節　本文研究旨趣……………………………………………………………1
　　一、研究動機與目的……………………………………………………………1
　　二、研究方法與範圍……………………………………………………………3
　　三、前人研究成果之檢討………………………………………………………4
　第二節　北宋儒釋思想背景概述………………………………………………6

　　一、北宋學術發展趨勢⋯⋯⋯⋯⋯⋯⋯⋯⋯⋯⋯⋯⋯⋯6

　　二、北宋佛教發展概述⋯⋯⋯⋯⋯⋯⋯⋯⋯⋯⋯⋯⋯⋯8

　第三節　契嵩以前的三教合一思想⋯⋯⋯⋯⋯⋯⋯⋯⋯14

　　一、東漢三國時期⋯⋯⋯⋯⋯⋯⋯⋯⋯⋯⋯⋯⋯⋯⋯⋯14

　　二、魏晉南北朝時期⋯⋯⋯⋯⋯⋯⋯⋯⋯⋯⋯⋯⋯⋯⋯16

　　三、隋唐時期⋯⋯⋯⋯⋯⋯⋯⋯⋯⋯⋯⋯⋯⋯⋯⋯⋯⋯22

　　四、北宋初期⋯⋯⋯⋯⋯⋯⋯⋯⋯⋯⋯⋯⋯⋯⋯⋯⋯⋯26

　　五、總結——契嵩以前三教合一思想的形成原因⋯⋯⋯28

第二章　契嵩生平與著述⋯⋯⋯⋯⋯⋯⋯⋯⋯⋯⋯⋯⋯⋯⋯31

　第一節　契嵩生平事跡略述⋯⋯⋯⋯⋯⋯⋯⋯⋯⋯⋯⋯⋯31

　　一、幼年出塵，長而遊方⋯⋯⋯⋯⋯⋯⋯⋯⋯⋯⋯⋯⋯31

　　二、弘揚儒釋，道倡一貫⋯⋯⋯⋯⋯⋯⋯⋯⋯⋯⋯⋯⋯33

　　三、上書朝廷，蒙賜入藏⋯⋯⋯⋯⋯⋯⋯⋯⋯⋯⋯⋯⋯34

　　四、潔清自持，臨終示瑞⋯⋯⋯⋯⋯⋯⋯⋯⋯⋯⋯⋯⋯36

　第二節　契嵩見存著述考⋯⋯⋯⋯⋯⋯⋯⋯⋯⋯⋯⋯⋯⋯37

　　一、《鐔津文集》十九卷（二十二卷）⋯⋯⋯⋯⋯⋯⋯38

　　二、《傳法正宗記》九卷⋯⋯⋯⋯⋯⋯⋯⋯⋯⋯⋯⋯⋯48

　　三、《傳法正宗定祖圖》一卷⋯⋯⋯⋯⋯⋯⋯⋯⋯⋯⋯50

　　四、《傳法正宗論》二卷⋯⋯⋯⋯⋯⋯⋯⋯⋯⋯⋯⋯⋯50

第三章　宋初儒士的反佛思潮⋯⋯⋯⋯⋯⋯⋯⋯⋯⋯⋯⋯⋯53

　第一節　宋祁、王禹偁的排佛說⋯⋯⋯⋯⋯⋯⋯⋯⋯⋯⋯53

　　一、宋祁的抑佛主張⋯⋯⋯⋯⋯⋯⋯⋯⋯⋯⋯⋯⋯⋯⋯53

　　二、王禹偁的汰佛說⋯⋯⋯⋯⋯⋯⋯⋯⋯⋯⋯⋯⋯⋯⋯55

　第二節　石介、孫復的排佛思想⋯⋯⋯⋯⋯⋯⋯⋯⋯⋯⋯56

　第三節　李覯的反佛觀點⋯⋯⋯⋯⋯⋯⋯⋯⋯⋯⋯⋯⋯⋯59

　　一、批佛言論⋯⋯⋯⋯⋯⋯⋯⋯⋯⋯⋯⋯⋯⋯⋯⋯⋯⋯59

　　二、抑佛主張⋯⋯⋯⋯⋯⋯⋯⋯⋯⋯⋯⋯⋯⋯⋯⋯⋯⋯62

　　三、對佛教的矛盾心態⋯⋯⋯⋯⋯⋯⋯⋯⋯⋯⋯⋯⋯⋯63

　第四節　歐陽修的排佛始末⋯⋯⋯⋯⋯⋯⋯⋯⋯⋯⋯⋯⋯67

　　一、排佛論述⋯⋯⋯⋯⋯⋯⋯⋯⋯⋯⋯⋯⋯⋯⋯⋯⋯⋯67

　　二、與佛教之因緣⋯⋯⋯⋯⋯⋯⋯⋯⋯⋯⋯⋯⋯⋯⋯⋯68

三、排佛心態始末 ………………………………………… 70

第五節　宋初排佛論之旨趣與特色 ……………………… 73

一、捍衛儒家道統，強調華夷之辨 ……………………… 73

二、維護儒家倫理，鞏固社會次序 ……………………… 74

三、整治社會民生，提振國家經濟 ……………………… 74

第四章　契嵩對排佛言論的反響──護法思想 ………… 77

第一節　契嵩對當時排佛論之誓應 ……………………… 77

一、有關儒家道統思想者──夷狄與中國之辨 ………… 77

二、與家庭倫理相違者──出家無後之說 ……………… 79

三、對社會民生有害者──四民之說與利害之辨 ……… 81

第二節　契嵩對韓愈的批判 ……………………………… 83

一、排佛老之言論不當 …………………………………… 84

二、儒道心性體認不深 …………………………………… 88

三、經史識見不足 ………………………………………… 92

四、德行言行有虧 ………………………………………… 93

五、不善著書為文 ………………………………………… 94

第五章　契嵩儒釋融會思想的理論基礎（上）──儒學篇 … 97

第一節　經學觀點綜論 …………………………………… 97

一、論五經之根本 ………………………………………… 97

二、論五經之致用與廢失 ………………………………… 99

三、評諸儒說經之得失 …………………………………… 100

四、附論《易》與《春秋》 ……………………………… 103

第二節　《尚書‧洪範》的政治思想 …………………… 110

一、述治道之本與得失之鑑 ……………………………… 111

二、論皇極貫三才而通九疇 ……………………………… 112

三、明用人之計與先後之宜 ……………………………… 116

四、別賞罰黜陟與號令刑法 ……………………………… 118

五、〈皇極論〉之思想架構 ……………………………… 121

第三節　《禮記‧中庸》的心性學說 …………………… 122

一、「中庸」與「禮」之關係 …………………………… 122

二、「皇極」與「中庸」之異同 ………………………… 123

　　　三、「性」與「情」之區別⋯⋯⋯⋯⋯⋯⋯⋯⋯⋯⋯⋯⋯⋯⋯124

　　　四、修禮樂以致中庸⋯⋯⋯⋯⋯⋯⋯⋯⋯⋯⋯⋯⋯⋯⋯⋯126

　　　五、〈中庸解〉之思想架構⋯⋯⋯⋯⋯⋯⋯⋯⋯⋯⋯⋯⋯⋯128

　　第四節　儒家的論文品人觀點⋯⋯⋯⋯⋯⋯⋯⋯⋯⋯⋯⋯⋯⋯129

　　　一、論文觀點⋯⋯⋯⋯⋯⋯⋯⋯⋯⋯⋯⋯⋯⋯⋯⋯⋯⋯⋯129

　　　二、品人辨道⋯⋯⋯⋯⋯⋯⋯⋯⋯⋯⋯⋯⋯⋯⋯⋯⋯⋯⋯131

　　第五節　契嵩儒學思想綜評⋯⋯⋯⋯⋯⋯⋯⋯⋯⋯⋯⋯⋯⋯⋯134

　　　一、契嵩儒學思想之特色⋯⋯⋯⋯⋯⋯⋯⋯⋯⋯⋯⋯⋯⋯135

　　　二、契嵩儒學論述之疏失⋯⋯⋯⋯⋯⋯⋯⋯⋯⋯⋯⋯⋯⋯138

　第六章　契嵩儒釋融會思想的理論基礎（下）──佛學篇⋯⋯⋯141

　　第一節　佛教基本教義思想⋯⋯⋯⋯⋯⋯⋯⋯⋯⋯⋯⋯⋯⋯⋯141

　　　一、論教道之所被──宇宙觀與人生觀⋯⋯⋯⋯⋯⋯⋯⋯141

　　　二、述教法之總綱──五乘說法⋯⋯⋯⋯⋯⋯⋯⋯⋯⋯⋯145

　　第二節　《壇經》的心性思想⋯⋯⋯⋯⋯⋯⋯⋯⋯⋯⋯⋯⋯⋯153

　　　一、「心要」為《壇經》宗本⋯⋯⋯⋯⋯⋯⋯⋯⋯⋯⋯⋯153

　　　二、《壇經》禪法要略⋯⋯⋯⋯⋯⋯⋯⋯⋯⋯⋯⋯⋯⋯⋯157

　　第三節　禪宗的法統觀⋯⋯⋯⋯⋯⋯⋯⋯⋯⋯⋯⋯⋯⋯⋯⋯⋯163

　　　一、二十八祖說之源流⋯⋯⋯⋯⋯⋯⋯⋯⋯⋯⋯⋯⋯⋯⋯164

　　　二、《傳法正宗記》的法統理論⋯⋯⋯⋯⋯⋯⋯⋯⋯⋯⋯166

　　　三、天台宗及後世學者之質疑⋯⋯⋯⋯⋯⋯⋯⋯⋯⋯⋯⋯175

　　　四、《傳法正宗記》之得失⋯⋯⋯⋯⋯⋯⋯⋯⋯⋯⋯⋯⋯179

　第七章　契嵩儒釋融會思想的理論與實踐⋯⋯⋯⋯⋯⋯⋯⋯⋯⋯185

　　第一節　佛道與王道治體合而為一──政治論⋯⋯⋯⋯⋯⋯185

　　　一、佛教中道與皇極中正之合同⋯⋯⋯⋯⋯⋯⋯⋯⋯⋯⋯186

　　　二、佛法有益於帝王之道德教化⋯⋯⋯⋯⋯⋯⋯⋯⋯⋯⋯187

　　第二節　以五常仁義會通五戒十善──修養論⋯⋯⋯⋯⋯⋯188

　　　一、五戒與五常配合說之源流⋯⋯⋯⋯⋯⋯⋯⋯⋯⋯⋯⋯188

　　　二、契嵩的五戒五常配合說⋯⋯⋯⋯⋯⋯⋯⋯⋯⋯⋯⋯⋯191

　　第三節　以神靈不滅與福極報應說融通儒釋──果報輪迴論⋯194

　　　一、神靈不滅說之比較⋯⋯⋯⋯⋯⋯⋯⋯⋯⋯⋯⋯⋯⋯⋯194

　　　二、福極說與報應說之融通⋯⋯⋯⋯⋯⋯⋯⋯⋯⋯⋯⋯⋯196

第四節　以中庸思想和會儒釋——心性宇宙論‧‧‧‧‧‧‧‧‧‧‧‧‧‧198

　一、心性論之和會‧‧‧‧‧‧‧‧‧‧‧‧‧‧‧‧‧‧‧‧‧‧‧‧‧‧198

　二、宇宙論之推闡‧‧‧‧‧‧‧‧‧‧‧‧‧‧‧‧‧‧‧‧‧‧‧‧‧‧201

第五節　以孝道統攝儒佛戒善——實踐論‧‧‧‧‧‧‧‧‧‧‧‧‧‧‧‧204

　一、孝道為戒善之端——孝即是戒‧‧‧‧‧‧‧‧‧‧‧‧‧‧‧‧‧204

　二、儒佛孝道之比較‧‧‧‧‧‧‧‧‧‧‧‧‧‧‧‧‧‧‧‧‧‧‧‧207

　三、孝行之跡與本‧‧‧‧‧‧‧‧‧‧‧‧‧‧‧‧‧‧‧‧‧‧‧‧‧209

第八章　契嵩儒釋融會思想之評價‧‧‧‧‧‧‧‧‧‧‧‧‧‧‧‧‧‧211

第一節　契嵩對佛教的影響與貢獻‧‧‧‧‧‧‧‧‧‧‧‧‧‧‧‧‧‧211

　一、《壇經》版本的整理與刊行‧‧‧‧‧‧‧‧‧‧‧‧‧‧‧‧‧‧211

　二、禪宗世系之考辨與疏證‧‧‧‧‧‧‧‧‧‧‧‧‧‧‧‧‧‧‧‧214

　三、佛教地位的鞏固與拓展‧‧‧‧‧‧‧‧‧‧‧‧‧‧‧‧‧‧‧‧215

第二節　契嵩儒釋融會思想之歷史意義與價值‧‧‧‧‧‧‧‧‧‧‧216

　一、北宋以前佛教護法思想之集大成‧‧‧‧‧‧‧‧‧‧‧‧‧‧216

　二、儒釋融會理論系統之完成‧‧‧‧‧‧‧‧‧‧‧‧‧‧‧‧‧‧‧217

　三、〈中庸〉宇宙論的擴展與推闡‧‧‧‧‧‧‧‧‧‧‧‧‧‧‧‧218

　四、宋明理學心性觀點之先驅‧‧‧‧‧‧‧‧‧‧‧‧‧‧‧‧‧‧‧219

　五、僧人說解世典與社會化之先鋒‧‧‧‧‧‧‧‧‧‧‧‧‧‧‧‧221

　六、時人與後人對契嵩的論評‧‧‧‧‧‧‧‧‧‧‧‧‧‧‧‧‧‧‧222

第三節　契嵩儒釋融會思想對後世的影響‧‧‧‧‧‧‧‧‧‧‧‧‧225

　一、促成宋明理學之興盛與發達‧‧‧‧‧‧‧‧‧‧‧‧‧‧‧‧‧225

　二、提昇居士佛教的風氣與素質‧‧‧‧‧‧‧‧‧‧‧‧‧‧‧‧‧226

　三、賡續佛教護法文學與三教合同思想之闡揚‧‧‧‧‧‧‧‧229

第九章　結　論‧‧‧‧‧‧‧‧‧‧‧‧‧‧‧‧‧‧‧‧‧‧‧‧‧‧‧‧‧‧233

附　錄

　附錄一：契嵩生平、著述年表‧‧‧‧‧‧‧‧‧‧‧‧‧‧‧‧‧‧‧239

　附錄二：北宋初期儒佛大事年表‧‧‧‧‧‧‧‧‧‧‧‧‧‧‧‧‧240

引用及參考書目‧‧‧‧‧‧‧‧‧‧‧‧‧‧‧‧‧‧‧‧‧‧‧‧‧‧‧‧‧‧247

# 〈堯典〉觀象授時疑義述辨

鄭裕基　著

## 作者簡介

鄭裕基，福建省霞浦縣人。臺灣師範大學國文系學士，國文研究所碩士。現任中華科技大學通識中心講師。曾任桃園石門國中教師、空軍機械學校教官。著有《堯典觀象授時疑義述辨》、〈皮錫瑞《尚書大傳疏證・自序》「輯本據陳，閒加釐訂」例釋〉、〈陳澧整理陳壽祺《尚書大傳定本》評述〉、〈略論《雅雨堂叢書》本《尚書大傳補遺》與惠棟之關係〉、〈王闓運《尚書大傳補注》改動「雅雨堂本」《尚書大傳》舉例〉、〈談談《尚書大傳》和它對語文教學的助益〉、〈《續修四庫全書總目提要・經部》「尚書類」斷句謬誤舉例〉、〈國家圖書館所藏惠棟輯本《尚書大傳》訛誤舉例〉等論文。

## 提　　要

　　本論文係就堯典觀象授時禮中，疑義最多之璿璣玉衡、七政、四中星諸疑義為研究主題，首述前賢要義，次加考辨，冀能獲致確解，以為研究上古文化之真象，提供若干線索。全文共分五章：

　　第一章「總論」：釐清觀象授時之名義，並確立研究之範圍。

　　第二章「璿璣玉衡述辨」：考辨璣衡之疑義，知觀天器為璣衡之確詁，從而可知吾國天文學水平之甚高。

　　第三章「七政述辨」：考辨七政之疑義，知日、月、五星為七政之確詁，從而可知吾國測候五緯之年代甚早。

　　第四章「四中星述辨」：考辨四中星疑義，知凡據歲差以推考堯年者，皆不可信據，其事當予闕疑，以待後賢。

　　第五章「結論」：總結上文，並提出璣衡、中星二事，以為考研堯典成書年代之線索。

# 目次

序

第一章 緒 論 …………………………………………… 1

　第一節 觀象授時之名義 …………………………… 1

　第二節 〈堯典〉觀象授時之疑義 ……………… 6

第二章 璿璣玉衡述辨 ………………………………… 9

　第一節 前賢論說述要 …………………………… 9

　　一、星辰說 ………………………………………… 9

　　二、觀天器說 …………………………………… 23

　　三、折衷說 ……………………………………… 28

　　四、帝位說 ……………………………………… 28

　第二節 前賢論說考辨 ………………………… 29

第三章 七政述辨 ……………………………………… 55

　第一節 前賢論說述要 ………………………… 55

　　一、天文說 ……………………………………… 55

　　二、人事說 ……………………………………… 60

　第二節 前賢論說考辨 ………………………… 63

第四章 四中星述辨 ………………………………… 71

　第一節 前賢論說述要 ………………………… 72

　　一、傳統說 ……………………………………… 72

　　二、否定說 ……………………………………… 85

　　三、質疑說 ……………………………………… 89

　第二節 前賢論說考辨 ………………………… 92

第五章 結 論 ……………………………………… 101

參考書目 ……………………………………………… 103

附錄一：歷代〈堯典〉四仲中星年代推算表 ……… 111

# 序

　　人類文化之肇興，科學之精進，殆與天文之觀測相偕，故上古文明之國，必為天文學發達之國。我國為世界文明古國之一，天文之測候，起源綦蚤。《周髀算經》曰：「古者包犧立周天曆度。」楊泉《物理論》曰：「神農治農功，正節氣，審寒溫，為早晚之期，故立麻日。」是並以為羲、農之世已知察候星象，且作為曆數矣。然二書之言，鑿空乏實，難違影響希附之疵，寧足信據？太史公曰：「學者多稱五帝，尚矣。然《尚書》獨載堯以來，而百家言黃帝，其文不雅馴，薦紳先生難言之。」豈虛言哉？昔展禽之論爰居，嘗謂帝嚳能序三辰以固民；郯子之對昭子，亦言少皞以鳥名師，而鳳鳥氏為曆正，則曆數之起尚矣。惟二人所陳，語焉不詳，而時代遼杳，其情不可審知。《尚書》所斷，始於唐堯，〈堯典〉弁於群書之首，此司馬遷所以考信者也。

　　考〈堯典〉曰：「乃命羲、和，欽若昊天，歷象日月星辰，敬授人時。」其下歷敘羲、和四宅候測之事，所陳觀象授時之法，視諸上引各說，其詳略實不可同日而語，堪稱吾國上古天學之枕秘，而史料之瑰寶也。顧〈典〉文質實，言簡辭約，厥義本自難彰；重以詞語之流變，文意之或湮，遂致後之說《書》者，唔咄譚辯，而異訓蜂出，岐義叢起矣，雖歷千百年之研考，經萬千人之揚搉，其不獲通詮也如故。然則，彙觀群言，董理歧訓，是其所是，非其所非，以期討〈典〉義於既湮，彰懿說於過往，或有待來者之勤劬將事邪？裕基不敏，敢效拋磚之行，其或有引玉之功乎？此本篇所由作也。

　　本文所取，惟璿璣玉衡、七政暨四中星諸疑義，以其爭訟最多，而學者之奇思謫想亦為最夥頤故也。沈潛其中，商榷是非，辨正然疑，亦頗饒興味也。惟此三疑義，經歷代碩學鴻彥之研考，終無確詁。裕基駑劣，學殖疏淺，

豈克董理紛繁於叢脞，而甲乙前賢之次第哉？幸蒙許師錟輝之開示大端，提挈綱領，復悉心斧正，始克底成，訓誨之恩，莫敢或忘。又本文之得以清繕成書，實賴好友葉文信君、拙荊周寱竹女士之全力謄繕也，謹誌於此，以示謝忱。裕基不敏，疏略訛漏之處必多，敬祈博雅君子，幸垂教焉，雖一字之賜，感同拜嘉。

中國民國七十六年五月

鄭裕基謹識於師大國文研究所

# 第一章　緒　論

　　堯居位行政，其所特重者，厤象民時也，故〈堯典〉敘堯之命官，首及羲、和之職，而《論語》載堯、舜之相傳者，亦不出此域。〔註1〕程頤曰：「事之最大最先，莫若推測天道，明歷象，欽若時令，以授人也，天下萬事，未有不本於此。」〔註2〕所言允契〈堯典〉、〈堯曰〉之精義。梅文鼎曰：「古聖人之作歷也，以敬授民時而已。天之氣，始於春，盛於夏，斂於秋，伏藏於冬，而萬物之生長收藏因之，民事之耕耘收穫因之，故聖人作歷以授民時，而一切政務皆順時以出令。凡郊、社、禘、嘗之禮，五祀之祭，蒐、苗、獮、狩之節，行慶、施惠、決獄、治兵之典，朝、聘之期，飲、射、讀法、勸耕、省斂、土功之事，洪纖具舉，皆於是乎在。」〔註3〕析釋最稱透澈。考羲、和之所職，秦氏蕙田《五禮通考》入之於觀象授時一目，〔註4〕後世之言〈堯典〉者，率從其說。然觀象授時之名義究為何指，說者不一，而羲、和之所職事者，自來亦多爭議，欲論〈堯典〉觀象授時之禮，於此不可不先知也。

## 第一節　觀象授時之名義

　　「觀象授時」一辭，隋、唐以前所未聞，隋、唐而後，於天文之占候，曆數之推步，漸有名曰「觀象」、「授時」者，如《新唐書・曆志》曰：「憲宗

---

〔註1〕《論語》卷二十，〈堯曰〉篇第一章。

〔註2〕林之奇《尚書全解》卷一引，葉二十。

〔註3〕《曆學疑問》卷一，〈論夏時為堯舜之道〉，葉十三至十四。

〔註4〕《五禮通考》卷一百八十一至卷二百，題曰「觀象授時」，羲、和所職，分見一百八十三至一百八十五、一百八十九、一百九十九等卷。

即位，司天徐昂上新曆，名曰《觀象》。」此新曆命名曰觀象者也；林之奇《尚書全解》曰：「此一段皆是觀象作曆之法，所以定中氣，起閏餘也。」王充耘《讀書管見》曰：「舜以正月朔日受終，即觀象祭告，然後會諸候。」此測候天象曰觀象者也；《隋書・天文志》曰：「宋元嘉所造儀象器，開皇九年平陳後，並入長安。大業初，移於東都觀象殿。」《明史・曆志》曰：「望許臣暫罷朝參，督中官正周濂等，及冬至前詣觀象臺，晝夜推測，日記月書。」徐光啓〈奉旨修改曆法開列事宜乞裁疏〉曰：「曆局、觀象臺二處，每月用煤六十斤。」此測候之殿、臺曰觀象者也；《隋書・律曆志》曰：「臣案九章、五紀之旨，三統、四分之說，咸以節宣發斂，考詳晷緯，布政授時，以爲皇極者也。」《宋史・天文志》曰：「蓋聖人南面而治天下，即日行而定四時，虛、鳥、火、昴之度在天，夷、隩、析、因之候在人，故《書》首載之，以見授時爲政之大也。」又〈律曆志〉曰：「不知起曆授時，何所憑據。」此頒布時令曰授時者也；《元史・曆志》曰：「（至元）十三年，平宋，遂詔前中書左丞許衡、太子贊善王恂、都水少監郭守敬改治新曆。……十七年冬至，曆成，詔賜名曰《授時曆》。」此新曆賜名曰授時者也。〔註5〕然則，「觀象授時」之稱，其或形成於唐、宋之際邪？至若直揭斯名以標識節目者，就愚所知，殆以清人秦蕙田之《五禮通考》爲首。〔註6〕秦氏而後，「觀象授時」之名漸爲世知，民國以來，言中國古代天文曆法者，如新城新藏、朱文鑫、陳遵嬀之倫，遂取其名以爲分期之標目焉。〔註7〕

　　「觀象授時」一名雖始見諸《五禮通考》，然秦氏並未釋明厥義，是以後之取用此語者，遂滋歧義。以爲「觀象授時」乃謂觀察天象，以授民時，然尚未編制曆法，其時猶非曆法時代，此一說也，新城新藏發其端，而朱文鑫、劉朝陽等羽翼之；以爲「觀象授時」乃謂觀察天象，編制曆法，以授民時，

---

〔註5〕上引諸文，分見《新唐書》卷三十上〈曆志〉六上、林之奇《尚書全解》卷一、王充耘《讀書管見》卷一、《隋書》卷十九〈天文志〉、《明史》卷三十一〈曆志〉一、《徐光啓集》卷七〈治曆疏稿〉一、《隋書》卷十七〈律曆志〉中，《宋史》卷四十八〈天文志〉一、卷八十二〈律曆志〉十五、《元史》卷五十二〈曆志〉一。

〔註6〕秦氏書《嘉禮》類有「觀象授時」一目，然此名似非由秦氏首創。疇昔圈點唐、宋人注疏，嘗及見之。彼時未隨手摘記，今雖屢加繙檢，頭爲之昏，目爲之眩，終未能踪其所在。以未克明示出處，茲姑以秦氏書爲首見。

〔註7〕三氏之說，分見《中國上古天文》，頁11、28、34、39、85、86；《天文考古錄》，頁4；《中國古代天文學簡史》，頁122，又《中國天文學史・緒論編》，頁3。

其時已爲曆法時代，此又一說也，陳遵媯唱其始，而高平子、成映鴻、劉昭民、王龍錫、曹謨諸先生應和之。〔註8〕斯二說者，皆持之有故，言之成理，實難遽斷是非，議其臧否。竊謂欲定此紛紜，息彼爭訟，殆必先釐清「觀象授時」之本義而後可。茲考其組成之原委，探其取義之所自，綜互比勘，庶能得其涵義之本眞。

「觀象授時」一語，由「觀象」、「授時」二辭組成。考「觀象」一名，首見《易繫辭》。《繫辭上》曰：「聖人設卦觀象，繫辭焉而明吉凶。」孔氏《正義》曰：「謂聖人設畫其卦之時，莫不瞻觀物象，法其物象，然後設之卦象，則有吉有凶，故下文云：『吉凶者，失得之象也；悔吝者，憂虞之象；變化者，進退之象；剛柔者，晝夜之象。』是施設其卦有此諸象也。」〔註9〕觀孔氏之意，似以本文之「觀象」者，謂「瞻觀物象」也。竊疑此說恐非作者之原意。考孔氏所引「吉凶者」一段，本承「繫辭焉而明吉凶」直下。吉凶、悔吝、變化、剛柔所示之象，即卦之象也，而吉凶悔吝，爻辭之常言；變化剛柔，彖象所習見，〔註10〕此所謂「繫辭焉」者也。由是觀之，則其所示之象即「觀象」之象明矣。且依孔氏之意推之，則「設卦觀象」一語似與「觀象設卦」之義不異，然二者文字之序既別，絜諸上下文意，亦多見其乖互不齊，恐作者原意非如此也。又後文云：「六爻之動，三極之道也。是故君子君則觀其象而玩其辭，動則觀其變而玩其占。」〔註11〕前言聖人觀象繫辭，此言君子觀象玩辭，則「設卦觀象」一句，其所觀之象，當謂《易》卦之象，彰彰甚明。孔氏於此亦曰：「『是故君子居則觀其象而玩其辭』者，以《易》象則明其善惡，辭則示其吉凶，故君子自居處其身，觀看其象以知身之善惡，而習玩其辭以曉事之吉凶。」〔註12〕觀此，益見孔氏前說之非

〔註8〕新城、朱氏之說，見同註7。前劉說見〈從天文曆法推測堯典之編成年代〉，刊《燕京學報》七期；後劉說見《中華天文學發展史》，頁3；高氏說見《學曆散論》，頁157；成氏說見《古代天文學》，頁57；王氏說見〈先秦中國天文學研究〉，刊《屏東師專學報》四期；曹氏說見《中華天文學史》，頁13。
〔註9〕《周易正義》卷七，葉五。
〔註10〕如〈乾〉卦上九曰：「亢龍有悔。」〈象〉曰：「乾道變化，各正性命。」〈坤〉卦六五曰：「黃裳元吉。」〈象〉曰：「柔順利貞，君子攸行。」〈屯〉卦六三曰：「即鹿無虞，惟入于林中，君子幾不如舍，往吝。」九五曰：「屯其膏，小貞吉，大貞凶。」〈象〉曰：「屯，剛柔始交而難生，動乎險中，大亨貞。」（以上並見《周易正義》卷一）是也。
〔註11〕同註9，葉七。
〔註12〕同註11。

考《繫辭下》曰：「古者包犧氏之王天下也，仰則觀象於天，俯則觀法於地，觀鳥獸之文與地之宜，近取諸身，遠取諸物，於是始作八卦，以通神明之德，以類萬物之情。」〔註13〕是知包犧之作卦，乃儀型天地，憲法萬物，納其象理，採厥文宜，設為卦象而賮其義焉，以探賾索隱，貽謀後昆。潛繹「觀象」之義，當以「觀象於天」為朔，〔註14〕而包卦乃取象天地萬物，用立卦象，彼象也，此亦象也，是故孼斷卦象者遂亦得冒而名曰「觀象」矣。《繫辭上》曰：「縣象著明，莫大乎日月。」又曰：「天垂象，見吉凶，聖人象之。」〔註15〕審其所言，益知「觀象」者，謂觀天所垂示之象，而日月者，象之尤大且著者也。《荀子》曰：「所志於天者，已其見象之可以期者矣。」又曰：「在天者莫明於日月。」〔註16〕所言與《繫辭》密合，足為佐證。《晉書・天文志》曰：「昔在庖犧，觀象察法，以通神明之德，以類天地之情，可以藏往知來，開物成務。故《易》曰：『天垂象，見吉凶，聖人象之。』此則觀乎天文以示變者也。」〔註17〕前言觀象、垂象，後則曰天文，其所謂象者，即天文也。《南齊書・天文志》曰：「《易》曰：『聖人仰觀象於天，俯觀法於地。』天文之事，其來已久。」〔註18〕其以觀象為即觀天文明矣。二書所言，信為《繫辭》之達詁。

「觀象」之象既為天象，則天象之涵義為何？其所賅涉之範圍又復為何？此亦有辨明之必要。《易・賁》卦〈象〉曰：「觀乎天文，以察時變；觀乎人文，以化成天下。」《繫辭上》亦曰：「仰以觀於天文，俯以察於地理。」〔註19〕察其所言，殆與包犧之俯仰二觀不異，則天象即天文也。天象所以稱天文者，高誘、孔穎達言之詳矣。高氏曰：「文者，象也。天先垂文象——日月五星及彗孛，皆謂以譴告一人，故曰天文。」孔氏曰：「天有縣象而成

是。

考《繫辭下》曰：「古者包犧氏之王天下也，仰則觀象於天，俯則觀法於地，觀鳥獸之文與地之宜，近取諸身，遠取諸物，於是始作八卦，以通神明之德，以類萬物之情。」〔註13〕是知包犧之作卦，乃儀型天地，憲法萬物，納其象理，採厥文宜，設為卦象而賮其義焉，以探賾索隱，貽謀後昆。潛繹「觀象」之義，當以「觀象於天」為朔，〔註14〕而包卦乃取象天地萬物，用立卦象，彼象也，此亦象也，是故孼斷卦象者遂亦得冒而名曰「觀象」矣。《繫辭上》曰：「縣象著明，莫大乎日月。」又曰：「天垂象，見吉凶，聖人象之。」〔註15〕審其所言，益知「觀象」者，謂觀天所垂示之象，而日月者，象之尤大且著者也。《荀子》曰：「所志於天者，已其見象之可以期者矣。」又曰：「在天者莫明於日月。」〔註16〕所言與《繫辭》密合，足為佐證。《晉書・天文志》曰：「昔在庖犧，觀象察法，以通神明之德，以類天地之情，可以藏往知來，開物成務。故《易》曰：『天垂象，見吉凶，聖人象之。』此則觀乎天文以示變者也。」〔註17〕前言觀象、垂象，後則曰天文，其所謂象者，即天文也。《南齊書・天文志》曰：「《易》曰：『聖人仰觀象於天，俯觀法於地。』天文之事，其來已久。」〔註18〕其以觀象為即觀天文明矣。二書所言，信為《繫辭》之達詁。

「觀象」之象既為天象，則天象之涵義為何？其所賅涉之範圍又復為何？此亦有辨明之必要。《易・賁》卦〈象〉曰：「觀乎天文，以察時變；觀乎人文，以化成天下。」《繫辭上》亦曰：「仰以觀於天文，俯以察於地理。」〔註19〕察其所言，殆與包犧之俯仰二觀不異，則天象即天文也。天象所以稱天文者，高誘、孔穎達言之詳矣。高氏曰：「文者，象也。天先垂文象——日月五星及彗孛，皆謂以譴告一人，故曰天文。」孔氏曰：「天有縣象而成

---

〔註13〕同註9，卷八，葉四。
〔註14〕王弼《注》曰：「聖人之作《易》，无大不極，无微不究，大則取象天地，細則觀鳥獸之文與地之宜也。」孔氏《正義》曰：「云『仰則觀象於天，俯則觀法於地』者，言取象大也。」是二氏蓋以觀象為觀測而取象也，其說非是。
〔註15〕同註9，葉二十九。
〔註16〕分見《荀子》卷十一，〈天論〉篇，葉十四、十八。
〔註17〕卷十一。
〔註18〕卷十二。
〔註19〕同註9，葉九。

文章，故稱文也。」〔註20〕是也。《易傳》所謂天文、天象者何謂也？考〈小畜〉上九曰：「月幾望，君子征凶。」〈歸妹〉六五曰：「月幾望，吉。」〈中孚〉六四曰：「月幾望，馬匹亡，无咎。」此《易》之觀乎月者也；〈離〉九三曰：「日昃之離，不鼓缶而歌，則大耋之嗟，凶。」此《易》之觀乎日者也；〈豐〉六二曰：「豐其蔀，日中見斗。」九三曰：「日中見沫。」九四曰：「日中見斗。」此《易》之觀乎星宿者也。〔註21〕是《易傳》所謂天文、天象者，蓋謂日月星辰之麗天垂象也，王弼曰：「象況日月星辰。」孔穎達曰：「日月星辰運行於天，是爲天文也。」〔註22〕是矣。考我國載籍之所謂天文者，除《周易》所及之日月星辰而外，於氣候之寒燠、風雷之疾迅、雲蜺之幻化，皆總賅其內，是故《漢書》曰：「凡天文在圖籍昭昭可知者，經星常宿中外官，凡百一十八名，積數七百八十三星，皆有州國官宮物類之象。其伏見蚤晚，邪正存亡，虛實闊陝，及五星所行，合散犯守，凌歷鬥食，彗孛飛流，日月薄食，暈適背穴，抱珥虹蜺，迅雷風祅，怪雲變氣：此皆陰陽之精，其本在位，而上發于天者也。」〔註23〕而《尚書》有庶徵之陳，《左傳》有雲物之書，〔註24〕此其驗也。

「授時」一名，首見於《鹽鐵論》，然桓氏特以之爲篇名耳，文中絕未言及「授時」二字。細審文意，則彼所謂「授時」者，乃謂爲政者當不奪農時，俾民及時耕稼，〔註25〕與後世專指頒授時令者不合。原「授時」之義，當以〈堯典〉「敬授人時」爲朔，後之言授時者，莫不本諸〈堯典〉，如王禎《農書》曰：「授時之說，始於〈堯典〉。」而李光地《月令輯要》則逐列〈堯典〉經傳於「授時」條下，是並以「授時」之名淵源自〈堯典〉也。〔註26〕高平子先生曰：「『授時』這一名詞的起源就是出於〈堯典〉的『欽若昊天，曆象日月星辰，敬授人時』的一句話。」〔註27〕所言甚是。

---

〔註20〕高、孔二氏之說，分見《淮南》卷三，〈天文〉篇題注，頁52；《周易正義》卷七，葉九。
〔註21〕以上〈小畜〉見《周易正義》卷二，葉十六；〈離〉見卷三，葉二十七；〈歸妹〉見卷五，葉三十四；〈中孚〉、〈豐〉分見卷六，葉十六、葉二至三。
〔註22〕王氏說見《周易正義》卷七，葉九。孔氏說見《尚書正義》卷三，葉六。
〔註23〕卷二十六，〈天文志〉。
〔註24〕分見《尚書正義》卷十二，葉二十；《左傳》卷十二，僖五年，葉十二。
〔註25〕卷六，〈授時〉篇，頁247。
〔註26〕分見《農書》卷一，葉四；《月令輯要》卷一，葉三十二。
〔註27〕〈中國授時制度略論〉，載《學曆散論》，頁158。

　　「觀象授時」由「觀象」、「授時」二辭組成，一源於《繫辭》，一本諸〈堯典〉，已如上述。然推其辭之取義，實植根於〈堯典〉「曆象日、月、星辰，敬授人時」之文。其始蓋鎔鍊〈典〉文為「歷象授時」一語，如朱熹曰：「羲、和主曆象授時而已，非是各行其方之事。」蔡沈曰：「羲氏、和氏，主歷象授時之官。」〔註28〕是也。後或以「歷象」之義有岐說，未若「觀象」一詞明確，遂取「觀象授時」之名以代之也。此事雖無直接證據以資證明，然似可自後人言論間接推知。蓋「歷象日、月、星辰」，本謂觀測天文，故李尋曰：「《書》曰：『歷象日、月、星辰』，此言仰觀天文。」〔註29〕即以仰觀天文解之。而秦蕙田列〈堯典〉此文於《觀象授時》之中，〔註30〕則其意可知矣。

　　觀象授時之名既取義於〈堯典〉，自當就〈堯典〉以求其碻誼。考〈堯典〉敘羲、和之歷象授時，除四宅候驗以資殷、正、平秩而外，其末則總之以「期三百有六旬有六日，以閏月定四時成歲」，是彼時已能編制曆法，且知置閏以調適四時，其法不可謂不密。《左傳》曰：「閏以正時，時以作事，事以厚生，生民之道於是乎在矣。」〔註31〕堯既以閏定時成歲，其必授諸民以厚生作事可知，故〈堯典〉於成歲之後，即言「允釐百工，庶績咸熙」也。使堯曆不為授時而作，則百工何由允釐，庶績亦何由咸熙？而允釐、咸熙二句，於此不亦贅乎？據此，則新城新藏之說實未可採信。高平子先生曰：「授時的最要課題就是觀測天上的日月星辰來確定一種預推節候來臨的規則，然後依此規則編製曆表，頒發給人民使用。」〔註32〕所言允能切合「觀象授時」之名義。

## 第二節　〈堯典〉觀象授時之疑義

　　依秦蕙田《五禮通考》所說，〈堯典〉之屬於《觀象授時》者，厥有八端，一曰觀象，二曰測景，三曰時令，四曰中星，五曰歲實，六曰置閏，七曰五星，八曰正朔。〔註33〕凡此八端，前賢之說率有岐義。惟正朔一項，〈堯典〉

---

〔註28〕朱氏說見《朱子五經語類》卷四十三，葉五；蔡氏說見《書集傳》卷一，頁5。
〔註29〕《漢書》卷七十五，〈李尋傳〉。
〔註30〕《五禮通考》卷一百八十三，葉九至十。
〔註31〕卷十九上，文六年，葉十一。
〔註32〕同註27。
〔註33〕分見卷一百八十三、一百八十四、一百九十九、一百八十五、一百八十九、一百九十八。

但言「正月上日」，不能考其詳情。三代正朔，歷來聚訟，莫有定說，〔註34〕然春秋時之曆法已不可詳考，周初年歲之說亦見參差，商有疑年，夏更無徵，況唐、虞之時邪？〔註35〕又測景一項，〈堯典〉但言「分命羲仲，宅嵎夷，曰暘谷，寅賓出日」、「申命羲叔，宅南交，曰明都，平秩南訛」、「分命和仲，宅西，曰昧谷，寅餞納日」、「申命和叔，宅朔方，曰幽都，平在朔易」耳，其所宅而平秩、平在、出日、納日，未必即後世所謂測景之事。方孝岳《尚書今語》曰：「此下，乃就當時所認為四極之地測日之出入行程，以定時之早晚，又據中國觀恆星之中，以定四季，術本簡單，不必多附會後世里差躔次之說，而亦自是里差躔次之說所由起。乃至當時四極之地止於何所，今亦不可臆定。此所謂海隅，自指當時域分所及，今無從確指其處。《說文》謂隅夷在冀州，在遼西。馬融謂即〈禹貢〉青州之嵎夷。又有謂即朝鮮，又或謂嵎夷即倭夷，即日本，此均不可知。」〔註36〕所言最得其情。且測影之術，古今或有不同，不得持後代以說往古，此猶漢之渾儀，不可持以說〈堯典〉之璣衡也。〔註37〕又時令一項，〈堯典〉所謂「寅賓出日，平秩東作。……厥民析，鳥獸孳尾」、「平秩南訛，敬致。……厥民因，鳥獸希革」、「寅餞納日，平秩西成。……厥民夷，鳥獸毛毨」、「平在朔易。……厥民隩，鳥獸氄毛」者是也。其東作、南訛、西成、朔易，為四時之政，殆與《夏小正》、〈月令〉所敘相類。惟〈典〉文樸質，未加衍敘，今雖略可推知其指，然彼時植作之事未必同於今，而《小正》、〈月令〉所舉又不必磣副〈典〉義，吾人但識四者即所謂授時之事足矣，不必巧為傅會，浪葺懸臆也。且歷來於此爭議，大抵在於四者乃專指農事，抑兼括一切時政二者。〔註38〕以〈堯典〉下文云「期三百有六旬有六日，以閏月定四時成歲，允釐百工，庶績咸熙」核之，既曰百工，曰庶績，則四者非專指農事至明，毋須絮絮辨之。至於歲實、置閏二者，〈堯典〉言「期三百有六旬有六日，以閏月定四時成歲」，所言至明，不須更辯。而春秋以前之曆法不可考，〔註39〕唐、虞更無論矣，欲持後世之曆

〔註34〕關於三代正朔之爭議，請參黃沛榮先生《周書周月篇著成的時代及有關三正問題的研究》下編。

〔註35〕參黃沛榮先生前揭書，又魯實先先生《殷曆譜糾譑》。

〔註36〕頁249（《尚書類聚》本總頁碼）。

〔註37〕見本文第二章〈璿璣玉衡述辨〉。

〔註38〕阮元《揅經室集》有異說，陳壽祺《左海文集》斥其說之非是。

〔註39〕參魯實先先生〈四分一月說辨正商榷〉，載《曆術卮言甲集》，頁185～187。

以言虞、夏，實屬荒謬。職是之故，凡此諸項，本文並予捐棄弗論。八去其五，猶有中星、觀象、五星三者在焉。其中觀象一事，即指「在璿璣玉衡，以齊七政」之璿璣玉衡也。其五星，即指「七政，日、月、五星」中之五星也。中星，即指鳥、火、虛、昴四星也。凡此三者，前賢所釋，迭有齟齬，遂致異說紛紜，疑竇叢集，苟不深論其是非，但持諸說以驗典籍所載，率有徵驗；以絜〈典〉文所言，亦若可通，非如前述五項之易於評斷也，本文即專取此三項予以述辨。至其先後次序，以察候必資儀表，故首及璿璣玉衡，且示魏源以璣衡爲〈堯典〉天文之主之意，七政與璣衡關係密切，故次焉，而殿以四中星也。

# 第二章　璿璣玉衡述辨

　　〈堯典〉敍舜受終文祖之禮，有「在璿璣玉衡，以齊七政」一事，前儒疏釋，迭有異同。昔魏源嘗言：「璇機玉衡為〈堯典〉天象之主。」又言：「〈堯典〉天象之精宏，莫要於此，而歷代異說之紛挐，亦莫甚于此。」至以為「讀《尚書‧堯典》，不明璇機玉衡之古誼，無一而可者。」〔註1〕考魏氏於機衡之說雖多可訾，然機衡名義之確定，於揅研我國古代天文學之源流，彼時文化之概況，影響至鉅，而機衡之在察，乃所以齊諧七政，是七政詁義之確定，又俟乎機衡涵義之確定矣。即此而論，則魏氏之言誠屬平允，信無過溢。本章先就「璿璣玉衡」一事討論闡述如下。

## 第一節　前賢論說述要

　　〈堯典〉「璿璣玉衡」之義，或謂星辰，或謂觀天器，或謂帝位，說者多端，未有定詁。綜觀前賢所議，約有十說，以類合之，則可別為四綱，茲分別臚列徵述如后。

## 一、星辰說

　　先秦、西漢讖緯盛出以前，群書言及「璿璣玉衡」者，皆取星辰之義。自《尚書緯‧考靈曜》著「玉儀」之法，《春秋緯‧文耀鉤》原「渾儀」之立，而機衡為渾儀之說興焉。後儒研議，大抵依違於二者之間，入主出奴，遂生

---

〔註1〕《書古微》卷二，葉一、葉二十。

齭齬。考前賢之主星說者,雖咸以星辰為的,然大同小異,間或不免,権而言之,蓋有五說。

### (一) 謂璿璣為北極星,玉衡為北斗者

1. 《星經》云:「璇璣者,謂北極星也;玉衡者,謂斗九星也。」(《續漢書・天文志》上劉昭《注》引)。

裕基按:魏源《書古微》引《星經》作「璇機,謂北極星也;玉衡,斗六星也」,且謂「此但言斗,不言北斗,則是極下維斗六星,合之《詩含神霧》言斗上一星,即天一星,亦可言七星,今但言六星者,免與北斗相混也。北斗杓前又有二星,故又曰斗九星,然皆與唐、虞玉衡之斗極無涉,蓋淺人從後改之,今校正。」〔註2〕考劉昭《注》所引《星經》,於「斗九星」下歷敘九星所主州土、候日,及所候諸郡名數,使《星經》果作六星,則《星經》下文不應取九州以傅九星,今既明舉九州為說,其文本作九星可知。至若魏氏謂《星經》但言「斗」,不言「北斗」,則「斗」必指「極下維斗六星」而非「北斗」,說實非是。何則?魏氏嘗云:「周時北斗每月所指,適與斗極月建相符,故周公作〈周月解〉,以北斗柄定閏月。」〔註3〕考《周書・周月》篇云:「閏無中氣,斗指兩辰之間。」〔註4〕而魏氏謂〈周月〉乃「以北斗柄定閏月」,是〈周月〉之斗,魏氏固以北斗釋之矣,奚謂《星經》之斗必不可為北斗邪?魏氏徒欲申己私說,不惜削他人之足以就一己之履耳,茲不取。

2. 《尚書大傳》云:「旋機者,何也?《傳》曰:『旋者,還也;機者,幾也,微也。其變幾微,而所動者大,謂之旋機。』是故旋機謂之北極。」(陳壽祺輯本卷一下,頁15)

裕基按:《尚書大傳》但言璿璣取義,不及玉衡之訓。魏源《書古微》引《漢書・律曆志》「衡,平也。其在天也,佐助璇機,斟酌建指,以齊七政」之文,謂:「《大傳》脫玉衡之解,今《漢志》此文必出《大傳》,故輯于此,以完伏義。」〔註5〕考《尚書大傳》一書,《漢書・藝文志》著錄《傳》四十一篇,至鄭玄為之《注》,乃詮次為八十三篇,後代史志書錄諸所登錄是書者,

---

〔註2〕同註1,葉一。
〔註3〕同註1,葉二。
〔註4〕卷六,頁86。
〔註5〕同註1,葉四。

於卷數之多寡，每多異說，宋世已無完本，迄明遂亡，〔註6〕今所見者，乃清儒蒐討叢殘，輯錄排比之本，敓漏訛闕，勢所不免。夫《大傳》既嘗說釋璿璣之義，宜無獨棄玉衡不訓之理，今未之睹者，蓋流傳偶闕故也。高本漢以謂《大傳》所以遺玉衡不訓，乃趨避繁難故耳，〔註7〕斯則未免厚誣古人矣。《大傳》既以璿璣爲北極，則玉衡當即星辰言之，此又理所必至者也。用此觀之，魏氏之說雖或不中，然亦不遠矣，〔註8〕今從之。又雷學淇謂《大傳》之北極，即「無象可見」之天極，非指北極星。〔註9〕考《大傳》言璿璣乃取「其變幾微，而所動者大」爲義，而璿璣即北極，則其所謂「北極」者，亦當有「幾微」之變。考《呂氏春秋》曰：「極星與天俱游，而天極不移。」〔註10〕《抱朴子》曰：「辰極不動，鎮星獨東。」〔註11〕是古人以爲天極踞天不動也。設使《大傳》以北極爲天極，則不當有「其變幾微」之訓，是知《大傳》所謂「北極」者，本就極星言也。雷氏亦識「天極不移」之理，〔註12〕然特欲證成私說，遂致迷茫失塗，而不悟其終歸乖剌不切耳。魏源亦引《尙書大傳》之文，而謂「璇機非北極，乃旋繞乎北極最近之星也」，〔註13〕是竟以《大傳》「北極」之訓爲非矣，此思之未周故耳。高本漢謂《大傳》之「北極」即今日所謂之北極星，所言甚諦。然高氏於夾註中言北極星但有自轉，並無公轉，其在天之位恆久不變，〔註14〕是又混天極、極星爲一矣，此則猶未達一間也。簡朝亮《尙書集注述疏》謂《大傳》所訓之璿璣，即《周髀算經》之「北極璿璣」，《大傳》於玉衡之訓雖亡，猶可以鄭注《大傳》「渾儀，中箭爲旋機，外規爲玉衡」之說補文，而所謂玉衡者，即《周髀算經》中六間「七衡圖」之七衡也。〔註15〕考《周髀》敍北極璿璣之用，乃所以「正北天之中」。蓋天極爲眾星周日運動之樞紐，然極處無星，標識匪易，必取

---

〔註6〕　參陳壽祺輯《尚書大傳定本・序》。

〔註7〕　《書經注釋》，頁85。

〔註8〕　以《大傳》並無明文，故魏氏所言或不中；惟以理推之，則魏氏之說離實況或亦不遠。

〔註9〕　《古經天象考》卷四，葉二。

〔註10〕　卷十二，〈有始覽〉，葉五。

〔註11〕　《內篇》卷八〈釋滯〉，頁36。

〔註12〕　同註9。

〔註13〕　同註1，葉三。

〔註14〕　同註7。

〔註15〕　卷一，葉六十。

近極之星以爲指標,朱熹曰:「北辰是那中間無星處,這些子不動,是天之樞紐。北辰無星,緣人要取此爲極,不可無箇記認,就其旁取一小星,謂之極星,這是天之樞紐。」﹝註16﹞所言是也。《周髀》求極處之法,乃測璿璣四游所極而後折中之。觀其步測必資繩表,則知《周髀》所敘「北極璿璣」一事,必非觀天器之一體,如簡氏所言者。﹝註17﹞夫簡氏於璿璣之說猶未能得《大傳》之情,則其玉衡之解亦未能礭得其宜,茲亦不從。

前賢陳宗起、皮錫瑞、章太炎等皆主此說。﹝註18﹞

### (二)謂璿璣玉衡爲北斗者

1.《史記・天官書》云:「北斗七星,所謂『旋璣玉衡,以齊七政』。」(卷二十七)

裕基按:〈天官書〉所言,本義如何,說者不一。或謂《史記》以璿璣玉衡爲北斗七星,沈彤、孫星衍、劉逢祿、吳汝綸等主之;﹝註19﹞或謂《史記》以璿璣玉衡爲觀天器,簡朝亮、高本漢等主之,而簡氏更謂其法與《周髀算經》全同;﹝註20﹞或謂《史記》乃「以成周時之天象,佐唐、虞時之天象,合而釋之,非專以北斗爲玉衡也」,而璿璣乃指北極星,魏源主之;﹝註21﹞或謂《史記》「旋璣」二字乃「徵引之體連類而及者,非謂機衡皆指北斗」,而璿璣乃謂「無象可見」之天極,雷學淇主之。﹝註22﹞考《史記》敘紫宮眾星之法與敘列宿之法並無大異,獨於北斗七星則力言其建主之功,更引〈堯典〉之文以爲證佐,其言曰:「北斗七星,所謂『旋璣玉衡,以齊七政』。杓攜龍角,衡殷南斗,魁枕參首。用昏建者杓;杓,自華以西南。夜半建者衡;衡,殷中州河、濟之間。平旦建者魁;魁,海岱以東北也。斗爲帝車,運于中央,臨制四鄉。分陰陽,建四時,均五行,移節度,定諸紀,皆繫於斗。」觀此,即知《史記》乃以璿璣玉衡爲北斗七星也。沈彤謂《史記》「斗爲帝車」以下

---

﹝註16﹞ 夏炘《學禮管窺》卷十六,葉五引。
﹝註17﹞ 參見《周髀算經》卷下,葉三。
﹝註18﹞ 分見《經說》卷二,葉九;《今文尚書考證》卷一,葉三十一;《古文尚書拾遺》卷一,葉二。
﹝註19﹞ 分見《尚書小疏》,葉八;《尚書今古文注疏》卷一下,葉三;《尚書今古文集解》卷一,葉十六;《尚書故》卷一,葉二十四。
﹝註20﹞ 簡氏說見《尚書集注述疏》卷一,葉六十四;高氏說見同註7,頁84～85。
﹝註21﹞ 同註1,葉五。
﹝註22﹞ 同註9。

數句，「即以斗建齊七政之法也」，〔註23〕所見甚諦，而孫、劉、吳諸家之說
亦是也。魏、雷二氏所論，乃為私臆取證，其曲解《史記》之義，固所必然，
無足深論。高氏於《書經注釋》一書中，嘗分析《史記》之說，以為璣衡或
有二義，一者或指北斗七星，一者或指觀天之器。然高氏以前一義於《史記》
中並無明驗，而《史記·律書》有「《書》曰『七正』，二十八舍。律、曆，
天所以通五行八政」之文，「七正」適與「二十八舍」相對，必指「天體」之
「突出明顯」者，因以為《史記》「北斗七星」一語，實乃解說「七政」二字，
並非注釋「旋璣」、「玉衡」之義，而「七政」即北斗七星也。七政既為北斗，
則璿璣玉衡必非北斗，故以璣衡為觀天器。〔註24〕高氏以《史記》證《史記》，
其法至為可取，然思慮未周，故不免有指鹿為馬之疵。夫〈天官書〉既以北
斗為陰陽、四時、五行、節度、諸紀之主，乃「運于中央，臨制四鄉」，則七
政、二十八舍自當亦主於北斗，此其證固無須遐徵，即取〈天官書〉本文驗
之足矣。〈天官書〉曰：「天則有日月，地則有陰陽；天有五星，地有五行；
天有列宿，地則有州域。」夫陰陽、五行、州域皆統於北斗，參前引《史記》
之文自明，則日、月、五星、列宿皆統於北斗可知矣。是故〈天官書〉曰：「歷
斗之會，以定填星之位。」又曰：「二十八舍主十二州，斗秉兼之，所從來久
矣。」〔註25〕觀此，則《史記》固以北斗統攝諸星也。考〈律書〉所言「七
正」，當以司馬貞《索隱》「日、月、五星」之訓為正，高氏乃以北斗七星當
之，因謂古人絕不空言「在北斗以齊北斗」，而不悟《史記》本不以北斗訓七
正也。至於簡氏所謂者，乃謂《史記》取義全同《大傳》，然其解璣衡之義實
乖《大傳》本訓既如前述，則此處亦可置而勿論矣。方孝岳《尚書今語》專
主《史記》為說，然謂〈天官書〉北斗七星之訓「合於伏生《大傳》北極為
旋璣之說，此古蓋天之法也」，〔註26〕乃欲合異為同，強作調人，非通方之論
也。他如《漢書·天文志》全襲《史記》此文，李泰棻《今文尚書證偽》亦
主《史記》為說，〔註27〕然皆未明言其義，茲不論。

2.《春秋緯·文耀鉤》云：「斗者，天之喉舌，玉衡屬杓，魁為琁璣。」（《史
　記》卷二十七〈天官書〉司馬貞《索隱》引）。

〔註23〕《果堂集》，葉十二，〈史記北斗齊七政解〉。
〔註24〕同註7，頁84～88。
〔註25〕卷二十七。
〔註26〕《尚書類聚》本，頁257。
〔註27〕〈堯典正偽〉，葉十四。

裕基按：雷學淇《古經天象考》引《文耀鈎》此文及「唐堯即位，羲和立渾儀」之語，而謂「既以璣衡名北斗，又謂璣衡是儀器，此尤緯說之自相矛盾者矣」。〔註28〕考古籍一字數義，一語多解，此例習見，如《論語・公冶長》「子路有聞，未之能行，惟恐有聞」，〔註29〕上「有」字乃「有無」之有，下「有」字則作「又」解。又《爾雅・釋蟲》有「天雞」之名，〈釋鳥〉亦有「天雞」之稱。〔註30〕此「有」之爲有，不害彼「有」之爲又，此「天雞」之爲蟲，不害彼「天雞」之爲鳥，後人不得持此遂謂《論語》咸虛而《爾雅》皆妄也。故《文耀鈎》如信以璣衡爲渾儀之專稱，〔註31〕亦不害其復以璿、璣、玉衡爲北斗中三星之私名也，猶如「后稷」爲農官之專名，亦不害其復爲姬周先祖「后稷」之稱號也。〔註32〕據此而論，雷氏之所譏彈，蓋屬無的放矢耳。

3. 《漢書・律曆志》上云：「衡權者，衡，平也；權，重也，衡所以任權而均物平輕重也。其道如底，以見準之正，繩之直，左旋見規，右折見矩。其在天也，佐助旋璣，斟酌建指，以齊七政，故曰玉衡。」（卷二十一上）

裕基按：〈律曆志〉曰：「衡，平也」，又曰「衡所以任權而均物平輕重」，又曰「其道如底」，是「衡」之狀固平直如杆，與「斗」之形相去懸遠，班固當不容混爲一譚。復考漢人之說斗，大抵分爲魁、杓二者，杓爲斗柄，其形與衡差爲近似，而杓合魁成斗，以斟酌建指，與衡「任權而均物平輕重」之義又復相近，班固或主此而同於《史記》、《文耀鈎》邪？〔註33〕

4. 《楚辭》王逸〈九辯・序〉云：「天有九星，以正璣衡。」

裕基按：王逸〈九思〉曰：「謠吟兮中壄，上察兮璇璣。」〔註34〕合〈九辯・序〉觀之，則逸蓋亦以璣衡爲北斗也。

5. 徐爰云：「渾儀之制，未詳厥始。王蕃言：『《虞書》稱"在璇璣玉衡，以齊

---

〔註28〕卷四，葉九。

〔註29〕卷五，十四章。

〔註30〕分見卷九，葉十四；卷十，葉二。

〔註31〕《晉書・天文志》引《春秋文曜鈎》云：「唐堯即位，羲和立渾儀。」未言璣衡即渾儀。

〔註32〕《大雅・生民》「后稷呱矣」之后稷，乃謂周先祖后稷也。《國語・周語》「昔我先王世后稷，以服事虞、夏。及夏之衰也，棄稷不務，我先王不窋用失其官。」此則后稷之官也。

〔註33〕漢人分斗爲魁、杓二者，其例見後文評魏源節。

〔註34〕《楚辭》卷十七，頁316。

七政"，則今渾天儀日、月、五星是也。鄭玄說："動運爲機，持正爲衡，皆以玉爲之。視其行度，觀受禪是非也"。渾儀，義和氏之舊器，歷代相傳，謂之機衡，其所由來，有原統矣。而斯器設在候臺，史官禁密，學者寡得聞見，穿鑿之徒，不解機衡之意，見有七政之言，因以爲北斗七星，構造虛文，託之纖緯，史遷、班固，猶尚惑之。鄭玄有贍雅高遠之才，沈靜精妙之思，超然獨見，改正其說，聖人復出，不易斯言矣。』蕃之所云如此。夫候審七曜，當以運行爲體，設器擬象，焉得定其盈縮？推斯而言，未爲通論。設使唐、虞之世已有渾儀，涉歷三代，以爲定准，後世聿遵，孰敢非革？而三天之儀，紛然莫辯，至揚雄方難蓋通渾。張衡爲太史令，乃鑄銅制範，衡〈傳〉云：『其作渾天儀，考步陰陽，最爲詳密。』故知自衡以前，未有斯儀矣。蕃又云：『渾天遭秦之亂，師徒喪絕，而失其文，惟渾天儀尚在候臺。』案，既非舜之琁玉，又不載今儀所造，以緯書爲穿鑿，鄭玄爲博實，偏信無據，未可承用。夫琁玉，貴美之名；機衡，詳細之目，所以先儒以爲北斗七星，天綱運轉，聖人仰觀俯察，以審時變焉。」（《宋書》卷二十三〈天文志〉一引）

裕基按：徐爰雖未明言機衡即北斗，然觀其力駁王蕃渾儀之說，終不斥先儒北斗之訓，則徐氏蓋主北斗之說也。

6. 薛季宣云：「所謂璿璣玉衡以齊七政者，七政，北斗星名；璣、衡，魁、杓也。……機衡，舊說謂渾天儀，而後世有《周髀》、《宣夜》之論。僧一行曰：『古人之步圭影，將以節宣和氣，輔相物宜，不在辰次之周徑。其重歷數，將欲敬授人時，欽若乾象，不在渾、蓋之是非。若乃述無稽之法，於視聽之所不及，則君子當闕疑而不議。或者各封所傳之器，以述天體，謂渾元可任數而測，大象可運算而窺。終於六家之說，迭爲矛盾。誠以爲蓋天邪，則南方之度漸狹；以爲渾天邪，則北方之度浸高，此又渾、蓋之家盡智畢議未有以通其說也。王仲任、葛稚川異同之辨，何益人倫之化哉？』一行善言天者，蓋無取於渾儀之說，故詳錄之。」（《書古文訓》卷一，葉九）

裕基按：薛氏所引一行諸語，見《新唐書·天文志》一，而文字略有異同。原薛氏所以引之者，蓋以一行「無取於渾儀之說」而同於己。然一行所議者乃「中晷之法」，與機衡之說無涉，實不宜資爲佐證。考《舊唐書·天文

志》載一行上疏曰：「按，〈堯典〉云：『在璿樞玉衡，以齊七政。』說者以為取其轉運者為樞，持正者為衡，皆以玉為之，用齊七政之變，知其盈縮進退，得失政之所在，即古太史渾天儀也。自周室衰微，疇人喪職，其制度遺象，莫有傳者。漢興……。近秘閣郎中李淳風著《法象志》，備載黃道渾儀法，以玉衡旋規，別帶日道，傍列二百四十九交，以攜月游，用法頗雜，其術竟寢。臣伏承恩旨，更造游儀，……，簡而易從，足以制器垂象，永傳不朽。」〔註35〕其於渾儀之說，未嘗費一辭以駁之，乃承紹前緒，更造游儀，冀垂不朽，則一行固視機衡為觀天器，薛氏所言非是。

7. 王柏云：「至舜之時，遂察斗柄之所指，比堯之法尤為簡易而詳明，故史臣喜而書之曰：『在璿璣玉衡，以齊七政。』說者疑璿璣玉衡之名非斗也，此《周髀》、《宣夜》、《渾天》儀象之制也。古人自名斗為璿璣玉衡，此固未可知，若果為渾天儀之類，制度精巧，如此之至，而史臣不應不略提其綱，而但以『在璿璣玉衡』五字而止之。」（《書疑》卷一，葉十一）

裕基按：王氏曰：「古人自名斗為璿璣玉衡，此固未可知。」似未確指機衡為北斗，然前謂舜「遂察斗柄之所指」，揆諸其意，蓋以斗說為善。考王氏〈書仰觀圖〉曰：「於是帝舜又北面而占之，以昏見斗杓之所指『以齊七政』。」〔註36〕是其明證。

8. 顧棟高云：「陸氏奎勳曰：『《史記·天官書》“北斗七星，所謂‘璿璣玉衡以齊七政’”，其說是也。《晉志》亦云魁四星為璿璣，杓三星為玉衡。蓋天文最有據者莫如斗綱所建之辰，觀之，可以知日月一歲之十二會。若以璣為運轉，衡為橫簫，是馬融之曲說也。』卓哉陸氏之見，可謂長夜一燈矣。上世制度簡質，紂作玉杯象箸，箕子已議其侈，況虞更在前千餘年，安得有珠玉為機衡之飾？且唐、虞工匠未必有此機巧也。」（《尚書質疑》卷上，葉四）

　　上列諸家，皆主北斗之說。又何休《公羊解詁》云：「北斗，天之樞機玉衡，七政所出。」徐彥《疏》曰：「即〈堯典〉『在璿璣玉衡，以齊七政。』」考〈堯典〉「璿璣玉衡」，唐一行上疏引作「璿樞玉衡」，是璿璣可曰璿樞。《春秋緯·潛潭巴》曰：「星孛於北斗璇璣，更授天子起走。」北斗璇機者，謂斗魁也；《潛潭巴》又曰：「彗星芒出於北斗樞，天子亡，諸侯息。」北斗樞者，

---

〔註35〕卷三十五。
〔註36〕程元敏先生《王柏之生平與學術》引，頁384～385。

蓋亦謂斗魁也，〔註37〕是璿璣可單稱爲樞。夫璿璣可名爲璿樞，亦可簡稱爲樞，則何休稱「璿機」爲「樞機」誠宜，徐《疏》是也。然則，何休亦以機衡爲北斗也。又劉逢祿《尚書今古文集解》亦主斗說，然劉氏引《春秋緯·運斗樞》「斗弟一天樞，弟二琔，弟三機，弟四權，弟五衡，弟六開陽，弟七搖光。弟一至弟四爲魁，弟五至弟七爲杓，合爲斗」，而謂「斗爲中官大辰，古以爲北辰，恆星之宗也」。〔註38〕考北辰之解，有唐以前諸賢，或以爲天極，或以爲北極星，絕無以北斗七星當之者。其以北斗爲北辰者，蓋首見於道家《北斗經》，而邢昺《論語疏》從之，王應麟、李壁皆正其謬矣。〔註39〕劉氏蹈襲前愆，捆北斗於北辰，非是。又屈萬里先生於《尚書釋義》、《尚書今註今譯》二書，皆從馬、鄭之說，以機衡爲觀天器，後成《尚書集釋》一書，取戴震、《史記》、《晉書》之說，遂棄前訓而主機衡爲北斗。〔註40〕

### （三）謂璿璣爲北極與斗魁，玉衡爲斗柄者

1. 江聲云：「《大傳》曰：『旋者，環也；機者，幾也，微也。其變幾微，而所動者大，謂之旋機，是故旋機謂之北極。』《運斗樞》曰：『斗弟一天樞，弟二旋，弟三機，弟四權，弟五衡，弟六開陽，弟七瑤光。弟一至弟四爲魁，弟五至弟七爲杓。』《文燿鉤》云：『斗者，天之喉舌，玉衡屬杓，魁爲旋機。』〈天官書〉云：『北斗七星，所謂"旋機玉衡，以齊七政"。』然則，北極與斗魁皆爲旋機，斗柄爲玉衡也。」（《尚書集注音疏》卷一，〈集注〉，葉二十九）

又云：「云旋機謂之北極者，〈釋天〉云：『北極謂之北辰。』《論語·爲政》篇云：『譬如北辰，居其所。』是天體運轉，而北辰乃其運轉之中央，常居其處，運而不移者，故謂之極，故曰：『其變幾微，而所動者大也』。《運斗樞》及《文燿鉤》者……〈天官書〉者……諸說皆以旋機玉衡爲北斗，雖與《大傳》不同，其誼實皆是，故備列諸說而折衷之……蓋北極者，天體左旋之機；斗之言主，北斗爲恒星之主，恒星隨之而運，二萬五千四百一十一年有餘而右旋一周者也，則斗魁爲恒星右旋之機，故北極、斗魁皆

---

〔註37〕《潛潭巴》文，《開元占經》卷九十引。
〔註38〕卷一，葉十六。
〔註39〕邢氏說見《論語正義》卷二，葉一。王氏說見《困學紀聞》卷二十，頁 1011。李氏說見《困學紀聞》翁元圻《注》上王氏文引。
〔註40〕分見《尚書釋義》頁 10，《尚書今註今譯》頁 10，《尚書集釋》頁 19。

為旋機也。斗柄則回轉于天，如偁之衡，故謂之玉衡。言玉者，蓋取其色白而晶瑩也。斗柄所建，可以審時，王者順天時以出政，必察視之，故曰『在旋璣玉衡，以齊七政』，經文甚明，無庸支說。乃俗儒謬解，以旋機為渾天儀，以玉衡為其中橫管，所以闚儀者。夫天垂象以示人，昭然易見，豈以聖人之明睿猶不能審，而必假機械之器以為智乎？甚者改旋機為璿璣，謂機衡皆以美玉為之，豈所謂虞、夏之文不勝其質乎？」（同前，〈音疏〉，葉二十九）

裕基按：江氏亦以《大傳》之北極為「運而不移」之極，所言實非，說見前。又《運斗樞》但言北斗七星之名號，且析為魁、杓二體耳，似未可遽謂渠以璣衡為北斗。江氏喜折衷群書，未曾詳考其異同離合，輒欲強使冰炭同爐，不可取。

### （四）謂璿璣為北極，玉衡為北斗者

1. 雷學淇云：「于《書》，則北辰是璿璣，北斗是玉衡，璿璣即旋機也，其旋無象，寄於玉衡，故北辰以北斗為用。」（《古經天象考》卷四，葉二）

   又云：「蓋北斗一星至四星為魁，四星至七星為杓，第四星乃杓、魁所共，其左右各三星，不偏不倚，而此獨居于正中，故謂之衡。」（同前，葉三）

   又云：「玉衡三星，即斗之第四、第五、第六星也，此三星是斗柄之直者，其平如衡，故以衡為稱。」（同前，葉五）

   又云：「天有四衡，在庫婁者為東衡（原注：四星在角宿南），即斗杓所攜；在參宿者為西衡（原注：參之中三星），即斗魁所枕；在南方者為鳥衡，即斗中所殷（原注：七星之第四、第五、第六星也。舊說以太微為衡，或以注星為衡，非是）。此三衡皆七曜軌道之所經，斗之三綱實臨蒞之，故《史記》稱為天廷。惟在北者謂之玉衡，運于天中，佐璿璣以出治，故七政皆于此受度焉。玉衡三星者，參天之義，合杓、魁以取象，則斗以名，所謂天以七紀中參成伍也。并矛、盾二星言之，是為九星，所謂〈乾〉元用九，天道以九制也。」（同前，葉五、六）

   又云：「及哀、平之世，緯書日出，竊取經師星厤及諸子數術之言，又撰附僞辭，匯而成籍，于是以武帝時洛下閎所作渾天，謂是羲和之制，璿璣玉衡皆儀器之名，北斗七星亦有機衡之目。故《考靈曜》曰：『觀玉儀之游，以命中星。璿璣未中而星中，為急；璿璣中而星未中，為舒。』《文

曜鉤》曰：『唐堯即位，羲和立渾儀。』又曰：『玉衡屬杓，魁爲璿璣。』《運斗樞》曰：『北斗七星，第一天樞，第二璿，第三機，第四權，第五玉衡，第六開陽，第七瑤光。第一至第四爲魁，第五至第七爲杓，合爲斗。』即附會《書傳》、《史記》之文而爲說者也。然《書傳》解璿璣爲旋機，未嘗說是儀器；《史記》璿璣字乃帶補上文天極之義，未嘗謂斗名琁璣。緯書恐大拂經義，乃僞撰此說以彌縫之。其實北斗七星止名玉衡，合全體言之，統名北斗；以魁衡杓三建言之，則曰天綱；專以杓端言之，則曰招搖；專以魁首言之，則曰魁綱；以九星之名分言之，則曰正、曰法、曰令、曰伐、曰殺、曰危、曰部、曰矛、曰盾，初何嘗有樞機權瑤之號乎？且斗之全體隨天左旋，並非天之樞機居其所而不動，縱假借稱之，豈有樞爲第一，機爲第三之理？變招搖曰瑤光，其附會之跡顯著易見。」（同前，葉八、九）

裕基按：雷氏《古經天象考》又曰：「璿璣之義，《書傳》詳之；極星非北辰，《呂覽》詳之，天極不移，即《論語》『居其所』之義。蓋北辰居大圜之第九重，每晝夜左旋一周，本無象可見，此即太極在天之隱象，所謂無象之象也，故曰天極，又曰北極。」〔註41〕是雷氏以天極當北辰，天極無星適當其處，不可目識，故曰「其旋無象」。又雷氏《介菴經說》卷二〈唐虞儀象之說出於附會〉一文，所言與前列諸文同，茲不贅。

## （五）謂璿璣爲北極星，玉衡爲斗極者：

1. 魏源云：「北辰爲天之樞機，謂之北極，居所不動，而近極之星旋轉乎其側，乃指以名極，謂之太一，亦謂之帝星，亦謂之天極星，雖有古今歲差之小殊，而值其位者即可稱之，是爲內璇機，《書大傳》及《周髀經》所指也。其繞乎北極星之外，在常見垣者二十餘星，皆曰紫宮，亦曰紫微垣，而垣下斗六星，晝夜循紫微垣以繞乎北極者，謂之維斗（原注：見《莊子》），亦謂之斗極（原注：見《爾雅》），亦謂之天綱（原注：見《素問》），亦謂之天一（原注：見《史記》及《淮南子》），亦謂之神斗（原注：見《尚書緯》），亦謂之太乙（原注：見《乾鑿度》鄭《注》），亦謂之斗母（原注：見道家書），亦謂之黃道極（原注：此晉以後〈天文志〉所名）。所謂斗爲帝車，運乎中央，與垣外之北斗判然不倫。蓋北辰

---

〔註41〕卷二，葉四。

爲赤道之極，而斗極爲黃道之樞，北極爲左轉天行所宗，黃極爲日月五星右轉所宗，終古無歲差，故北極星爲內璇機，而斗極則爲外璇機也。唐虞時則不以此爲璇機，而以此爲玉衡者，黃道一周是分七衡，外衡爲南至之跡，內衡爲北陸之程，其中衡爲赤道，維斗循環旋指，以成四時，正月建寅，二月建卯，三月建辰，十二月各隨其建，歲一周天，終古不忒，故惟此可爲天之玉衡。蓋北極璇機如王，中心無爲，以守至正，天之體也；斗極玉衡周旋建指，猶帝王經緯萬端，宰制群動，天之用也。若北斗七星，則在紫微垣之外，正當午方，其斗杓所建有歲差，不能與月建相應，其杓衡魁三建，皆非建寅、建卯之建，惟可正北方之子位，以佐維斗玉衡之用。故北斗爲小玉衡，而斗極則大玉衡也。然北斗玉衡不起于唐虞，而起于周。周時北斗每月所指適與斗極月建相符，故周公作〈周月解〉，以北斗柄定閏月。《史記・天官書》兼存二斗，以維斗爲唐虞天象之玉衡，以北斗爲成周天象之玉衡。其實說《尙書》者止可用斗極，不可用北斗也。……及東漢，馬、鄭沿哀、平緯書羲和立渾儀之說，遂以漢武帝時洛下閎所創銅儀解唐虞之機衡，易天象之自然爲人事之機巧，以統貫三才之七政爲日星七緯之七政，無與民時，何關敬授，而說一溷。孟康等解《史記》玉衡，不知中央帝車之北極，而混于垣外之北斗，又不知歲差，因以建北方之建同于每月建寅、建丑之建，而說再溷。祖沖之、沈括等，知斗建有歲差，不足以齊七政，而又不知爲斗極璇機古義，遂謂月建得名殆以氣之所秉；徐氏發、雷氏淇，力申斗建玉衡之義，而亦不知爲斗極，乃以四正三合傅會之，支離漫衍，治絲愈棼，而說三溷。戴氏震本《周髀書》之北極璇機，謂是黃道極，可謂卓出諸家矣，而亦不曾指出斗極循宮十二建之實象，但謂理自當然，空談無證，是以仍不得不歸諸儀器，謂唐虞時爲儀器以擬天道黃極，仍墮馬、鄭、緯書之窠臼。況全不用《周髀》之北極星爲內璇機，而專以黃道極爲旋機，又將以何者爲玉衡？故雖不信北斗之月建，而又無他象以代之，遂於玉衡一字不提，從古說經，無此詞遁。是誤以唐虞之玉衡爲唐虞之璇機，而說四溷。」(《書古微》卷二，葉一至三)

裕基按：魏氏於本卷〈堯典釋天〉下注曰：「此篇得吾友新化舉人鄒君漢勛助成其義。」則魏氏之說固經鄒氏審正，鄒氏之意蓋同於此。魏氏所謂祖沖之說者，見《宋書・律曆志》，其言曰：「月位稱建，諒以氣之所本，各隨實著，非謂斗

杓所指。近校漢時，已差半次，審斗節時，其效安在？」此乃駁戴法興古今「日有恆度而宿無改位」諸謬說者，〔註42〕與璣衡無涉。又所謂沈括說者，見《夢溪筆談》，其言曰：「正月寅，二月卯，謂之建，其說謂斗杓所建。不必用此說，但春爲寅、卯、辰，夏爲巳、午、未，理自當然，不須因斗建也，緣斗建有歲差。蓋古人未有歲差之法，《顓帝歷》，冬至日宿斗初，今宿斗六度，古者正月斗杓建寅，今則正月建丑矣。又歲與歲合，今亦差一辰，〈堯典〉曰：『日短星昴。』今乃日短星東壁，此皆隨歲差移也。」〔註43〕此乃論斗有歲差，亦不預璣衡之事。魏氏援引他說，但凡異於己意，輒指爲舛誤，實不足取。

　　以上諸家之說，區畛昭然，各有所主，故分五目敘之。他如《春秋緯·元命苞》曰：「堯眉八彩，是謂通明，歷象日月，璇璣玉衡。」〔註44〕《演孔圖》曰：「璇璣一低一昂，是七期驗敗毀滅之徵也。」〔註45〕《太玄經》曰：「天地奠位，神明通氣，有一，有二，有三，位各殊輩，回行九區，終始連屬，上下無隅。察龍虎之文，觀鳥龜之理，運諸桼政，繫之泰始極焉，以通璇璣之統，正玉衡之平。」〔註46〕《中論》曰：「昔者聖王之造曆數也，察紀律之行，觀運機之動，原星辰之迭中，寤晷景之長短，於是營儀以准之，立表以測之，下漏以考之，布算以追之，然後元首齊乎上，中朔正乎下，寒暑順序，四時不忒。」〔註47〕雖未確指名義，而其當以星辰解之，可無疑義。蓋《元命苞》雖斷四字爲句，以明衡協韻，〔註48〕然末二句當一氣貫下，日月機衡皆統於「歷象」二字，機衡之爲星辰，固不待辭費。〔註49〕觀天之器，制度有恆，以之窺天，雖有急舒之名，嫌於占筮，然必準據星辰，非謂器有急舒，〔註50〕且自來占測之術，苟不依星宿，則賴蓍龜，未聞恃器者，是觀天器不與成敗徵兆也。今《演孔圖》既言徵驗，其爲星辰而非觀天器明矣。《太玄》所敘皆天地神明之事，其言龍、虎、鳥、龜者，即《禮記·曲禮》所謂「前朱鳥而後玄武，左青龍而右白虎」，張衡〈靈憲〉所謂「蒼龍連蜷

〔註42〕卷十三，〈律曆志〉下。
〔註43〕卷七，頁43。
〔註44〕《古微書》卷六，葉五引。
〔註45〕同註44，卷八，葉一引。
〔註46〕卷七，葉八。
〔註47〕卷下，葉十。
〔註48〕明、衡皆屬十五陽韻（依陳師伯元《古音學發微》三十二部）。
〔註49〕參《白虎通疏證》卷七，葉二十四。
〔註50〕急舒之名，見《隋書》卷十九〈天文志〉上引《考靈曜》語。

於左，白虎猛據於右，朱雀奮翼於前，靈龜圈首於後」者也，〔註51〕亦即周天四象二十八宿也。七，桼二字，漢人每多通用，《太玄》之「桼政」，即〈堯典〉之「七政」也。〔註52〕「七政」之義有數說，其詳見第三章。今《太玄》既以七政爲可通統正平，其不取《大博》之說必矣，而其義亦當以星辰言之。泰始極著，殆即謂北極。泰，太古通，〔註53〕泰始即太始。《淮南子》曰：「天墜未形，馮馮翼翼，洞洞灟灟，故曰太始。太始生虛霩，虛霩生宇宙…。」《白虎通》曰：「先有太初，然後有太始，形兆既成，名曰太素。」又曰：「故《乾鑿度》云：太初者，氣之始也；太始者，形之始也；太素者，質之始也。」〔註54〕是太始者，將形未形之際，乃總統有無之機，實爲萬化之始。《史記·天官書》曰：「中宮天極星，其一明者，太一常居也。」《索隱》：「《春秋合誠圖》云：紫微，大帝室，太一之精也。」《正義》：「泰一，天帝之別名也。劉伯莊云：『泰一，天神之最尊貴者也。』」〔註55〕蓋天極居中，而眾星遶行，猶天子端拱，而群臣環列。極處無形，因最近之星而呈形，故譬之以帝，名曰太一，奉爲天神之最尊貴者。又極處無形，聽之不聞，視之不見，乃踞天不動，而列星遞旋，日月迭照，四時行，萬物生，譬猶太始馮翼洞灟，形兆之先，而大化流行，群生騰躍，故古人亦以太一爲萬物之本，如《呂氏春秋》曰：「萬物所出，造於太一，化於陰陽。」《淮南子》亦曰：「洞同天地，渾沌爲樸，未造而成物，謂之太一。」許《注》：「太一，元神總萬物者也。」是矣。〔註56〕然則，太一、太始二者，名雖異而實同也。揚氏名太一之極爲泰始極，猶北斗建指，根柢天極，古人亦名曰斗極也。〔註57〕夫器者所以闚天摹位，察三光而分宿度，歷觀前儒所說，類言以器正天，未聞以天正器。〔註58〕前既明龍、虎、鳥、龜、桼政、泰始極等皆即天而言，使雄以機衡爲

〔註51〕《續漢書·天文志》上劉昭《注》引。白虎句，原作召虎，依鼎文版《校勘記》改。

〔註52〕七、桼二字漢人通用之例，參《說文解字詁林》六下桼部桼字諸家說，又于省吾《尚書新證》卷二，葉七。

〔註53〕泰、太古通之例，請參許師錟輝《先秦典籍引尚書考》，頁66。

〔註54〕以上所引，分見《淮南》卷三〈天文〉，頁52；《白虎通疏證》卷九，葉十三、十四。

〔註55〕卷二十七。

〔註56〕以上所引，分見《呂氏春秋》卷五，葉五；《淮南》卷十四，頁30。

〔註57〕葉子奇《太玄本旨》卷七，葉八曰：「泰始，謂北極，天之樞也。」又斗極之義，請參後文評魏源節。

〔註58〕觀後引觀天器諸儒之說可知。

觀天器，必不言觀星辰以通器之統、正器之平。故知《太玄》所謂「以通璇璣之統，正玉衡之平」，必指星辰而言。《中論》敘「運機」於「營儀」之前，機之非儀，昭昭甚著，是運機當就天文言之明矣。又《中論》之「星辰」當偏指二十八宿，今「運機」既與「星辰」齊列，是機當謂二十八宿以外之星體。據此，則徐氏所謂運機者，或與《星經》、《大傳》同耶？

## 二、觀天器說

　　視機衡爲觀天器者，緯書倡之於前，馬、鄭和之於後，群儒繼武，迭加宣闡，因蔚爲學者說《書》之岱宗。歷觀漢、晉以降，史志書訓，儒彥弘議，其以機衡爲觀天器者夥矣，辜較而言，蓋可析爲三大端，述之如後：

### （一）謂璣衡即渾儀者

1.《春秋緯・文耀鉤》云：「唐堯即位，羲和立渾儀。」（《隋書》卷十九〈天文志〉上引）

裕基按：《文耀鉤》未明言機衡即渾儀，然其文實據〈堯典〉而來，故《隋書》逕引以說《尚書》之機衡。此文亦見引於《續漢書・律曆志》及《晉書・天文志》上，惟今本《續漢書・律曆志》引作「唐堯即位，羲和立禪」，禪實爲渾字之訛，當依盧文弨說正之。〔註59〕

2.《隋書・天文志》云：「『舜在琁璣玉衡，以齊七政』，則《考靈曜》所謂『觀玉儀之遊，昏明主時，乃命中星』者也。『琁璣中而星未中，爲急，急則日過其度，月不及其宿。琁璣未中而星中，爲舒，舒則日不及其度，月過其宿。琁璣中而星中，爲調，調則風雨時，庶草蕃蕪，而五穀登，萬事康也』。所言琁璣者，謂渾天儀也。」（同前）

裕基按：《尚書緯・考靈曜》敘玉儀之制，其文亦據〈堯典〉立說，則其以機衡爲玉儀明矣。鄭玄《注》玉儀謂「以玉爲渾儀也」，〔註60〕《隋書》之意蓋與之同。然《考靈曜》但言玉儀，未明稱渾儀也，則鄭義殆或然耳，未必即爲其誼。

3. 馬融云：「璿，美玉也。機，渾天儀，可轉旋，故曰機。衡，其中橫筩。以璿爲機，以玉爲衡，蓋貴天象也。」（《史記》卷二十七〈天官書〉司馬貞

---

〔註59〕盧說見鼎文版《續漢書・律曆志》中《校勘記》引。

〔註60〕《古微書》卷二，葉二引。

《索隱》引）

裕基按：馬氏語亦見孔氏《正義》，而文字略有異同，其文曰：「渾天儀可旋轉，故曰璣。衡，其橫簫，所以視星宿也。以璿爲璣，以玉爲衡，蓋貴天象也。」〔註61〕又《宋史・天文志》引馬融云：「上天之體，不可得知，測天之事見於經者，惟有機衡一事。機衡者，即今之渾儀也。」〔註62〕是馬融乃主機衡爲渾天儀者，固信而有微矣。

4. 鄭玄云：「璿璣玉衡，渾天儀也。」（《史記》卷一〈五帝本紀〉裴駰《集解》引）

又云：「動運爲機，持正爲衡，皆以玉爲之。視其行度，觀受禪是非也。」（《宋書》卷二十三〈天文志〉一引）

裕基按：《宋書》所引鄭氏語，亦見於《隋書・天文志》，其言曰：「其轉運者爲機，其持正者爲衡，皆以玉爲之。七政者，日、月、五星也，以機衡視其行度，以觀天意也。」〔註63〕所引較《宋書》爲詳。

5. 蔡邕云：「玉衡長八尺，孔徑一寸，下端望之，以視星宿，並縣璣以象天，而以衡望之。轉機窺衡，以知星宿。機徑八尺，圓周二丈五尺而強也。」（《史記》卷一〈五帝本紀〉裴駰《集解》引）

裕基按：蔡氏雖未明言機衡即渾儀，然其說解機衡皆依渾儀之制言之，固以機衡爲渾儀也。

6. 孔穎達云：「機衡者，機爲轉運，衡爲橫簫。運機使動，於下以衡望之，是王者正天文之器，漢世以來謂之渾天儀者是也。」（《尚書正義》卷三，葉六）

他如王蕃、沈括、曾鞏、林之奇、張九成、夏僎、胡士行、陳師凱、張文饒、王應麟、閻若璩、沈彤、梅文鼎、戴進賢、朱彬、徐鴻勛、楊筠如、柳詒徵……等，〔註64〕其言雖繁殺有別，義則歸於一揆，並謂機衡即渾儀也。

〔註61〕《尚書正義》卷二，葉六。
〔註62〕卷四十八。
〔註63〕卷十九。
〔註64〕王蕃說見《宋書・天文志》一引；沈括說見《夢溪筆談》卷七；曾鞏說見《尚書全解》卷二引；張九成說見《尚書精義》卷二引；張文饒說見《六經天文編》卷上引；梅文鼎說見《曆算全書》卷六；戴進賢說見《九通分類總纂》卷二百零四引；朱彬說見《經傳考證》卷一；徐鴻勛說見《學古堂日記・叢鈔》卷二；柳詒徵說見《中國文化史》第八章，其餘諸說見其人所著《尚書》

### （二）謂璣衡為王者正天文之器抑觀天之器者

1. 范甯云：「璣者，轉也；衡者，平也，若今渾天矣，王者所以正天文之器。」
〔註65〕（《太平御覽》卷二引。又余蕭客《古經解鉤沈》卷三，葉八，馬國翰《玉函山房輯佚書》亦引之）

2. 偽孔安國《尚書傳》云：「璿，美玉。璣衡，王者正天文之器可運轉者。」
〔註66〕（《尚書正義》卷三，葉四）

3. 袁燮云：「璿璣玉衡，正天文之器也。璿璣畫其象，而以玉衡望之。七政，日、月、五星也。在璿璣玉衡，所以治歷明時，亦所以觀天文而察時變。璣衡之日、月、星辰乃一定而不變者，天之日、月、星辰卻有時乎變，以璣衡而驗諸天，有一毫不合，便是災異，便是人主失德之所致。人主于此當惕然內顧，恐懼修省，以答天心，以消變異也。」（《絜齋家塾書鈔》卷一，葉二十四）

4. 王充耘云：「夫聖人之有天下也，天與之也。天運之不可以不審，祀禮之不可以不舉，皆政之大者也。故璿璣玉衡，觀天之器也，而七政在天，日、月、五星是也，察璣衡以齊七政，其觀天之術審矣。」（《書義矜式》卷一，葉十五）

裕基按：前一說與此說之異軌處，厥在前者逕以〈典〉文之璣衡為渾儀，此說則略為矜慎，其義或承前說而來，范甯《注》已見端倪，惟未逕以璣衡為渾儀，而但視為觀天之器，蓋以「渾天儀之名，漢始有之，不可以言〈堯典〉」（簡朝亮語，詳見後）故爾。後儒之主是說者，所在多有，如蘇軾、呂祖謙、黃度、蔡沈、陳經、陳櫟、黃鎮成、劉三吾、胡廣、王樵、庫勒納、王頊齡、李光地、王心敬、王先謙、曾運乾、高本漢、成滌軒、王駿觀、朱廷獻……等，〔註67〕是也。

### （三）謂璣衡與《周髀》之法通合，并詳述其器之制者

1. 戴震云：「案：璇璣玉衡，先儒徒據漢以後之渾天儀為說，皆失之。揚雄《法

---

〔註65〕《太平御覽》所引，「璣者」上復有「璿為衡」一句，與下文殊難連貫，疑原文有脫訛。
〔註66〕王本作玉，依阮元《尚書校勘記》之說改。
〔註67〕王駿觀說見《史記舊注平義》卷一，其餘諸說各見其人所著《尚書》之作。
〔之作，不錄，下仿此。

言》：『或人問渾天於雄，雄曰："洛下閎營之，鮮于妄人度之，耿中丞象之，幾幾乎莫之違也。"』渾天之器創此於三人，遂以其轉旋名之曰璇璣，以其中之窺管名之曰玉衡，雖襲取古名，非唐虞時所謂機衡也。考之《周髀算經》，謂赤道極曰正北極，謂黃道極曰北極璇璣。正北極者，左旋之樞；北極璇璣者，右旋之樞。左旋之樞，即《論語》、《爾雅》之北辰，《隋書·天文志》謂之不動處者也。右旋之樞，環繞正北極，晝夜一周而過一度，冬至夜半起正北極下子位，夏至夜半起正北極上午位，春分夜半起正北極左卯位，秋分夜半起正北極右酉位，是為璇璣四游，即吳太常姚信〈昕天論〉所云『冬至極低，夏至極高』者也。璇璣須月建推移，夜半所至，用知日躔發斂，而黃道之高下亦昭然矣。衡，橫也。橫界冬夏至，相距四十餘度之間，古有分、至、啟、閉，謂之八節，準以設衡。宜為衡者五，外衡冬至，內衡夏至，中衡春、秋分，自內而外為之次。五衡相距不均，其於黃道得均分之限八。日躔斂北，入次四衡為春，入次二衡為夏，當其衡，啟也；日躔發南，出次二衡為秋，出次四衡為冬，當其衡，閉也。《周髀》之七衡為六間，則當其衡為十二中氣，當其間為十二節氣。惜乎漢以來為渾天儀，未能深考機衡本象，使古者測天之器不傳，釋〈堯典〉者因漢製附會，故似同而異，似是而非。」（《尚書義考》卷二，葉十一）

裕基按：戴氏以《周髀》法說〈堯典〉之璣衡，除見於前所引文外，復於《五禮通考》、〈原象〉及〈周髀北極璿機四游解〉等文中，三致其意焉，〔註68〕蓋以為發千古之湮霾，探潛淵之驪珠矣。然《周髀》所謂「北極璿機」者，實指北極星，與黃道極無涉，錢大昕、鄒伯奇、陳澧、魏源、簡朝亮、陳遵嬀皆已辨之詳矣。〔註69〕

2. 簡朝亮云：「渾天儀之名，漢始有之，不可以言〈堯典〉也。……或曰：『伏生《大傳》，以北極為旋機，非象天之器也。……。』……繇今攷之，伏義不其然也。微論為斗，為北斗，為樞星，苟如其說，將察一星遂可齊七政乎？且星本無名，自人名之，故星名無常。鳥、火、虛、昴，不

---

〔註68〕見《五禮通考》卷一百八十一，葉二十九至三十；《戴震文集》卷五，頁120～123。又王欣夫《蛾術軒篋存善本書錄》（見《文史集林》第六輯，頁247），謂《通考》「觀象授時」一大類為戴震所作。

〔註69〕魏源說見《書古微》卷二，葉九；其餘諸人之說，請參陳遵嬀《中國天文學史·緒論編》，頁163～165。

知其爲星也，經曰星鳥，曰星火，曰星虛，曰星昴，則知其爲星矣。機衡爲星，則經必立文以著之也。《周髀》云：『欲知北極樞，璿周四極，常以夏至夜半時，北極南游所極；冬至夜半時，北游所極；冬至日加酉之時，西游所極；日加卯之時，東游所極，此北極璿璣四游，正北極樞璿璣之中，正北天之中。』此〈堯典〉璿璣之義也。北極樞者，赤道之極也，而黃道之極根於赤極焉。戴氏震以北極璿璣爲黃極者，非也。北極環游四極，故《大傳》云：『旋者，環也。』又云：『旋機謂之北極。』伏義猶《周髀》也。《周髀》機與機通，《大傳》以幾微釋機者，其言義也，故《法言》亦以幾乎幾乎稱渾儀也。馬氏以轉旋釋機者，言其形也。《大傳》以環釋旋，又言所動者大，則其形固具矣，惜夫《大傳》玉衡之說亡也。然《史記索隱》引鄭《大傳注》云：『渾儀中筩爲旋機，外規爲玉衡也。』則伏義從可知也。《周髀》云：『凡爲日、月運行之圜周，七衡周而六間，以當六月，節六月爲百八十二日八分日之五，故日夏至在東井，極內衡；日冬至在牽牛，極外衡也。』故曰：『冬至、夏至者，日道發斂之所生也。』又云：『春分、秋分，日在中衡，春分以往，日益北，……秋分以往，日益南。』此〈堯典〉玉衡之義也。中衡者，赤道也。赤道外二十四度，則外衡也；赤道內二十四度，則內衡也，張衡〈靈憲〉言『黃道出入赤道二十四度』者是也。今法，得二十三度半焉。蓋正其衡爲中氣，遞其間爲節氣，七衡之間，天氣以平，平衡之義也。自內而外，四游圜規，運衡生規之義也。衡有橫象，橫，古作衡，以衡爲筩，橫而視之，衡橫之義也。馬義據漢制渾儀言之，得其一而遺其二也。《周髀》不言爲筩者，略也，若非爲筩，則無以視星宿而察之也。」（《尚書集注述疏》卷一，葉六十至六十三）

裕基按：簡氏說伏生《大傳》之義實非伏氏本旨，說詳前。

　　以上三說雖各有異同，其以機衡爲觀測天文之器則一也。此外，吳大澂《古玉圖考》收錄「璿璣」乙器，吳氏云：「是玉外郭有機牙三節，每節有小機括六，若可鈐物使之運轉者，疑是渾天儀中所用之機輪，今失其傳，不知何所設施。雖非虞夏之物，審其制作，去古不遠也。」〔註70〕陳直《史記新證》從之。〔註71〕比利時學者亨利・米歇爾（Henri Michel）亦以爲此玉乃上

〔註70〕頁 51。

〔註71〕頁 2。

古觀測天文之器，其好入之以琮，即可資以測驗，古人以之測定眞北極暨二至圈。〔註 72〕考呂氏所錄璿璣，其機牙錯出參差，其間距亦脩短不一，必不克鈴物令轉，且玉質易碎，其能周旋數而牙不毀邪？米氏所言雖較吳氏似爲可信，然器名璿璣，而其機牙之位合於北斗者，僅樞、權、玉衡、開陽四星，獨無璿、璣二星，則器之命名失所資矣。且其機牙既定，自未能隨星辰之周轉伏見而呈象於器，此則以器限天，非所以藉器觀天，胡得名曰測天之器邪？米氏之言未允。〔註 73〕

## 三、折衷說——謂星辰、觀天器二說皆不可棄者

1. 馬明衡云：「機衡之說，經家甚詳，但歷家以斗魁爲機，斗杓爲衡，其說恐亦不可棄。蓋斗所建之辰乃歲星與日同次之月，則爲十有二歲之太歲；每月指一辰，則爲十有二月；指兩辰之間，則爲閏；日月所會，則爲辰；魁、樞、機、權、衡、開、搖屬九州，則爲星土，是皆關係人事甚重者。」（《尚書疑義》卷一，葉二十四）

裕基按：自來說機衡者，其主星辰說者，則詆儀器說爲妄，其主儀器說者，亦斥星辰說爲非，二者譬猶薰蕕不同器，冰炭不同爐，其不相入也必矣，即或有兼容並蓄者，亦但示「廣異聞」之意耳，〔註 74〕獨馬氏冶二說爲一爐，揆其意旨，蓋欲折衷是非，調和異論也。

## 四、帝位說

段玉裁：「或以在璿璣爲在帝位，或云觀於機衡而陟帝位（原注：裴松之〈文帝紀注〉：「魏王上書曰：『堯禪重華，猶下咨四岳，上觀璿璣。』」與鄭《注》視其行度以觀天意說合），或專指儀器觀天言之，今古家說之異也。」〔註 75〕段氏以機衡之訓古有三說。考裴《注》所引魏王書，其文但敘堯、舜禪讓故事，並未顯言其義，又無佗事可徵，判別匪易，似不宜任意推斷。況

---

〔註 72〕參何丙郁、何冠彪《中國科技史概論》，頁 146。

〔註 73〕以上評騭吳、米二家之說，請參勞榦先生〈中國早期符契〉一文，收入《漢晉西陲木簡新考》，頁 59～71。

〔註 74〕朱熹曰：「今詳《經》文簡質，不應北斗二字猶用寓名，姑存其說，以廣異聞。」（《尚書通考》卷三，葉一引）

〔註 75〕《古文尚書撰異》卷二，葉三。

如段說，則觀璣衡本為舜受終後所行之事，此時堯猶居寶位，不得逕謂「觀於機衡而陟帝位」。且璣衡之在察自有其原由，以璣衡為儀器者，如錢時、胡士行二人，所論咸與鄭恉密合，〔註76〕苟依段氏之例，固當別立一目，而段氏乃不之別，何哉？夫璣衡之義不異，不得以原由之不同，遂謂所訓異疇。今但取段氏帝位之名，不從其分類。

1. 李善云：「天機，喻帝位也。」（顏延年〈宋文皇帝元皇后哀策文〉李《注》，《昭明文選》卷五十八，葉三）

裕基按：顏氏〈哀策文〉曰：「伊昔不造，鴻化中微，用集寶命，仰陟天機。」著一「陟」字，蓋猶〈堯典〉「汝陟帝位」之意，李氏以帝位解之，殆信符顏恉。氏於帝位句下復云：「《尚書·考靈耀》曰『璿璣玉衡，以齊七政』，《尚書》為此機，曹植〈秋胡行〉曰『歌以永言，大魏承天機』，然機與機同也。」〔註77〕以顏文、曹詩之「天機」句即駷括〈堯典〉機衡事。然顏氏但言「天機」，不曰「璿機」若「機衡」，則其所謂「天機」者，未必即出《虞書》。藉曰顏氏「天機」一辭誠取義於〈堯典〉，亦未必碻得《尚書》本義。蓋《尚書》明言「舜讓于德，弗嗣」，其下未聞堯勉舜強行之語，而〈堯典〉之末復別徵庸與在位為二，是舜實未陟帝位，則在機衡事必非陟帝位又可知矣。故以璣衡為帝位，乃李氏一家之私說，非通方之論也。

以上所陳四綱十說，帝位說乃李善一家之私論，其義顯與《尚書》違迕，不足深論。折衷說乃兼取星辰與觀天器二義，星、器二說之是非苟獲裁斷，則其說之是非亦因之而定矣。故知欲明機衡本義之關鍵，乃在星、器二說究以何者為是，抑或二說皆謬而別有新義？此將於下一節詳予考評。

## 第二節　前賢論說考辨

### 一、星辰說考辨

昔之主星辰說者，如《星經》、《大傳》、《史記》、《文曜鉤》等，但言機衡為星辰，或稍及人事理地與之相應之說，類未加闡釋，其剖析厥理，以明大用者，蓋渺乎不可遘也。雖然，揆度諸家之恉，殆與班《志》妙合，皆取

〔註76〕分見《尚書詳解》卷一，葉十二；《尚書通考》，卷二，葉十六。
〔註77〕其文有訛誤，參同註75。

－29－

其斟酌建指，開示民時也。﹝註78﹞厥後，江聲、雷學淇、魏源之倫所述，雖旁徵博引，繁而不殺，甚至別創新解，立異前賢，要不出建指之域。是主星辰說者，雖有五家異同，其以建指爲本一矣。考建指之根柢，乃在古人以北斗爲可轉建，故欲論星辰說之是非，必自斗建始。歷觀前賢之持斗建以釋璣衡者，蓋有可商者五焉。茲分述如下。

1. 覈案〈堯典〉本文，羲、和之欽若昊天，其要乃在歷象日、月、星辰，敬授民時。今觀其四宅，寅賓出日於東，寅餞內日於西，以星鳥、星火、星虛、星昴正四仲，然後百工允釐，庶績咸熙，則堯時之觀測天象，以資爲授時立政之大法者，日、月、星辰也，而鳥、火、虛、昴四者尤居鈐鍵，然未及北斗。舜受終文祖，此時堯猶未去天子之藉，是故舜雖受終，凡官員政事，一遵堯時故法，必俟帝堯殂落，三年喪畢，而後命官授職，寅亮天工，〈堯典〉所敘，本自歷歷。考〈堯典〉次舜「在璿璣玉衡」之事，乃緊承「受終文祖」而下，則其時猶蒙唐堯故事可知。堯崩，舜履籍治事，所命諸職，獨闕測候之官。然欽若歷數之政，三代所崇，《論語・堯曰》之言是矣，﹝註79﹞舜新陟帝位，不容驟去堯時大政。且舜之即位，命棄后稷，播時百穀，是舜固非厲民自奉之昏君，斷不至輕忽民時，以飢黎庶。然則，舜之未命測候之官者，蓋以欽天者乃世襲之職，位必素定，法實相因，故不復更命耳。《晉書・律歷志》云：「陶唐則分命羲、和，虞舜則因循堯法。」﹝註80﹞所言允得其情。夫堯崩後，舜猶行羲、和舊法，則前此三十年，羲、和之法式俱在，測天之術必無大異。乃王柏謂此時舜遂察斗柄，比堯法猶爲簡明，說實非是。蓋舜以四岳舉薦而徵用，歷試三載，乃使受終。方其歷試也，三載之中，徽五典，納百揆，賓四門，入大麓，皆能致其熙穆，故堯欲使舜陟位，數其功曰：「乃言致可績。」夫以舜之勞心勞形，未必即有餘晷從事創作。以帝堯在位之久，敬天之誠，益以羲、和知天之深，測候之勤，歷數十載，其正四仲，猶取諸中星。而舜於徵用之前，乃以孝著名宇內，未聞其精於測候，徵用之後，復鞅掌政事，悉心建言，乃三年之中，即能度越前修，發明精諳天文如羲、和者之所未能發明，此豈恆情哉？

---

﹝註78﹞《大傳》以旋爲還，有周而復始之意，而機有幾微之變，則非居所不逐，揆其意，殆亦言其旋行示時也。

﹝註79﹞《論語》卷二十〈堯曰〉章：「咨！爾舜！天之歷數在爾躬，允執厥中。四海困窮，天祿永終。」（葉一）

﹝註80﹞卷十七。

況彼時舜猶未居大位，凡事皆蒙故制，如前所述，亦不容忽立新法，以代舊式。是知王柏所言，實鑿空臆語也。由是觀之，舜之齊七政，必無棄中星而獨取北斗之理。此可商者一也。

2. 日、月、五星之運行有常，昔賢所謂斗建者，實未可齊諧七政。〔註81〕斗杓所指雖可標識四時，然其法必待周天已分，八方既定，且須一棄周天辰宿，專絜八方定位而後可，《淮南・天文》篇所言是矣。考堯時之周天分度猶未縝密，〔註82〕八方之位亦未必確立，是以四仲之正必取昏中，觀羲、和四宅可知。即如《夏小正》之敘十二月節候，唯於正月、六月言斗柄之下上，於七月言「斗柄縣在下則旦」，此外，於正月則曰「鞠則見」、曰「初昏參中」，三月則曰「參則伏」，四月則曰「昴則見」、曰「初昏南門正」，五月則曰「參則見」、曰「初昏大火中」，七月則曰「漢案戶」、曰「初昏織女正東鄉」，八月則曰「辰則伏」、曰「參中則旦」，九月則曰「內火」、曰「辰繫於日」，十月則曰「初昏南門見」、曰「織女正北鄉則旦」；〔註83〕《易・豐》卦六二曰「日中見斗」，九三曰「日中見沬」，〔註84〕是北斗與鞠、參、昴、沬、箕、南門、大火、織女等列星無以異。而《小正》於織女亦言其東、西鄉，則取星辰之鄉四方以標識節候者，固亦不限於北斗也。有漢測候清臺，以昏明中星課日所在，雖取詣於承天〔註85〕然觀候中星之事，炎漢所重，又從可知矣。漢人之去堯、舜幾二千載，使北斗允為齊諧七政之妙式，奚為其人必崇奉羲、和之舊守，轉棄虞舜之新要？是知北斗轉建，其於古人明時正事之助，不如列宿河漢之弘且大也。夫周人既視北斗與列星無異，標誌節候亦未特重之，炎漢之言斗建者紛紛，而臺官測候猶資中星，則虞舜復在周、漢之前，自不應徒恃斗建耳。況《尚書》第言鳥、火、虛、昴，絕未言及北斗乎？此可商者二也。

3. 前儒之言斗建者，除雷學淇主《史記》魁、衡、杓三建而外，大柢皆主斗柄轉建，則斗建之所宜特重者，乃在北斗末三星所成之柄也。今欲齊七政，

〔註81〕北斗為天之經星，其所殷、枕者，皆有常度，不隨時更易，且有歲差，豈能資以檢驗七政之行運？
〔註82〕〈堯典〉謂「期三百有六旬有六日」，所言歲實與天運不合，則其周天之分度未密可知。
〔註83〕《大戴禮》卷二，葉三至十八。
〔註84〕《周易正義》卷六，葉二至三。
〔註85〕《宋書》卷十二〈律曆志〉中。

獨取璿、璣、玉衡三星以名之，二星在魁而一星在柄，揆厥去取，寧無失之偏頗？況歷考先秦載籍，凡援引璇穹星辰者，設非專據私名，則必統括總號，絕未見約取數星之名以代全稱，如北斗之命曰璿璣玉衡者。〔註86〕此可商者三也。

4. 仰視紫虛，灝然無此疆彼界，而群星羅列，復如恆河沙數，苟欲資以定四時，占吉凶，自待區以別之，名以稱之而後可。然列星紛繁，勢未能逐一名之，而星形畢肖，又不可憑虛呼之，故古人之於星辰，類皆分割天部，以明區畛。至其命名所由，除縣象最明之日、月，摹形繪體之星字而外，其餘亦恆與人事相應。張衡曰：「眾星列布，體生於地，精成於天，列居錯峙，名有攸屬，在野象物，在朝象官，在人象事。」〔註87〕高平子先生曰：「西方星名多自巴比倫、埃及、希臘、阿拉伯等國土傳來，其取材多出於神話，其後稍以學藝工具益之。中國則自甘氏、石氏以來，其取象以人神尊卑官曹為主要，輔以州國地名，雜以家人器用。多則合數十星為一名，少則一星一名。」〔註88〕其說是矣。星辰命名，密合人事，流衍既久，後世反有取星名以命人事者，故珠玉有明月之號，而丹藥有北斗之稱，〔註89〕然溯其肇始，則必以人事命之。就北斗而言，亦當如此。《說文》曰：「斗，十升也，象形，有柄。」〔註90〕考斗字於甲文作卂、卂，〔註91〕於金文作𢆶、𢆶，〔註92〕並象有柄之容器形，是《說文》之釋形磵得其誼也。驗諸載籍，《呂氏春秋》載趙襄子觴代君，先具大金斗，「酒酣，反斗而擊之，一成，腦塗地」，〔註93〕《戰國策》亦載其事，且曰「令工人作為金斗，長其尾，令之可以擊人」，〔註94〕是斗有柄，可執以擊人。《公羊傳》謂晉靈公怒膳宰熊蹯不熟，「以斗擊而弒

〔註86〕古人名星宿或有合二為一者，如庫樓是也，說見本文評魏源節，然決未有合三星為稱者。
〔註87〕《晉書》卷十一，〈天文志〉上引。
〔註88〕《史記天官書今註》，頁1。
〔註89〕《淮南・氾論》：「明月之珠，不能無纇。」許《注》：「夜光之珠，有似月光，故曰明月。」（卷十三，頁21）《抱朴子・內篇》卷四所載藥名，有名曰日、月、北斗、太乙者。
〔註90〕卷十四上。
〔註91〕參《甲骨文字集釋》第十四，頁4103。
〔註92〕參《金文編》卷十四，葉九。又《金文詁林補》卷十四，頁4038。
〔註93〕卷十四，〈孝行覽〉，〈長攻〉篇，葉二十四。
〔註94〕卷二十九，〈燕策〉，頁1050。

之」，〔註95〕蓋亦舉斗柄而擊之以魁也。《詩・小雅・大東》曰「維北有斗，不可以挹酒漿」，又曰「維北有斗，西柄之揭」，〔註96〕曰挹酒漿，曰西柄，是天文之斗乃取象於物用之酒斗，故有容漿之魁，亦有揭舉之柄。《春秋》文公十四年《經》「有星孛入于北斗」，《公羊傳》曰：「其言入于北斗何？北斗有中也。」何休《解詁》曰：「中者，魁中。」《穀梁傳》曰：「其曰入北斗，斗有環域也。」范甯《集解》曰：「此言入者，明斗有規郭，入其魁中也。」〔註97〕《星傳》曰：「魁者，貴人之牢也。」又曰：「孛星見北斗中，大臣、諸候有受誅者。」〔註98〕是北斗有魁。《楚辭・遠游》曰：「攬彗星以為旍，舉斗杓以為麾。」〔註99〕而《夏小正》言斗柄之上下，《周書・周月》亦言斗柄建指，〔註100〕是北斗有柄。又《國語・周語》曰：「昔武王伐殷……辰在斗柄。」劉歆《世經》謂是日「合辰在斗前一度」。〔註101〕是知雖天之南斗亦取象於酒斗而有柄也。夫北斗七星，依《史記・天官書》所言，斗魁匡中有貴人之牢，開陽之旁則有輔星，〔註102〕凡此並與北斗密近，而貴人之牢更在魁中，使無具體可肖之物，依常理推之，古人固當合貴人之牢、輔星、北斗為一，不應判之為三。今既判以為三，必取象酒斗故也。乃段玉裁曰：「斗有炳者，蓋象北斗。」〔註103〕實屬倒因為果。王筠謂段氏以斗有柄蓋象北斗之言「說似倒置」，〔註104〕所論甚諦。天文之北斗既以酒斗為象，則斗為其原始之名，宜無可疑。閻若璩曰：「予嘗謂包犧氏仰則觀象於天，帝嚳序星辰以著眾，亦是大概星有其名，未必如晉一千四百六十四星盡有名目如是之詳，如北斗第一至第四星為魁，第五星至第七星為杓，如斯而已。至第一星曰天樞，二曰璇，三曰機，四曰權，五曰玉衡，六曰開陽，七曰搖光，分明是有〈堯典〉以後，人據〈堯典〉之文以分名其七星。」〔註105〕

---

〔註95〕《公羊》宣六年《傳》（卷十五，葉十二）。

〔註96〕《毛詩正義》卷十三之一，葉十一至十三。

〔註97〕《穀梁》文十四年《傳》（卷十一，葉七）。

〔註98〕《漢書》卷二十七下〈五行志〉下，劉向說《春秋》星孛北斗事引。

〔註99〕卷五，頁 170。

〔註100〕前文并已引之，可參看（分見本文頁 31，頁 10）。

〔註101〕《漢書》卷二十一下〈律曆志〉下。

〔註102〕卷二十七。

〔註103〕《說文解字注》卷十四上，葉三十二。

〔註104〕《說文釋例》，《說文解字詁林》十四下引。

〔註105〕《尚書古文疏證》卷六上，葉二十一至二十二。

於包犧、帝嚳之說稍涉玄誕，餘皆近情，當屬可信。乃王柏曰：「夫列星之所以名，亦人自名之耳，何以知璿璣玉衡與北斗孰先而孰後也？」〔註106〕疑機衡之名前於北斗，其說實誤。夫事物之命名必有理義，北斗七星所以名曰北斗者，以其象酒斗，前已言之詳矣。彼名北斗曰機衡者，說將安出？將謂取三星以爲總稱邪？則先秦未見其例。將謂北斗前四星爲魁，爲璿璣，後三星爲杓，爲玉衡，猶庫樓十星，其六大星彎曲爲庫，西南四星方斜爲樓，因合爲庫樓邪？〔註107〕則庫樓之名乃以六星象府庫，四星肖岑樓故也。斗杓之名曰玉衡者，猶可以其狀似倨之衡，其色如玉之瑩，如江聲所言者解之。〔註108〕至於斗魁之名曰璿璣者，義將安在？謂其狀類珠璣邪？則四星規廓，形實似筐，與珠璣之狀異趣。謂璿璣本作旋機，〔註109〕取其轉旋如機邪？則北斗本不旋轉，不得以機旋況之。藉曰因周日運動而謂其可轉旋，則斗亦惟遶極以行耳，似不副旋機之義。且星辰莫不轉也，玉衡之不曰旋機，論者猶可以杓、魁之形不類爲口實，若乃天市垣之斗，北宮之南斗，皆與北斗同形，其周日運動復與北斗無異，然未聞二者之魁別有旋璣一名，是又不可以索解矣。考北斗、斗、南斗三者，正以其形與容器之斗相似，故皆以斗名之。葉大慶《考古質疑》曰：「均謂之斗者，豈非雖多寡不同而擬諸形容則一歟？」〔註110〕所論至碻。是知王柏之說，疵玷實繁，未可置信。此可商者四也。

5. 北斗暨二十八宿皆天之經星，雖因時有古今之異，星以進退不齊，然其進退之度甚微，故斗杓所値經星大體有定準。《史記・天官書》曰：「杓攜龍角，衡殷南斗，魁枕參首。」檢勘今之星圖，與《史記》所敘實相符契。〔註111〕夫司馬遷之年代去今垂二千載，〔註112〕而彼時北斗之所殷枕，與今日實況猶相契合，斗建有常，信有明驗。昔段成式謬取變位以解斗建，姚鼐以「北斗所建有常，焉有變理」責之，〔註113〕允稱的當。夫斗杓所指既有常經，則杓建所向，必無隨四時之更迭，遂改其恆度之理。然則，凡取斗柄轉建十二辰

---

〔註106〕《書疑》卷一，葉十一。
〔註107〕庫樓星見《晉書》卷十一〈天文志〉上。
〔註108〕《尚書集注音疏》卷一，葉二十九。
〔註109〕參段玉裁《古文尚書撰異》卷二，葉一。
〔註110〕葉大慶《考古質疑》卷三，葉十至十一。
〔註111〕參山本一清《宇宙壯觀》第三編，頁486所附星圖。
〔註112〕此取其大較耳。
〔註113〕《惜抱軒筆記》卷七，頁205～206。

以識四時者，皆不宜別二十八宿爲十二辰以指實言之，必也一棄周天辰宿，獨憑方位而後可。驗諸載籍，固亦信而有徵。考今傳先秦典籍之言及斗者，概略見前，其中《詩經・大東》、《國語・周語》二者所言，乃指二十八宿之南斗，非謂北斗。其明稱北斗者，蓋自《春秋經》始。然《春秋經》謂有星孛入于北斗，未言斗柄所向，餘如《星經》、《夏小正》雖俱言及北斗，然《星經》但說九星所主，未言斗炳所向，《夏小正》稍及斗柄之上下，亦未以斗建名之。至《周書・周月》篇出，乃謂一月既南至，「斗柄建子，始昏北指，……日月俱起于牽牛之初，右回而行，月周天進一次而與日合宿。日行月一次而周天，歷舍于十有二辰，終則復始，是謂日月權輿。」〔註114〕斗建之名蓋昉乎此矣。觀《夏小正》之言上下，〈周月〉之言建子，皆不以星辰指實言之，而上下、子丑，概屬方位，是可證凡察斗建以識四時者，必棄星辰而取方位也。厥後《淮南・天文》紹述〈周月〉之說，其言曰：「紫官執斗而左旋，日行一度，以周於天。……正月建寅，日月俱入營室五度。」又曰：「日多至則斗北中繩，……日夏至則斗南中繩。」又曰：「斗指子則多至，……加十五日指癸則小寒，……加十五日指丑則大寒，……加十五日指報德之維則越陰在地，……加十五日指寅則雨水，……加十五日指甲則雷驚蟄，…加十五日指卯中繩，……加十五日指乙則清明風至，……加十五日指辰則穀雨，……加十五日指常羊之維則春分盡，……加十五日指巳則小滿，……加十五日指丙則芒種，……加十五日指午則陽氣極，……加十五日指丁則小暑，……加十五日指未則大暑，……加十五日指背陽之維則夏分盡，……加十五日指申則處暑，……加十五日指庚則白露降，…加十五日指戌則霜降，……加十五日指蹏通之維則秋分盡，……加十五日指亥則小雪，……加十五日指壬則大雪，……加十五日指子。」又曰：「帝張四維，運之以斗，月徒一辰，復反其所。正月指寅，十二月指丑，一歲而匝，終而復始。」又〈時則〉篇曰：「孟春之月，招搖指寅，昏參中，旦尾中。……仲春之月，招搖指卯，昏弧中，旦建星中。……季春之月，招搖指辰，昏七星中，旦牽牛中。……孟夏之月，招搖指巳，昏翼中，旦婺女中。……仲夏之月，招搖指午，昏亢中，旦危中。……季夏之月，招搖指未，昏心中，旦奎中。……孟秋之月，招搖指申，昏斗中，旦畢中，……仲秋之月，招搖指酉，昏牽牛中，旦觜嶲中。……季秋之月，招搖指戌，昏虛中，旦柳中。……孟冬之月，

招搖指亥，昏危中，且七星中。…仲冬之月，招搖指子，昏壁中，且軫中。……季冬之月，招搖指丑，昏婁中、且氐中。」高誘《注》曰：「招搖，斗建。」〔註115〕是〈時則〉雖改標招搖之名，其法實即斗建。凡此所敘皆視〈周月〉爲詳，而莫非以十二方位言者。其中〈時則〉所陳，於昏、且皆著中星爲驗，於招搖則第以子丑寅卯名之，絕不別著星辰，此可證杓建有常，不可以星辰解之。此外，如《大戴記‧誥志》篇曰：「虞、夏之厤，正建于孟春。於時冰泮發蟄，百草權輿，瑞雉無釋。物乃歲俱生於東，以順四時，卒於冬分。於時雞三號，卒明。載于青色，撫十二月節，卒於丑。」〔註116〕所言與〈周月〉、《淮南》同趣，司馬遷取之，著於〈曆書〉。《漢書‧律曆志》曰：「斗綱之端連貫營室，織女之紀指牽牛之初，以紀日月，故曰星紀。五星起其初，日、月起其中，凡十二次。日至其初爲節，至其中斗建下爲十二辰。視其建而知其次。」又曰：「辰者，日月之會而建所指也。」《禮記‧月令》鄭《注》曰：「日月之行，一歲十二會，聖王因其會而分之以爲大數焉，觀斗所建，命其四時。此云孟春者，日月會於諏訾而斗建寅之辰也。」〔註117〕二者乃謂周天十二次，凡日、月所會之次，皆可以斗建推知，並可以斗建之辰呼之。如日、月會於星紀之月，初昏，斗柄指正北方，在子，因呼星紀次爲子；日、月會於玄枵之月，初昏，斗柄指北北東方，在丑，因呼玄枵次爲丑。反之，見斗柄之指子，則知日在星紀，見斗柄之指丑，則知日在玄枵，餘可類推。此即鄭玄所謂「辰與建交錯貿處，如表裏然」者也。〔註118〕推原古人所以創設此法者，殆爲趨簡便故也。蓋白晝日曜輝燦，群星之光爲日所掩，不得據以灼知日之所在。日沒西山，繁星漫陳，測候昏中之星雖可推得日之所次，然必資步算，殊爲不便。若斗建則不然。斗建之方位與日之所次恆具一定關係，如前所述，雖以歲差而寖失精微，然千歲之間則大柢可據，是以古人遂取斗建以識日月十二會。歲星十二年一周天，〔註119〕一年居一次，如第一年正月與日會於娵訾次，次年必於二月與日會於降婁次。以歲星之行運與斗建復有一定關係，故古人於歲星所次亦隨斗建而稱之，《周禮‧馮相氏》鄭《注》

---

〔註115〕《淮南》卷五〈時則〉，頁 20。

〔註116〕《大戴禮》卷九，葉十八。

〔註117〕《禮記正義》卷十四，葉四。又《漢書》卷二十一上。

〔註118〕《周禮》卷二十三，葉十。

〔註119〕歲星一周天實惟十一年餘，其詳參本文第三章，頁 59。

日：「歲，謂大歲，歲星與日同次之月，斗所建之辰。」〔註120〕其明驗也。
凡上所陳，莫不準度方位，擯棄星辰，斗建之不得以星辰言，昭昭甚著。即
以出土文物證之，亦復如此。雲夢秦簡《日書》謂：十月「招搖轂未，玄戈
轂尾」，十一月「招搖轂午，玄戈轂心」十二月「招搖轂巳，玄戈轂房」，正
月「招搖轂辰，玄戈轂翼」，二月「招搖轂卯，玄戈轂張」，三月「招搖轂寅，
玄戈轂七星」，四月「招搖轂丑，玄戈轂此嶲」，五月「招搖轂子，玄戈轂畢」，
六月「招搖轂亥，玄戈轂茅」，七月「招搖轂戌，玄戈轂營室」，八月「招搖
轂酉，玄戈轂危」，九月「招搖轂申，玄戈轂虛」。饒宗頤先生謂招搖即招搖，
〔註121〕甚是。考《日書》所言擊建之法與前引諸說不同，殆屬另一系統，
而其所敘招搖擊建皆以十二支言之，是亦準據方位也。祖沖之曰：「月位稱
建，諒以氣之所本，名隨實著，非為斗杓所指。」沈括曰：「春為寅、卯、
辰，夏為巳、午、未，理自當然，不須因斗建也。」梅文鼎曰：「孟春正月
自是建寅，非關斗柄。」〔註122〕諸家所言，實為歲差積纍既鉅，斗建逐辰
後之事，非周、漢人正月建寅之義，說固有可議，孫星衍〈斗建辨〉論之詳
矣。惟孫氏謂：「建者斗也，當專繫之日，其在年則曰歲次，以歲星一年行
天一次而言。」〔註123〕未識歲次本因斗建為名，亦未達一閒也。郭沫若〈釋
干支〉謂十二辰本黃道周天之十二星象，因歲差與天體脫離而成為十二等分
之辰，每辰三十度。說雖可商，〔註124〕然氏謂：「月建必須以十二辰已成為
固定之十二等分環帶為前提。」則誠能仰窺天運實情，而俯探漢儒真蘊也。
若夫岑仲勉謂漢人所言涉於十二辰者，「辰即星也，本當謂斗柄每月所指之
星，但因力求簡化，或更因歷久經驗，知各星之運動不齊，湊巧支之數與每
年之月數，恰可同是十二，因而十二支之名以代替十二月之斗建。」〔註125〕
乃以杓建無常，星分十二。揆諸前文所述，岑氏之說非惟誤解天運，且復乖
刺漢儒之恉。史景成先生〈周禮成書年代考〉嘗謂「（郭、岑）二氏均謂『辰』
原為斗炳下每月所指之星，歷而久之，乃以十二支之符號以代之」，復引《漢

〔註120〕卷二十六。
〔註121〕《雲夢秦簡日書研究》，頁13～16。
〔註122〕梅文鼎《曆學疑問補》卷下，葉十八。祖、沈二人說見前引。
〔註123〕《問字堂集》卷二，頁56～61。
〔註124〕郭氏說見《甲骨文字研究・釋干支》，葉九十五。其可商處，參岑仲勉《我國
　　　　上古的天文歷數知識多導源於伊蘭》，載《學原》一卷五期。
〔註125〕同註124岑氏之文。

志》「斗建下爲十二辰,視其建而知其次」、「辰者,日月之會而建所指也」,
《周禮疏》「二十八星謂東方角、亢、氐、房、心、尾、箕,北方斗、牛等
也。指星體而言謂之星,日、月會於其星即名宿,亦名辰,亦名次」,而謂
「故狹義言之,月建之十二辰,乃十二星辰,廣義言之,乃十二次之某『次』。」
〔註126〕此亦不明斗建之理,苟欲調和異說,而不顧郭、岑二說之鑿枘也。《詩
經・公劉》敍公劉宅豳,其劃定方位之法乃度諸夕陽,使其時八方之位素已
確定,公劉奚必準之夕陽而後位定?若謂公劉此時新遷至豳,一切荒陋,故
不得不以日爲法,以理推之,宜若可信。然〈定之方中〉敍衛君之作楚室,
乃揆之以日,所資之法與公劉全同。鄘地本爲殷商故域,絕非榛狉未啓不毛
之地,其造室亦以日爲繩表,是不得復以新遷荒陋爲說。〔註127〕此蓋因彼
時所謂東、南、西、北者,皆約略指之,並未精測,民生日用,並無大礙,
至若營國築室,茲事體大,不得概括指之,必正其朝夕,故待揆測而後定。
西周之確定方位,猶資夕陽,其法依《考工記》所載,須水地置𣉘,且須爲
規以識日景之出入,莫非資於械器。唐、虞在周前千載,於方位之辨定,殆
不能優於殷、周。彼持斗說者,既謂堯時無測天之器,則其時之方位必不能
精確定之,然斗建之法皆準諸方位,業如所述,舜縱知斗建之妙,亦不能善
加利用,況周初以前本末特加青睞於斗耶?此可商者五也。

梅文鼎曰:「《傳》言『營室之中,土功其始。火之初見,期於司里』,
又言『水昏正而栽,日至而畢』,《詩》亦言『定之方中,作于楚宮』,又言
『七月流火,九月授衣』,古之人以星象授人時,如此者不一而足也。若以
歲差考之,則于今日並相差一、二旬矣。然而當其時各據其時之星象爲之著
令,所以使民易知也,而終未有言斗杓指何方而作何事者,則以其方位難定
也。」〔註128〕據此,是斗建之方位辨正實難,民不易瞭然,雖周時猶未憑
之以著令授時,則斗建爲唐、虞時所必無,從可知矣。

〔註126〕《大陸雜誌》三十二卷五至七期。

〔註127〕《詩序》曰:「《定之方中》,美衛文公也。衛爲狄所滅,東涉渡河,野處漕
邑。齊桓公攘夷狄而封之。文公徙居楚丘,始建城市而營宮室,得其時制,
百姓說之,國家殷富焉。」是此《詩》所敍亦新遷之事也。據《左》僖二
年《傳》,衛之都楚丘,諸侯城之也。據閔公二年《傳》,知主其事者桓公
也。若謂衛新遷,心慌意亂,不辨方位,豈齊之使者亦不能邪?況楚丘本
在殷畿之內,春秋時屬衛,爲衛邑,絕非僻陬無人之地,楚丘之人殆亦非
皆不辨東西也。

〔註128〕同註122,葉六。

　　斗建之說既已明其不副〈堯典〉本義，則前列星辰五說中，但凡持斗建以訓者，皆屬非是。惟江聲、雷學淇、魏源三家，雖亦效斗建爲說，然另創新解，如但以斗建一法責之，恐未能靨服其心，今復就三家之言試加析判。

　　推檢江聲之說，蓋有謬誤者四，可商者二焉。茲分陳如下：

1. 江氏知《運斗樞》、《文耀鉤》、〈天官書〉皆以機衡爲北斗，與《大傳》不同，然氏以北極爲天體左旋之機，北斗爲恆星右旋之主，謂二誼皆是，因合北極、斗魁爲旋機。其說似辯，實則大謬。夫左旋、右旋之異，乃古人討覈未審之說，由今觀之，蓋不其然也。上天惚恍沖嘿，本自無形，必賴星辰雲物以呈態。彼恆星雖俱繞銀河系之中心旋運，然迢邈茫微，未可目識，必資精密之光學儀器，纍千萬次之觀測，經千萬次之推步，而後知其繞軸運轉。然恆星轉運之速度極緩，其周期約爲四億年，雖目爲不動可也。〔註129〕今仰觀星宿，所以覺其夜轉時迢者，以地球根於地軸自轉，復遶日公轉故耳，非因天體左旋而星辰右旋也。〔註130〕是故姑勿論江氏合異爲同之非，但觀其取左旋右旋之說，即可斷其必誤。蓋措基既已乖牾，設論亦復舛訛，雖極力彌縫，難逭觸處皆謬之疵。此其謬者一也。

2. 江氏既言北斗爲恆星之主，自宜言北斗爲恆星右旋之機，乃江氏則截棄斗杓不言，但謂「斗魁爲恆星右旋之機」。原江氏之意，蓋欲牽合杓爲玉衡之說，故離魁、杓爲二，終不悟斗魁已不副上文「北斗」語。且北斗七星乃天之經星，於天自有常位，惟以地球自轉，故亦生周日運動，然斗魁四星並未自轉，不得方諸天極，自亦不得爲眾星右旋之機。況北斗之旋動乃根於赤極，與眾星無異，是以斗杓因周日運動而回轉於天，斗魁自亦隨天回轉，是又不得析魁、杓爲二，而以斗魁爲恆星右轉之機，斗柄則回轉于天矣。此其謬者二也。

3. 〈堯典〉但云「在璿璣玉衡，以齊七政」，絕未云斗柄建指，江氏則逕援己之所是者以釋〈典〉文，乃謂「經文甚明，无庸支說」，斯則憑虛臆解，羌無明據，不足采信。此其謬者三也。

4. 以斗建解玉衡，此其謬者四也。

〔註129〕參秀由在吉《天文學入門》，頁3；高平子先生《史記天官書今註》，頁3。
〔註130〕古人未識茲理，每即所臆，以論左右旋，故論者紛紛，終莫能得其情。前人說，參盛百二《尚書釋天》卷三，葉十五至二十六。

－39－

5. 北極無星，不可目識，古人自以近極之星表而明之，如魏源所論是也。江氏既以璿璣爲北極，竟不道極星，茫茫漆穹，繁星漫陳，舜既乏械器，復鮮觀象，將恃何以定天極？此可商者一也。

6. 江氏以斗柄回轉，如偁之衡，因名玉衡，然天市垣內亦有斗星，其柄固亦回轉於天，未聞有玉衡之名，則玉衡命名之由，或非如江氏所言。此可商者二也。

　　考論雷學淇之說，蓋有謬誤者三焉，茲分陳如下：

1. 自來言星象者，皆以北斗五至七星爲杓，乃雷氏則以四至六星當之，大悖星家之言。且氏以一至四星爲魁，則第四星乃魁、杓所共，遍檢古籍，未見其例。是知雷氏所言，純出猜臆，不可憑信。又雷氏既以北斗第四星爲衡，復謂「北斗是玉衡」，「其實北斗七星止名玉衡」，更以斗之四、五、六三星「爲斗柄之直者，其平如衡，故以衡爲稱」。一北斗耳，乃其名爲「衡」者三，而所指各異，前後縣絕，迭爲矛盾，誠可謂進退失據。其謬一也。

2. 雷氏所謂玉衡三星者，乃取諸鄭玄《緯書注》。原鄭氏之意，蓋謂北斗五、六、七三星，與漢人分斗前四星爲魁、後三星爲杓之說實合。雷氏徒欲申己私臆，故不惜擅改鄭義以骪骳其說。其謬二也。

3. 雷氏謂天有四衡，其東、南、西三衡，乃以四象中東、南、西三方之星當之，獨無取於北方玄武七宿，而以北斗當玉衡，以居北方。然東、南、西三衡皆取諸四象，於北方則以中宮之斗代之，獨遺玄武不采，於理實欠周延。考古人於天部之分割，如《周髀》定天極所在，必考璿璣之四遊，又其六閒七衡之圖，亦言日曜四極，《淮南》以四維、二繩分天爲八，《禮・曲禮》道四象，《續漢志》敘四陸，〔註131〕莫不分據四方，取其勻稱。即如雷氏所引道家天有五斗之說，亦以玉衡爲中斗，爲大魁，而別立東、南、西、北四方之斗，〔註132〕絕未有如雷氏東、南、西與中並而爲四之例。上考載籍，亦未有契合雷氏四衡之法者，是其說於古無徵，不可偏據。其謬三也。

　　覈案魏源之說，蓋有謬誤者四焉。茲分陳如下：

1. 《史記・天官書》「斗爲帝車」迄「皆繫於斗」諸語，本在「北斗七星」

---

〔註131〕四陸之名，蓋始見於《左》昭四年《傳》，惟但及北、西二陸耳。
〔註132〕雷氏說見《古經天象考》卷四，葉六。道家五斗之說，可參彭文勤輯《道藏輯要》第七冊，《本行集經》，葉三。

一段之後，乃緊承北斗而下，故省稱曰斗，其義則與漢儒之言斗建者無二。氏乃謂「斗爲帝車」諸語，「舊錯在下文」，因逐置於「曰陰德，或曰天一」之下，而謂「斗爲帝車」之斗爲維斗，非指北斗。〔註133〕夫氏既合陰德、天一爲維斗矣，則天一自在維斗之內，乃維斗之一體。今〈天官書〉則以陰德、天一爲「前列直斗口」，是《史記》所謂「陰德」、「天一」俱在斗之外，絕非斗之一體，顯與魏氏所言者乖違。氏但知「斗爲帝車」等九句如承北斗直下，則所謂斗者即北斗，與己所持維斗之說不合，因託言錯簡，逐諸天一句下，冀以證成私說。而不知縱如其說，非特未足爲維斗之明驗，反成破除其說之确證矣。考《漢書・天文志》敘「斗爲帝車」諸語，亦在「北斗七星」一段之下，與《史記》全同，魏氏而外，歷來亦未聞有以〈天官書〉此節文字爲錯簡者，〔註134〕則今本之次第原無舛互可知。魏氏徒欲申己私臆，動輒曲傅古書，於其所不能曲傅者，或倒易其文，如〈天官書〉此節是也，或擅改其字，如改《星經》斗九星爲六星是也，削足適履，未見其可。其謬一也。

2. 氏謂紫微垣下斗六星，《史記》謂之天一，即後世所謂黃道極者。考〈天官書〉曰：「前列直斗口三星，隋北端兌，若見若不，曰陰德，或曰天一。」〔註135〕是天一惟三星耳，與氏所謂六星者不符。且司馬遷乃以陰德爲天一之異名，二者是一非二，與氏所謂「陰德二星，天一四星，合爲維斗」者又不復不合。〔註136〕即如氏之所言，前後亦多見其巉差不齊。氏又謂「極下維斗六星，合之《詩含神霧》言斗上一星，即天一星，亦可言七星」。〔註137〕然則，「天一」究係一星邪？抑四星邪？抑五星邪？氏既言維斗之天一，復言斗上之天一，則二「天一」自屬同名異實。然二星並處，各異其指，而所命之名則同，遍檢歷代史志，絕無其例，其出魏氏虛構可知。《史記》謂天一前直斗口，揆諸〈天官書〉全文，所謂斗者，北斗也。檢勘今之星圖，北斗七星絕無越出赤經二百一十度之外者，其魁四星更在赤經二百度之內，則直斗口之天一星當亦如之，必在今赤經二百一十度以

〔註133〕同註1，葉四。
〔註134〕王叔岷《史記斠證》、瀧川資言《史記會注考證》、水澤利忠《史記會注考證校補》，皆未有異說。
〔註135〕卷二十七。又《漢志》隋作隨。
〔註136〕同註133。
〔註137〕同註133。

內。考黃極於今乃居赤經二百七十度，與天一相去蓋在二辰以上，天一之非黃極，昭若揭火夜行。乃魏氏則以天一當黃極，得無失之疏闊鹵莽？氏又謂：「北斗直紫宮之外，並非中宮之星，能爲帝車而運中央乎？」〔註138〕考〈天官書〉之敘北斗也，本在中宮之下，其爲中宮之星甚明，奈何以其居紫宮之外，遂攘而斥諸中宮之外邪？夫中宮之以「中」名者，乃以其位在東、南、西、北四宮之中故耳，非以其居天球正中之點而名曰中也。北斗既屬中宮之星，必在四宮所環之中，自亦得謂之「居中央」矣。故張衡〈靈憲〉曰：「一居中央，謂之北斗。」〔註139〕此其明證。設謂北斗在紫宮之外，即不得名爲居中央，則凡屬紫宮之星果皆居之中央乎？夫所謂天之中央，究實言之，惟有一點，即北極也。北極而外，餘者皆有去極分度，自不得目爲天之中央。然北極無星適當其處，則周天星宿實未有居天之中央者。以氏所謂黃極之維斗言，其去極度恆爲古之二十四度，豈得被以中央之名？使維斗得名曰居中央，則北斗天樞一星，宋時去極度爲古二十三度又二分度之一，實較維斗近於辰極，〔註140〕奚其不可目爲居天之中央？況周代以帝星爲極星，彼時北斗之去北極視宋代更近，豈反不得爲中央星乎？〔註141〕然則，氏謂北斗不能運乎中央而爲帝車者，本非曆理考實之言也。又黃極與天極皆天球上假設之點，並無明星當其位，縱以鄰近之星標識黃極，亦當師法極星之意，不得逕名之曰黃道極也。《淮南·天文》曰：「紫宮執斗而左旋，日行一度，以周於天。」又曰：「子、午、卯、酉爲二繩，丑、寅、辰、巳、未、申、戌、亥爲四鉤，東北爲報德之維，西南爲背陽之維，東南爲常羊之維，西北爲蹏通之維。」又曰：「帝張四維，運之以斗，月徒一辰，復反其所。」又曰：「規生矩殺，衡長權藏，繩居中央，爲四時根。」〔註142〕魏氏云：「《莊子》曰：『維斗得之，以終古不忒。』維者，即報德、常羊等四維，故名曰維首也。此星居四維二十八宿之中極，故曰『帝張四維，運之以斗』。黃道之子、午、卯、酉皆會于此六星之中，故爲四時根。若北斗七星則終古不得合黃道二繩之中，又安得

---

〔註138〕同註133。
〔註139〕《續漢書·天文志》劉昭《注》。
〔註140〕參陳遵嬀《中國天文學史·星象編》，頁35。
〔註141〕參同註140，頁37。
〔註142〕卷三〈天文〉，頁62、63、72、74。

為四時根哉？」〔註 143〕是氏以《淮南》之二繩、四鉤、四維皆萃聚於黃極之斗，而所謂建子、建丑者，亦一以黃極為準。考天球本為地球之投影，是故地球有南、北二極，而天球之南、北二極即直值地球二極之上；地球有赤道居南北之中，而天球之赤道亦直值地球赤道之上而為南北之中。夫測候星辰者本居地球之上，其所謂東、南、西、北者，自亦以地球為度。天球既為地球之投影，則天體之東、西、南、北自亦以地球之度為度可知。然則，二繩、四鉤、四維者，本當會聚于北極，以極為限，非如魏氏所敘者。〔註 144〕魏氏嘗謂維斗「正月建寅，二月建卯，三月建辰，十二月各隨其建，歲一周天」，又謂「夜半睹璇機之在午，知其為午月矣，……睹璇機之在申、在辰，知其為申月、辰月矣」。〔註 145〕使維斗果居子、午、卯、酉之中極，則其位自必亙古如恆，豈有逐辰轉建之理？今既以維斗十二月各隨所建，則氏固亦置測候者於地球之上，取北極為子、午、卯、酉之中，維斗則逐月遶極而行，始子終亥。由此可知，魏氏之言斗建，實以北極為準，至其所以侈言黃極四維者，特欲眩惑人心，為其謬說張本耳。又《淮南》既言紫宮「執斗」左旋，則為紫宮所執之斗，必非紫宮常宿可知。魏氏既謂維斗在紫宮內，則《淮南》所敘之斗必非氏所目為黃道極之維斗明矣。然則，《淮南》所敘之斗究係何物？覈以《淮南》下文「北斗之神有雌雄，十一月始建於子，月從一辰，雄左行，雌右行」，〔註 146〕則帝運之斗，紫宮所執之斗，皆紫微垣外之北斗也。「維斗」之名見於《莊子》。考《莊子·大宗師》謂道者「自本自根，未有天地，自古以固存」，而「維斗得之，終古不忒；日月得之，終古不息」，並未指明維斗為何物。成玄英《疏》曰：「維斗，北斗也，為眾星綱維，故謂之維斗。」陸德明《釋文》引李頤曰：「北斗，所以為天下綱維。」〔註 147〕是《莊子》所謂「維斗」者，古人乃以北斗七星訓之，非指垣下斗六星也。魏氏以為《莊子》之維斗即《淮南》運四維之斗，說至可取，〔註 148〕惟氏復謂維斗即

〔註 143〕同註 1，葉六。

〔註 144〕天體分度有二法，一以北極為四維之中，如桓譚《新論》是也；一以天頂為四維之中，如《隋書·天文志》載何承天說是也。天頂者，觀測者所處之位，其上值天體之點之謂。

〔註 145〕同註 1，葉五。

〔註 146〕同註 142，頁 82。

〔註 147〕以上成、陸二氏說，見郭慶藩《莊子集釋》卷三上，頁 249。

〔註 148〕《莊子》、《淮南》同屬道家之書，《淮南》思想多承紹莊周，其時代復相密邇，

黃極，此則非矣。蓋前文既證明《淮南》之斗即北斗，則維斗自亦指北斗，不得復爲黃極。是知成、李二家所訓，允爲莊周之眞詮，而魏氏之說則屬子虛，未足探信。氏又謂《爾雅》之「斗極」即垣下之斗，亦即黃道極。考《爾雅・釋地》曰：「岠齊州以南戴日爲丹穴，北戴斗極爲空桐。」〔註149〕並未指明斗極之義。《莊子・在宥》篇陸氏《釋文》引司馬彪云：「空同，當北斗下山也。」〔註150〕是司馬彪以北斗爲斗極也。厥後邢昺《爾雅疏》曰：「斗，北斗也；極者，中宮天極星，其一明者，泰一之常居也，以其居天地之中，故謂之極，極，中也。北斗拱極，故云斗極。」郝懿行《爾雅義疏》曰：「斗極者，北斗中也。」〔註151〕語雖不同，義則一揆，皆承司馬彪之言以立說。夫《爾雅》謂斗極爲空桐所戴，空桐在齊州北，而齊州者，中國也，〔註152〕是斗極下值之地乃在中國域外。考《星經》嘗言北斗九星所主，「第一星主徐州」，「第二星主益州」、「第三星主冀州」、「第四星主荊州」、「第五星主兗州」、「第六星主揚州」、「第七星爲豫州」、「第八星主幽州」、「第九星主并州」。〔註153〕是北斗乃主中國九州，與斗極在域外之義似不相副。《淮南・齊俗》篇曰：「夫乘舟而惑者，不知東西，見斗極則寤矣。」〔註154〕考北斗逐四時轉建，其昏、夜、旦所居之位亦不同，彼乘舟者設非熟諳斗建之法，將見北斗而愈惑，焉能因之而寤？又北斗既有轉建，則其下值之地將逐時改易，豈復有常位哉？然則，司馬彪以北斗爲斗極，蓋非《爾雅》本義。《晉書・天文志》載虞聳〈穹天論〉曰：「天之有極，猶蓋之有斗也。……故斗極之下不爲地中。」考《晉志》又載周髀家言，以爲「天似蓋笠，地法覆槃，天地各中高外下。北極之下爲天地之中，其地最高，而滂沲四隤，三光隱映，以爲晝夜。」〔註155〕乃以北極之下爲天地之中，通檢《周髀算經》，絕無此說，則《晉志》所載或屬漢代周髀家衍釋之說。虞聳謂「斗極之下不爲地中」，是其文蓋爲駁斥周髀家言而作。周髀家曰「北極」，虞氏曰「斗極」，則氏乃以斗極爲

---

以《淮南》解《莊子》，雖不必中，然自較向壁虛構可取。
〔註149〕《爾雅疏》卷七，葉八。
〔註150〕同註147，卷四下，頁379。
〔註151〕邢語見同註149，葉八至九。
〔註152〕同註149，郭璞《注》。
〔註153〕同註139。
〔註154〕卷十一，頁59。
〔註155〕卷十一。

北極可知。考虞氏「蓋斗」之喻實本於桓譚。桓氏《新論》曰：「天之卯、
酉，當北斗極天樞，樞，天軸也，猶蓋有保斗矣，蓋雖轉而保斗不移，天
以轉周匝，斗極常在，知爲天之中也。」〔註156〕以斗極比蓋斗，以爲常
在不迻而爲天之中，則桓氏固以斗極爲北極也。又桓氏前云「北斗極天
樞」，後則省稱「斗極」，據此，桓氏似以爲斗極命名之由，乃因極爲北斗
之主故也。竊謂此說較之謂斗極爲北斗者爲長，何則？《周髀》測日下與
測極下相偕，未聞其測九天經星下值之地。〔註157〕此蓋因經星隨時改其
在天之位，未可必其下值之地。職是之故，歷來之星家，凡布州星，敘分
野，率大概言之，且但謂之主何地，絕不言其正下之處爲何地。考李唐以
前之古書，凡言及天象而以極名者，除四極、六極、八極而外，餘如「天
極」，見《呂氏春秋‧有始覽》、《史記‧天官書》、《黃帝占》及歷代史《志》
等；「北極」，見《石氏星經》、《爾雅》、《周髀》、《文耀鉤》、《黃帝占》、《論
衡‧談天》、《晉志》等；「玄極」，見《抱朴子‧君道》、《新唐書‧天文志》；
「太極」，見《宋書‧天文志》；「泰始極」，見《太玄經》，〔註158〕凡此諸
名，莫不指謂赤極。前既敘明經星不能定其正下之地，益以此二證，斗極
之爲赤極明矣，而《淮南》、《新論》、《論衡》、《晉志》又並以斗極爲赤極，
則《爾雅》之斗極不能外此者益愈明矣。簡朝亮曰：「〈釋地〉云：『北戴
斗極爲空同。』蓋伏言北極旋機者，謂斗極也。」〔註159〕亦以北極訓斗
極，所見至碻。《爾雅》之斗極既爲赤極，則魏氏所謂黃道極者，失其根
柢矣，未足采信。考漢、晉以前，說者皆以地居中不動，日、月、星辰則
遶地而行，東昇西沒，迭相更代，觀《晉書‧天文志》所敘六家論天之語
可知。〔註160〕夫天體之分部本準諸地球，古人既目地居中不動，其視天
極踞天不迻，日、月、列星俱環之而游，如前所述，此乃必然之理。虞聳
〈穹天論〉曰：「日繞辰極，沒西而還東，不出入地中。天之有極，猶蓋
之有斗也。天北下於地三十度，極之傾在卯、酉之北亦三十度，人在卯、

〔註156〕孫馮翼輯《桓子新論》，葉十九。
〔註157〕王蕃轉算日下極去地中之距，與《周髀》同，亦不步經星下值之地。（《隋書‧
　　　　天文志》上。）
〔註158〕《黃帝占》、《石氏星經》，見《開元占經》卷六十七，葉二十三、二十四引。
　　　　餘分見所引各書，不復贅。
〔註159〕《尚書集注述疏》卷一，葉六十二。
〔註160〕卷十一。

酉之南十餘萬里，故斗極之下不爲地中，當對天地之卯、酉之位耳。日行黃道繞極，極北去黃道百一十五度，南去黃道六十七度，二至之所合以爲長短也。」〔註161〕其所謂斗極者，實即北極，業經證明如前。至於其言「日繞辰極」，「日行黃道繞極」，所謂「辰極」、「極」者，蓋亦指北極。何以明之？蓋黃極爲日道之中心，其去黃道之度理當四方如一，不容南北有四十八度之差，即以今所知地遶日之軌道爲橢圓形而言，亦不容懸絕如是，〔註162〕是虞氏所言之極必非黃極甚明。考古人謂黃、赤二道斜交二十四度，如張衡《渾儀註》曰：「黃道斜帶其腹，出赤道表裏各二十四度。」〔註163〕晉王蕃論渾儀之制曰：「黃道，日之所行也，半在赤道外，半在赤道內，……其出赤道外極遠者，去赤道二十四度，斗二十一度是也。其入赤道內極遠者，亦二十四度，井二十五度是也。日南至在二十一度，去極百一十五度少強，是也日最南，去極最遠，故景最長。…至於夏至，日在井二十五度，去極六十七度少強，是日最北，去極最近，景最短。」又曰：「分黃、赤二道，相與交錯，其間相去二十四度。」〔註164〕梁祖暅亦曰：「日去赤道，表裏二十四度。」〔註165〕是也。王蕃謂日南至去極百一十五度少強，夏至日去極六十七度少強，與虞聳大同。王蕃曰：「周天三百六十五度五百八十九分度之百四十五，半覆地上，半在地下，其二端謂之南極、北極。……赤道帶天之紘，去兩極各九十一度少強。」〔註166〕今知夏至日在赤道之北二十四度，依法推之，日之去北極即六十七度少強；冬至時日在赤道之南二十四度，依法推之，日之去北極即百一十五度少強。由上可證知，虞、王二氏所言，皆以赤極爲準，而日、月、星辰實俱遶赤極而行也。使漢、晉以前之人知有黃極，日、月、五星遶之而行，則虞、王二人斷不應以日月惟遶赤極耳。今二人既以日月惟遶亦極，是彼時但知日行黃道而遶赤極以游，絕未識黃道之有極且終古不易也。夫黃道之有極，漢、晉之人且猶未及聞見，況虞舜上古，豈復夢見天一爲黃極，而

---

〔註161〕同註160。
〔註162〕地球因月、日、行星引力之影響，其軌道呈橢圓形，然離心率幾等於一。參山本一清《宇宙壯觀》第二篇，頁385。又即以橢圓言，亦第有近日、遠日之別，其去極度不當有異。
〔註163〕《開元占經》卷一，葉六至七引。
〔註164〕同註160。「是也日」有訛誤，其詳可參鼎文版所附《校勘記》。
〔註165〕《隋書》卷十九〈天文志〉上。
〔註166〕同註160。

日、月、五日生皆宗之以終古不迭邪？魏氏言晉以後〈天文志〉名維斗爲
黃道極。檢索隋、唐以前之〈天文志〉，並無黃道極一詞，魏氏所言，未
知何據？〔註167〕夫前已證明魏、晉時人不知有黃極，其人自不能以維斗
爲黃極。今更證以《新》、《舊唐書》所載黃道游儀規一器，其所具之極仍
爲赤極，〔註168〕絕未添設黃極，而《舊唐書》史臣責王蕃考度「南、北
極相去纔八萬餘里」之失，〔註169〕亦不罪其蔑棄黃極之過，是唐人亦不
知有黃極也。唐人既未知黃極，豈有以維斗爲黃極之理？〔註170〕氏數言
黃、赤二極「終古無歲差」。考今之黃極在上弼、少弼左近，依氏所說，
則唐、虞時黃極固亦在二弼左近。〔註171〕氏嘗謂「唐、虞時以上弼、少
弼爲極星」，〔註172〕然則，堯時既以二弼爲極星，復以二弼左近爲黃極，
二極之間將相去幾度？今之黃極既在二弼左近，則氏所謂「維斗」者固亦
應居二弼左近。然考諸歷代史志，絕未睹其蹤跡。然則，以維斗爲黃極，
其一出魏氏臆定可知。又氏既謂「唐、虞以上弼、少弼爲極星，周以庶子
爲極星」，復謂「堯時則以北辰內庶子爲極」，又謂「唐、虞時所希望之大
星，即《史記・天官書》『中宮天極星，其一明者，太一常居也』，晉、宋
諸《志》皆曰帝星」，〔註173〕前後乖違，反覆矛盾，則氏之所云，豈復可
信？實則，黃極踞天不動，北極則遶黃極而行，每年大柢西迻五十秒十分
秒之二，約二萬五千八百年而遶行一周，復歸原位。〔註174〕至若周朝之
極星，依陳遵嬀先生所推，蓋以帝星當之，堯時則爲太乙。〔註175〕然堯
之確實年代不可推定，彼時究以何星爲極星，實宜付之闕如。魏氏生值清
之末造，既聞西學黃極不迭之新法，〔註176〕復墨守古人辰極不動之舊式，

〔註167〕魏氏蓋因虞聳「日行黃道繞極」之言而誤解耳。
〔註168〕《舊唐書》卷三十五，《新唐書》卷三十一。
〔註169〕同註168。
〔註170〕非特唐人不知黃極，即宋、元之人亦不知也。何以明之？考沈括《夢溪筆談》
　　　　（卷七），蘇頌《新儀象法要》，皆敍渾儀之制，然亦但見南、北二極，並不
　　　　添益黃極，是其不識黃極之證。
〔註171〕參同註111。
〔註172〕同註1，葉一。
〔註173〕同註1，葉四、九。
〔註174〕此理今人皆知。
〔註175〕同註141。
〔註176〕魏氏曰：「徐光啓用西法，則列宿可以遞居各宮，女、虛不必常爲元枵，斗，
　　　　牛不必常爲星紀。」（《書古微》卷二，葉七。）雖不直徐氏之用西法，然魏

因冶合二法，創爲二極終古無歲差之說。又爲示其說之不誣，遂蒐討古籍，但凡有終古不變之說，而又未可偏據孤文以灼知其義者，皆引爲佐證，即有名義昭著，不容誤會者，使與其說牴牾，亦必漫加改易，求合其轍。然終不悟南轅本不可以北轍至，而鶴脛亦未可以鳧腳續也。其謬二也。

3. 魏氏數謂北斗有歲差，不能與月建相應，斗極則終古無歲差，是以惟有斗極可爲天之玉衡。據此，則氏之所以力主斗極爲玉衡者，以斗極無歲差故耳。然氏所目爲黃道極之斗極，豈其正月建寅，十二月建丑，歷千古而不變邪？此殆不然。考星辰所以有歲差者，乃因地軸遶軌道面之垂線旋轉，而地軸與軌道面之交角又作周期變動，〔註177〕是以黃、赤二道之交點逐年向西緩行，春分點隨之西行，歲差遂爾生焉。經星在天之位本自不變，業如前述，然緣歲差之故，苟吾人於每年固定時間測候星空，則見諸星逐年東迻矣。〔註178〕夫氏所謂斗極者既爲垣下斗六星，其爲天之經星至爲昭著。斗六星既爲經星，依上述歲差之理推之，不容無歲差。且氏嘗謂堯時以北辰內庶子爲極星，而維首之斗爲玉衡，亦有魁杓可以建其指，〔註179〕則氏所謂斗極實與北斗之狀無異。今既知北斗杓建因歲差以轉失精微，則斗極之柄固亦隨年差爽，漸失精密矣。然則，所謂斗極終古無歲差者，實非讜論。其謬三也。

4. 魏氏亦取左旋、右旋以說璣衡，其失與江聲、雷學淇同揆。其謬四也。

　　以上第列舉魏氏謬誤之犖犖者，餘如偏據〈周月〉以論周初歷象，誤以北斗惟可正北方子位，凡此疏失，不煩細論。〔註180〕

　　綜上所述，星辰說之未可執以解〈堯典〉璣衡之義蓋甚明矣。然則，璣衡究宜以何義解之？絜情度理，竊謂觀天器之說似爲可信。然歷來之主星辰說者，其於儀器一說迭有非難，使未加駁詰，輒置不論，殆難平其憤憤之心。而學者之主器說者，復不能定於一尊，乃至歧裂爲三，詳見前，使未能論列

---

　　氏固嘗聞西法矣。
〔註177〕參盧景貴《高等天文學》，頁12。
〔註178〕黃極之點不迻，設有經星適居其處，自地視之，其星定時之方位將終古不變，惜天之經星無一居於此點，是故凡屬經星，吾人視之，皆有歲差。
〔註179〕同註1，葉四。
〔註180〕〈周月〉篇成書年代，黃沛榮先生謂「乃係戰國中末期的產物」。（見前引氏著書頁38。）自不宜取以言周初景象。又北斗有去極度，非居天極，如何正北方子位？

得失，擇其善者從之，何能息彼悠悠之言？茲先考論星辰說者於觀天器之駁難如下。

　　通觀主星辰說者，其斥儀器說也，所持之理，厥有如下七端：一曰說天者紛紛，無益倫化；二曰唐、虞質實，不得以玉飾器；三曰聖人明睿，豈賴機械；四曰設器擬象，不能定七曜盈縮；五曰器說傅會緯書，未可持訓〈堯典〉；六曰先秦咸以星辰解機衡，漢、魏之人亦多從星說，器說不可信；七曰三代未聞紹述渾儀者，渾儀實出兩漢。以上七端，除末者尚可推爲深扼器說者之咽喉而外，餘皆空泛無實，不堪一駁。何以言之？夫設器所以觀象，觀象所以授時。時者，古生民之大命而國家之宏業也。器之不設，時之不正，民何以生？國何以存？而薛季宣乃謂器無益倫化，可乎？考薛氏所引者爲一行語，一行之立意本不在器之是非，業如前述，薛氏斷章取義，寧非偏頗？據此，是第一難未可成立也。江聲、顧棟高並謂虞、夏質實，不尙文巧，豈以美玉爲機衡？考〈堯典〉之敍虞舜巡守，有五玉之禮，是彼時尙玉可知。天時之於生民，關係至鉅，故帝堯蒞政，首先觀象。夫其事既然至重，縱以玉爲器，未爲過也，與文質之辨何涉？且〈皋陶謨〉言「五服五章」，又言「以五采彰施于五色」，〈禹貢〉有「織貝」、「機組」之篚，〔註 181〕以《尙書》證《尙書》，固不得謂虞、夏質實，乃至荒厖胜陋，不事彫飾。《論語》曰：「禹，吾無間然矣。菲飲食而致孝乎鬼神，惡衣服而致美乎黻冕，卑宮室而盡力乎溝洫。」〔註 182〕是夏禹雖鄙惡其服食，亦必致美乎鬼神，盡力於溝洫。況民命係乎天時，其敢弗惕厲黽勉以致其砡美乎？據此，是第二難亦未可成立也。夫天之垂象雖至昭著，然欲觀象以授時，固非僅恃目測所能蕆事，必資械器，始克奏功，雖有睿聖之智，不能外此。〈堯典〉謂堯時已知一年約三百六十六日，且知置閏以調適四時，則彼時於天象蓋已甚爲熟習。而歲實、置閏二者皆非易易之事，使無器械，不克臻此。梅文鼎曰：「堯命羲、和，四隅分宅，制閏成歲，釐工熙績，匪有器以御之，孰所憑而推策？」〔註 183〕所言甚是。而江聲乃曰：「豈以聖人之明睿猶不能審，而必假機械之器以爲智乎？」此實意氣之言，非通方之論也。據此，是第三難亦未可成立也。考徐爰所以致疑於器者，以爲「候審七曜，當以運行爲體，設器擬象，焉得定其盈縮」？此其一因。惟徐氏所謂「設器擬象」者，乃指漢儒所製之渾儀。其

〔註 181〕分見《尙書正義》卷四，葉二十三；卷六，葉五、十三、十六。
〔註 182〕卷八〈泰伯〉篇第二十一章。
〔註 183〕《曆算全書》卷六，葉四十三。

法，於璿璣之上具內、外規，南、北極，黃、赤道，分列二十四氣、二十八宿，中、外星官，及日、月、五星，運機使轉，而以玉衡闚之，《晉書・天文志》所敘詳矣。〔註184〕然渾儀所闚者乃「在器之天」，而非「在天之天」，〔註185〕亦即《考靈曜》所謂「琁璣中而星未中，爲急，急則日過其度，月不及其宿。琁璣未中而星中，爲舒，舒則日不及其度，月過其宿。琁璣中而星中，爲調，調則風雨時，庶草蕃蕪，而五穀登，萬事康」者也。夫設象於器，所設之象縱使喻合天行於一時，苟未能碻得天運之情，年歲積久，精微浸差，終必器自器而天自天，則在察機衡胡克檢驗七政之行？且天體之行運有常，安有急舒之號？其有急舒中不中者，器運未能密洽天行故耳，固非天行之果有差慢。是故徐爰於渾儀之說致此一疑，可謂擘肌見理，深中肯綮。惟〈堯典〉但云機衡，並未明稱渾儀，特緯書以渾儀當之耳，未必即得其義。是以〈堯典〉之機衡即使非渾儀，此自緯書之誤，不害機衡爲觀天器之義。《文曜鉤》謂羲、和立渾儀，《考靈曜》則謂之玉儀，依二書所言，似堯、舜之時已有渾儀抑玉儀矣。馬、鄭皆據爲證佐，遂力倡渾儀之說，而後之說《書》者靡不從風循用。然緯文出自炎漢，其言渾儀，顯係牽合〈堯典〉與漢之渾儀而傅會者，前已言之，則星辰說者所斥良是。然〈堯典〉實未以機衡爲渾儀，馬、鄭偏據緯書，此自二人之誤，於機衡爲觀天器之說奚傷？據此，是第四、第五二難亦未可成立也。《星經》以北極星爲璿璣，斗九星爲玉衡，《周髀》以北極星爲北極璿璣，皆以星辰解機衡，而漢人又多持此說，故主星辰說者遂以此難器說。然《星經》一書既以「星」名，所言自屬星辰之事，其未言觀天器者，理固宜然，而《周髀》言北極璿璣，不及玉衡，未必即是說解〈堯典〉機衡之義。且依星辰命名之法，大柢取資於人事百物，說見前，則星之以機衡名者，必人世先有機衡一事，而後取以名天之機衡。然則，《星經》、《周髀》雖以機衡爲星辰，亦不保其切合〈堯典〉本義。前文既已證明星辰之義不可以說〈堯典〉，而先秦典籍絕無謂機衡爲器者，《星經》、《周髀》且以機衡爲星辰名，是機衡本義夙已湮替，周、秦之人固未有知之者矣。至若兩漢諸儒大柢援據星辰之義以入文者，此殆亦理之當然。蓋文帝時欲求治《尚書》者，天下無有，聞伏生能治，乃遣安車束輪迎之，以伏生老，不能行，因使朝錯親受於山東，而後學者頗能言《尚書》，〔註186〕則漢初說《書》

---

〔註184〕卷十一。

〔註185〕胡廣《書經大全》卷一，葉三十七引陳雅言語。

〔註186〕參《史記》卷一百二十一，〈儒林傳〉。

者固皆宗伏說也。厥後伏生《書》義復立博士，定於一尊，伏學遂爲顯學，利祿所煽，研學之士莫不披靡向之，其能浮雲富貴，介然矜守古義，以與當道者抗衡，蓋綦鮮矣。此猶王安石爲朝宰，自著《三經新義》，設爲科考典範，所言縱有大謬，承學之士固亦拳拳奉行，勿敢替廢。況璣衡古義夙湮，莫或質正，而《星經》以北極星爲璿璣，以北斗爲玉衡，與伏生之說全同，言天者復有北斗樞、璇、璣、權、衡、開、搖七星之名，諸儒習非勝是，遂無疑其說者。其中雖有發古義於既覆者，而又以漢之渾儀當之，宜乎後儒有非詰之者矣。乃徐爰、江聲、魏源、皮錫瑞等持此以疑觀天器之說，是亦不善於論世知人也。據此，是第六難亦未可成立也。渾儀之名首出兩漢，先秦所無，星辰家之斥是矣，故以漢渾儀說〈堯典〉，其非〈堯典〉本義可知。勞榦先生謂「〈堯典〉作時，有無渾天之術，誠未可言」，又謂蔡邕所言機衡形制，「此自是蔡邕之設計，已具赤道儀之原理，但略粗耳，然似非可喻於〈堯典〉之世也」，〔註187〕所言甚是。惟星辰家或謂張衡以前未有渾儀，其說之非，《宋書》史臣已正之矣。〔註188〕而雷學淇復據揚雄《法言》「或人問渾天於雄。雄曰：『落下閎營之，鮮于妄人度之，耿中丞象之，幾乎幾乎，莫之能違也』」之語，〔註189〕以爲渾儀之造，出此三人，前此未有渾儀，亦未有所謂觀天器者。〔註190〕其說恐亦非是。何則？考《漢書·律曆志》言武帝元封七年，太中大夫公孫卿、壺遂、太史令司馬遷等議改正朔，武帝韙之，遂詔卿、遂、遷與侍郎尊、大典星射姓等議造漢曆。「乃定東西，立晷儀，下漏刻，以追二十八宿相距於四方，舉終以定朔、晦、分、至、躔、離、弦、望」，姓等奏不能爲算，而後落下閎等與聞其事。〔註191〕據此，則落下閎未與造曆事之前，漢廷已先有晷儀矣，其儀雖不必即後人所謂渾儀者，然其爲觀天器則殊無可疑。夫漢人議曆，倏爾之間即能制定晷儀，使前此果未有製器之法，司馬遷等豈能忽創新法，復造其器，且能考度合天，所差無多邪？如必謂司馬遷此時始造晷儀，前此未有其器，則《漢志》又言遷等「乃定東西」，反循其理，將遂謂武帝以前皆不知東西矣。然《考工記·匠人》曰：「晝參諸日中之景，夜考之極星，以正朝夕。」賈公彥《疏》曰：「言朝夕，

---

〔註187〕《史記今註》，頁11。
〔註188〕卷二十三。
〔註189〕《法言》卷十（《法言義疏》十三，葉九）。
〔註190〕《介菴經說》卷三。
〔註191〕卷二十一上。

即東西也。南北正，則東西亦正，故兼言東西也。」〔註192〕考《韓非子・有度》云：「夫人臣之侵其主也，如地形焉，即漸以往，使人主失端，東西易面而不自知，故先王立司南以端朝夕。」〔註193〕既曰先王懼東西易面之不知，是以立司南以端朝夕，則端朝久即定東西也。又《晏子春秋》曰：「景公新成柏寢之臺，使師開鼓琴，師開左撫宮，右彈商，曰：『室夕。』公曰：『何以知之？』師開對曰：『東方之聲薄，西方之聲揚。』」〔註194〕是夕者西也。據以上二證，賈《疏》所說，蓋得〈匠人〉正恉。然則，謂周、秦人皆不識定東西之法，其可乎？其不可乎？曆家治曆，每以多至朔旦爲元，諸史〈曆志〉所言是矣，而去極度暨日躔所在，又步天家之恆言，如《星經》曰：「角去極九十一度，距星正當赤道，其黃道在赤道南，不經角中。」〔註195〕《淮南・天文》亦曰：「紫宮執斗而左旋，……正月建寅，日、具俱入營室五度。」是矣。分天度數，本未可徒憑心惟目驗以畢其功，必賴械器測候而後可。今《星經》、《淮南》並言周天星度，使其時無觀天器，安能規摹九天之度數分刻，以爲步算之準範？《周髀》定北天之中，必資繩表，則繩表即其觀天之器，奚必俟渾儀之設而後爲觀天器哉？然則，觀天器之設，其來甚遠矣，彼持揚雄之言者，乃謂漢初無觀天器，可乎？夫〈堯典〉並未明陳璣衡之義，論者固不得因璣衡非渾儀，遂謂璣衡必非器也。此理本至昭晰，無煩絮絮言之，奈何前賢不辨此理，遂生千古纏訟，甚無謂矣。據此，是第七難蓋亦未可成立也。

　　星辰說既明其非，則馬氏折衷說之非，不待言矣。

## 二、觀天器說考辨

　　前賢之主器說者凡三，其以渾儀爲璣衡者，說必非是，前文辨之甚詳，茲不論。若戴震、簡朝亮皆自出機杼，取傳《周髀》，說雖新穎，然亦不能無誤。

　　考戴氏所言，疵謬實繁，其經前賢抉發者，如誤以《周髀》之北極璿璣爲黃道極是也，其未經抉發者，如氏謂赤極爲左旋之樞，黃極爲右旋之樞，又謂黃極璿璣「終古不變，以與日躔黃道相應」，〔註196〕所言與江聲、雷學淇、

〔註192〕《周禮疏》卷四十一，葉二十四。
〔註193〕卷二，頁88。
〔註194〕卷六〈內篇・雜〉下，頁379～380。
〔註195〕《舊唐書》卷三十五〈天文志〉引。
〔註196〕《戴震文集》卷五，頁108。

魏源同其一謬。又氏謂渾儀「非唐、虞時所謂璣衡」，言固是，惟其以渾天之器創始於洛下閎等三人，則猶未能踰徐爰、江聲之藩籬，而誤失與之同。

　　簡氏承戴氏之說而去其弊，謂《周髀》北極璿璣之四游即〈堯典〉璿璣之義，又取《周髀》之七衡當〈堯典〉之玉衡，首尾完足，自成體系。然〈堯典〉第言「在璿璣玉衡，以齊七政」，文辭簡淨，未及其他，即璣衡之形狀如何，皆不可據以推知，況其構成之法？是故以漢人去古之未遠，或但知其為器，而不能詳言其制，甚者且誤以漢之渾儀當之，貽笑後世。簡氏生當漢後千餘載，又無出土實物以為憑藉，乃能細述璣衡構成之法，寧非怪事？其一出私臆可知。又《周髀》以繩表測璿璣四游，則《周髀》所謂璿璣者，必非觀天器之一體至明，前文已敘之矣，是簡氏措基已自不固，安能得〈堯典〉之情哉？

　　實則戴、簡二氏雖俱以渾儀之說為非，然觀其所敘新法，如謂璿璣即器上之赤極，玉衡即器上之黃道，實乃胎息渾儀，師法漢制，名雖異趣，義則同歸，本無二致。夫漢之渾儀猶且未可持以訓〈堯典〉，則蛻化自渾儀而無驗於往古之新說，其不副〈堯典〉本義必矣。又二氏俱言璣衡上有黃極，前文既已考明唐、宋時人尚不識黃極為何物，則虞舜之璣衡豈著一黃極邪？然則，第三說蓋亦未可采信。夫一、三兩說皆不可憑信，惟第二說謂璣衡為王者觀天之器者，殆即〈堯典〉之正詁也。

　　考〈堯典〉敘義、和四宅所候，曰「日中星鳥，以殷仲春」，又曰「日永星火，以正仲夏」，又曰「宵中星虛，以殷仲秋」，又曰「日短星昴，以正仲冬」，是彼時蓋已知測分至以正四仲矣。饒宗頤先生謂，日至之劃分，乃為曆法之基礎，其事必賴測量工具始克成功。〔註197〕所言甚是。考〈堯典〉曰：「期三百有六旬有六日，以閏月定四時成歲」，是其時蓋已知一年之歲約為三百六十五日餘，且知置閏以調適四時，二者又皆非器械不為功，前文言之明矣。據此，是堯時已有簡易觀天器可知。舜受終文祖，在璿璣玉衡，以齊七政。星辰既不可檢諧七政，而測候必藉械器，舜既未能精諳天文，其資堯時成器以窺天運，如今人至天文臺藉望遠鏡以窺天體者，亦理之當然耳，奚容置疑？

　　考歐西遠古測天之法，如巴比倫於新石器時代，已知立石表測日，以考求一年極長、極短之日矣。〔註198〕英國倫敦西南兩百公里處有巨大石柱群遺跡，中豎六尺巨石，環狀排列之，石端以平石連結，巨石外有小洞五十六，

---

〔註197〕〈殷代日至考〉，刊《大陸雜誌》五卷三期。
〔註198〕同註197。

亦作環狀等距排列，四角別立石柱，於此圓外有道路延伸，路中置一石，此
其形狀之大略。依秀由在吉所敘，經現代天文學者之精密計算，此巨石群殆
爲去今四千餘年之天文臺遺跡，彼時藉此石群以觀候日、月之運行，預測交
蝕之周期也。〔註199〕埃及古有測中星器，名曰「滿開脫」（Merkhet），乃於木
棒上設一中空蘆管，管中繫一縣重之線，測候時，執棒以窺管，候星至管中，
即知此星行經子午圈。朱文鑫曰：「白蘭斯德發現埃及之滿開脫，係烏木所製，
長十英寸，闊一英寸，厚半英寸，每邊皆刻有『都恩愛孟帝手造』字樣，因
爲發掘此帝古墓得之，確爲三千餘年前之古物。」又埃及孟斐斯最大金字塔
塔底爲四方形，正對東、南、西、北，塔中隧道與地平成三十六度傾角，約
與孟斐斯之緯度相當，其北端正對彼時之極星，南端於冬至時正對昴星。朱
文鑫曰：「據司密司言，南端所以觀測恆星之過子午圈及日月之南中，據泊拉
克托言，若埃及人於南端蔽以黑幕而開一小孔，並足以觀日中黑子。」〔註200〕
餘如馬耶人（Mayas）、迎迦人（Incas）之建造太陽廟，與埃及築建金字塔之
法密近，皆與星辰之測候有關。〔註201〕凡上所陳諸事，可徵歐西遠古率藉器
物建築以爲測候之助，奚於中國而獨疑其不當有之邪？

---

〔註199〕以上關於巨石群事，其詳見秀由在吉《天文學入門》，頁2～7。

〔註200〕以上關於埃及測中星器及金字塔二事，其詳見朱文鑫《天文學小史》，頁 68
～69。

〔註201〕馬、氏二事，見伏古拉爾《天文學簡史》，頁3。

# 第三章　七政述辨

　　舜受終，即「在璿璣玉衡，以齊七政」，其禮雖但行於一時，其義則纏訟千古。前章既已討明璣衡義實為觀天之器矣，本章爰就七政疑義續予研討。

## 第一節　前賢論說述要

　　〈堯典〉「七政」之義，昔賢所言，可別為二大類：或即天文言，一也；或就人事論，二也。然細究諸家之言，其措意或有乖互，其立言亦多參差，又不免同中生異，歧裏出歧矣。茲先彙列諸家之言，分二綱、五維、八目，述之如后。

### 一、天文說

　　前儒以天文釋七政者，蓋有二塗焉，一曰北斗七星，二曰日、月、五星，是也。其以為北斗七星者，緯書首倡之，馬融應和之，薛季宣信從之，薛氏而後，繼武乏人，遂成絕響。其以為日、月、五星者，見兆於馬融，揭櫫於鄭玄，承紹於偽孔《傳》，發皇於唐孔氏，厥後學者靡然宗之，聲勢益壯。然衍釋者既多，枝派斯分，以義別之，厥有二端。茲將主天文說者分別條述如后。

#### （一）謂七政為北斗七星者

1. 《詩緯・含神霧》云：「七政，天斗上一星天位，二主地，三主火，四主水，五主土，六主木，七主金。」（瞿曇悉達《開元占經》卷六十七，葉十一引）

2. 《春秋緯・說題辭》云：「北斗七星有政，《春秋》亦以七等宣化」。（《公羊

傳》卷七莊公十年徐彥《疏》引，葉十）

3. 馬融云：「七政者，北斗七星也，各有所主，第一曰主日，法天；第二曰主月，
法地；第三曰命火，謂熒惑也；第四曰殺土，謂塡星也；第五曰伐水，謂辰
星也；第六曰危木，謂歲星也；第七曰剽金，謂太白也。日、月、五星各異，
故曰七政。」（《史記》卷二十七〈天官書〉司馬貞《索隱》引）〔註1〕

又云：「日、月、星以璿璣玉衡度知其盈縮進退失度所在，聖人謙讓，猶不
自安，視璿璣玉衡，以驗齊日、月、五星行度，知其政是與否，重審己之
事也。」（《尚書正義》卷三，葉六引）

裕基案：《開元占經》又引石氏《星經》曰：「北斗第一星主日，第二星主月，
第三星主熒惑，第四星主辰星，第五星主塡星，第六星主歲星，第七星主太白。」
馬融蓋冶合《含神霧》、《星經》二文而創爲是說，孫星衍所言是矣。〔註2〕考
《星經》以日、月、五星配北斗，馬氏既冶合之，是以間或不言北斗，而逕以
日、月、五星代七政，此則鄭玄以日、月、五星訓七政之先聲矣。

4. 薛季宣云：「七政，北斗星名。」（《書古文訓》卷一，葉九）

### （二）謂七政爲日、月、五星者

前賢以七政爲日、月、五星者夥矣，然大同之中不免有小異者在焉，以
義別之，可析爲二端。

### （甲）謂日、月、五星各有政，察之以觀受禪是非者

1. 鄭玄云：「七政，日、月、五星也。」（《史記・五帝本紀》裴駰《集解》引）

又云：「動運爲機，持正爲衡，皆以玉爲之，視其行度，觀受禪是非也。」
（《宋書》卷二十三〈天文志〉一引）

裕基案：江聲《尚書集注音疏》以爲「七政，謂春、秋、冬、夏、天文、地
理、人道，所以爲政也。人道正，而萬事順成」諸文，乃鄭玄注《尚書大傳》
語，鄭玄之七政義當以此爲正，因以裴駰所引者爲謬誤，其言曰：「乃裴駰注
《史記》，引鄭《注》云（裕基按，文見前，此處刪），與《大傳》及鄭君《大
傳注》各乖異，蓋彼誤以馬《注》爲鄭《注》爾，必非鄭《注》，不可不辯。」

---

〔註1〕 《史記》卷二十七司馬貞《索隱》引，詞句似略有脫落。此處所列者，乃據
王鳴盛《尚書後案》卷一中，經王氏訂補者轉引，葉三十三。
〔註2〕 《尚書今古文注疏》卷一下，葉四。石氏文見《開元占經》卷六十七，葉十
一。

〔註3〕苟江氏之說不誤，則鄭玄當主人事說而與《尚書大傳》同也。夫《尚書大傳》今既亡佚，無由見其原貌，然《大傳》亡於明季，明以前之書間有援引之者，猶能得其彷彿於一二。江聲生于清初，自亦不能獲見《大傳》原貌，其所見者，蓋即見引於前代諸書中之殘餘者也。考清人所輯《尚書大傳》，絕未見鄭玄七政注，而《史記・五帝本紀》張守節《正義》引「七政，謂春、秋、冬、夏、天文、地理、人道……」諸語，明標「《尚書大傳》曰」，〔註4〕是知江氏蓋誤以《大傳》本文當鄭《注》也。考鄭玄以日、月、五星為七政，其文除見引於張守節《正義》而外，亦見引於《隋書・天文志》，其言曰：「七政者，日、月、五星也。以璣衡視其行度，以觀天意也。」〔註5〕是鄭玄以日、月、五星為七政，固信而有徵矣。江氏既誤以《大傳》當鄭玄語，又弗克蒐討明證，輒欲憑臆斷人是非，實不可從。

2. 僞孔安國《尚書傳》云：「七政，日、月、五星各異政。舜察天文，齊七政，以審己當天心與否。」（《尚書正義》卷三，葉四）

3. 孔穎達云：「七政，其政有七，於機衡察之，必在天者，知七政謂日、月與五星也。……《易繫辭》云：『天垂象，見吉凶，聖人象之。』此日、月、五星有吉凶之象，因其變動為占，七者各自異政，故為七政。得失由政，故稱政也。舜既受終，乃察機衡，是舜察天文，齊七政，以審己之受禪當天心與否也。」（《尚書正義》卷三，葉六）

　　餘如蘇軾、史浩、胡士行等，所言並同此說。〔註6〕

## （乙）謂日、月、五星行度不齊，如國家之政然，察之以使曆法無差忒者

1. 林之奇云：「孔氏云：『舜察天文，齊七政，以審己當天心與否。』此說不然。夫舜既受堯之終於文祖之廟矣，乃始在璿璣玉衡，以齊七政，以審己之當天心與否，使其七政有失度，則將奈何？古之人授受之義自不然也。使其不當天心，不符人望，則不授之而已。既已授之，而方且察天心之當否，進退無所據矣。孔氏於『烈風雷雨弗迷』下注云『明舜德之合於天心』，則是舜未受終以前已當天心矣，至此又曰審己當天心與否，其說亦自相違

〔註3〕卷一，葉三十九。
〔註4〕卷一。
〔註5〕卷十九。
〔註6〕見諸氏所著書。

戾。舜之受終則在璿璣玉衡以齊七政者，蓋既攝帝位，則將巡狩於方岳，以考制度，協時月正日，同律度量衡也。七政者，日、月、五星也。堯之歷象日、月、星辰，命羲、和之四子，方且考四方之中星而已。至舜考察日月之行，加之以五緯之躔度，然後其法加密也。日行一度，月行十三度十九分之七，歲星日行千七百二十八分度之百四十五，熒惑星日行一萬三千八百二十四分度之七千二百五十五，太白、辰星日各行一度，鎮星日行四千三百二十分度之百四十五。惟其七政之躔度，其多寡長短之不同如此，故必以璿璣玉衡，然後立法無差忒矣。」（《尚書全解》卷二，葉十至十二）

2. 蔡沈曰：「七政，日、月、五星也，七者運行於天，有遲有速，有順有逆，猶人君之有政事。此言舜初攝位，整理庶物，首察璣衡，以齊七政，蓋歷象授時所當先也。」（《書集傳》卷一，頁 5）

3. 陳經云：「七政，日、月、五星，在天之政也。在，察也。璿璣玉衡，觀七政之運，循其常度，無有差錯，此所謂齊也。人君為天地星辰之主，君有闕政，則日月薄蝕，星辰變動，安得而齊？其意與〈堯典〉欽若、歷象同。」（《尚書詳解》卷二，葉五）

4. 王頊齡云：「璿璣玉衡，實具天象。七政麗天，惟月之距地為近，次日，次金、水，次火，次木，次土，而恆星最遠。七政之行，惟月之左旋為速，次日，次金、水，次火，次木，次土，而恆星最為遲。又就其行度細較之，日有盈縮，月有朒朓，五星復有遲、留、順、逆之不同，必有以齊之，而後歷可治焉。然七政之行必紀於天之度，而天度不離乎黃、赤二道之經緯。……聖人觀天地之經緯，七政之運行，而為璿璣以象之，復為玉衡以窺之，以察日之南北，則節氣之蚤晚可辨；以察月之出入，則晝夜之永恆可分；以察月之周天與會日，則晦、朔、弦、望之期候可定。至於五星之會日、沖日，而有合、伏、退、望；五星之近日、遠日，而有順、逆、遲、留，與夫日、月、五星之互相掩映而為交食凌犯，俱可推步而不爽，是即所謂齊也。」（《欽定書經傳說彙纂》卷二，葉十六）

裕基案：五星暨地球皆遶日而行，其去日之遠近如下：水星去日為十分天文單位之四，金星十分之七，地球一，火星一又十分之五，木星五又十分之二，土星九又十分之五。〔註7〕如以地球為度，日、月、五星去地球之遠近，當以

---

〔註7〕上列諸數值，見唐山譯 Stuart J. Inglis《行星、恒星、星河宇宙》一書，頁 54

月最近，地球之衛星故也，次金，次火，次水，次日，次木，次土。又關於七政之運行，日爲恆星，本自不動；月爲衛星，遶地而行，其公轉週期爲二十七日強；五星皆行星，遶日而行，其公轉週期如下：水星八十八日弱，金星二百二十四日強，火星一年又三百二十三日弱，木星一十一年又三百一十五日弱，土星二十九年又一百六十七日弱。〔註8〕如以地球爲度，則七政之行運，其最速者爲月，次水，次金，次日，次火，次木，而土星最遲。綜上所陳，是王氏於七政距離之遠近，行運之遲速，所言實見疵纇，未可據爲典要。

考此說與前一說之相異處，厥在前說以爲察七政乃觀受禪是非耳，似特爲受禪而設，平時則莫之行矣；此說則以爲察七政乃聖人敬天時、愛民萌之表徵，與受禪是非無涉，是其所異。前賢如史浩、夏僎、黃度、袁燮、朱熹、錢時、吳澄、王充耘、陳師凱、朱祖義、陳雅言、郝敬、王樵、張治具、申時行、利士雄、李光地、朱駿聲、曾運乾，時彥成滌軒、勞榦、張元夫諸先生皆主此說。〔註9〕

### （三）謂七政除指稱日、月、五星而外，亦兼括二十八宿、十有二歲者

1. 馬明衡云：「七政，《註》、《疏》皆云是日、月、五星，今亦依之。但〈馮相氏〉掌十有二歲、十有二月、十有二辰、十日、二十有八星之位，是依常度不動者。〈保章氏〉掌天星以志日、月、星辰之變動，是察其與常不同以見吉凶者。今七政只云五星，則二十八星不言矣，豈五星與二十八星相爲經緯，言五星，則二十八星與所謂十有二歲之歲者皆舉之歟？」（《尚書疑義》卷一，葉三十四）

2. 簡朝亮云：「七政者，鄭氏謂『日、月、五星』，是也。不言二十八宿者，日、月、五星非二十八宿之度無以紀之，故言七政而可該也。七者之行，列於〈天官〉，各有所司，故謂之政。齊者，七政遲疾不齊，厤數以齊之也。」（《尚書集注述疏》卷一，葉六十）

又云：「《周髀》云日主晝，月主夜，則日、月所司之政也〈天官書〉云歲

〜78。
〔註8〕 上列數值，乃據山本一清《宇宙壯觀》一書，頁49、頁142所列者，惟原文有小數，竊依四捨五入法歸整之，並標以強、弱之號。
〔註9〕 勞榦先生說，見《史記今註》，頁11。其餘各見諸氏所著《尚書》之作，不贅。

星主春，熒惑主夏，塡星主季夏，太白主秋，辰星主冬，則五星所司之政也。《論語》云：『為政以德，譬如北辰，居其所而眾星共之。』此以政譬星，則星亦以政言也。《大傳》云：『七政，謂春、秋、冬、夏、天文、地理、人道，所以為政也。』今不從者，厤象授時，觀天文而成人道爾，非以察地理也。……《書疏》引馬云：『驗齊日、月、五星行度，知其政是與否，重審己之事也。』今不從者，攷之〈鴻範〉，若厤數，若王省，各為之文，今經言厤數，馬以所省言之，於經病添文也，經不言以齊庶政也。」（仝前，葉六十五至六十六）

## 二、人事說

前賢之主人事說者，可別為二類，一曰時事，二曰職官。其主時事說者，首見於伏生《尚書大傳》，沈彤、江聲、戴震、王鳴盛、皮錫瑞等從之，而沈、戴二氏復即伏說而稍事修正，是以其體雖承伏生而來，其貌則別具特色，頗見新義，可備一格。至於主職官說者，則唯楊氏筠如一人耳。茲條述之。

### （一）謂七政與時事相應者

### （甲）謂七政為春、秋、冬、夏、天文、地理、人道者

1. 伏生云：「政者，齊中也。謂春、秋、冬、夏、天文、地理、人道，所以為政也。道正而萬事順成，故天道政之大也。」（《史記》卷一〈五帝本紀〉張守節《正義》引《尚書大傳》）

裕基案：《玉海·天文書》引《尚書大傳》云：「七政布位，日、月，時之主；五星，時之紀。日、月有薄食，五星有錯聚，七者得失在人君之政，故謂之為政。」〔註 10〕與此不同。孫星衍以為《玉海》所引者乃歐陽之說，故與夏侯不同，〔註 11〕王先謙《尚書孔傳參證》踳之，以為孫說「理或然也」。〔註 12〕皮錫瑞則非之，以為「七政，《大傳》明以春、秋、冬、夏、天、地、人為說，不當又有日、月、五星也。……《玉海》所引《大傳》非《大傳》，其說與《索隱》所引馬融《注》合，是古文說，王伯厚誤引耳。」〔註 13〕

---

〔註 10〕據孫星衍《尚書今古文注疏》卷一下，葉十四引。
〔註 11〕同注註 10。
〔註 12〕卷二，葉八。
〔註 13〕《今文尚書考證》卷一，葉三十一。

所言甚是，今從之。

2. 江聲云：「鄭注七政云云，《大傳》注也。……《孟子・離婁》下篇云：『周公思兼三王，以施四事。』《大傳》則云：『周公兼思三王之道，以施于春、夏、秋、冬。』據此，則《孟子》所言，三王謂天、地、人三統，四事謂四時之事。是則帝王出政，必參乎三才，合乎四時，故鄭云春、秋、冬、夏、天文、地理、人道所以爲七政也。」（《尚書集注音疏》卷一，葉三十九）

裕基案：江氏所謂鄭注《大傳》云云，實爲《大傳》本文，絕非鄭《注》，業如前述。考《孟子・離婁》下曰：「禹惡旨酒，而好善言；湯執中，立賢無方；文王視民如傷，望道而未之見；武王不泄邇，不忘遠。周公思兼三王，以施四事，其有不合者，仰而思之，夜以繼日；幸而得之，坐以待旦。」〔註14〕詳味孟軻之言，則三王殆非指三才之統，四事殆非指四時之事。《大傳》所言，蓋唯取《孟子》之形而遺其義也。江氏未加覆案，輒下斷語，片言折獄，豈云可哉？又王應麟《困學紀聞》曰：「『周公思兼三王，以施四事』《注》云：『禹、湯、文、武所行事也。』而伏生《大傳》云：『周公思兼三王之道，以施於春、夏、秋、冬。』其說陋矣。」〔註15〕其以伏說爲陋，雖未必中肯，然知離孟軻、伏勝之言爲二，其識見固高出江氏矣。

　　王鳴盛於《尚書後案》中但敘王頊齡語，不斷是非，〔註16〕至於《蛾術編》則以沈彤古不步五星之說爲是，而主江聲此說矣。〔註17〕又皮錫瑞《今文尚書考證》、《尚書大傳疏證》亦主此說。〔註18〕

### （乙）謂七政爲歲、月、日、春、秋、冬、夏者

1. 沈彤：「七政，伏生《大傳》以爲春、秋、冬、夏、天文、地理、人道。彤謂天、地、人三者，當易以歲、月、日，合春、秋、冬、夏爲七，即上所定之四時，所成之歲，下所協之時、月，所正之日也。謂之政者，貴各得其正也。若五星，則當時尚未有步者，余亦有說詳之。齊七政，謂以日、月、星辰之行度，整氣交之日與月之正閏，而不失四時之序以成歲也。」（《尚

---

〔註14〕卷八，第二十章。
〔註15〕卷八，頁465。
〔註16〕卷一，葉三十二。
〔註17〕卷七十二，葉二十一至二十二。
〔註18〕分見《考證》卷一，葉三十至三十一；《疏證》卷一，葉九至十。

書小疏》，葉八至九）

裕基案：沈氏〈史記北斗齊七政解〉曰：「七政者，日、月、四時、歲，即《虞書》之所正、所協、所定、所成也。」〔註19〕亦申此說。又氏謂唐、虞時不步五星，因著〈古厤不步五星說〉以明之，是以不取日、月、五星之訓，乃承《大傳》之說，而稍易天、地、人為歲、月、日也。其〈古厤不步五星說〉曰：「帝堯命羲、和厤象日、月、星辰，其星惟二十八宿，不兼五緯。蓋厤象在授人時，而授人時在日、月、歲、時之正。正日之長短，必以日出入之早晚；正月之朔望，必以月與日之合望；正時之春、夏、秋、冬，必以日之長短，昏、旦之中星，昏、旦之中星者，二十八宿也；正歲必以日之周天，月會日之常數，及其閏，而五緯於數者並無所用。即後世之用五緯，亦察其行天之順逆，以占災福耳。故緯星之步，殷以前惟見於偽託諸厤（原註：按，《黃帝》、《顓頊》、《夏》、《殷》諸厤，祖沖之以為漢初、周末人偽託，確有明徵，詳見《宋書・厤志》。若《隋書・經籍志》所載《巫咸五星占》，《漢・藝文志》無之，蓋亦偽託），而經傳無聞焉。其始見經傳者，在《周語》，則武王伐殷，歲在鶉火，晨星在天黿，（原註：星上加晨，乃兼取《漢書・律厤志》），與日、月、辰而並列五位。在《周禮》，則保章氏掌天星，以志星、辰、日、月之變動，以觀天下之遷，辨其吉凶。以《周語》徵之，此亦兼步五緯也。蓋商、周之際，厤數加詳，所以為占者亦備，而要不可以概上古之厤象星辰者。抑郭氏注《爾雅》夏曰歲之文，謂取歲星行一次，則似歲星獨為上古之所步。然而《白虎通》訓歲為遂，以日一周天萬物畢成為一歲，是歲不以此星名，此星乃以歲行一次名（原註：《史記索隱》所采《物理論》之云正同），安必此星之名歲始於上古，而上古步之也？」〔註20〕陳壽祺嘗撰〈駁沈果堂尚書小疏唐虞不步五星說〉，於沈氏之說多所斥駁，惟其所據者係秦、漢時人所追述之史料，殆不能使沈氏心悅誠服也。〔註21〕

### （丙）謂七政為歲、月、金、木、水、火、土者

1. 戴震云：「〈堯典〉『歷象日、月、星辰』，星謂中星，初不及五緯。〈洪範〉五紀，一曰歲，二曰月，三曰日，四曰星辰，五曰歷數，其星辰同於〈堯典〉，孔穎達曰：『五星所行，下民不以為候。』其說得之。五星至後代推測漸詳，堯命羲、和敬授民時，無取乎此，即推之不失，亦非正四時成歲

---

〔註19〕《果堂集》，葉十二。
〔註20〕同註19，葉一。
〔註21〕《左海文集》，葉八至九。

收闕，何以與此月並列稱七政乎？天道遠，不必盡知，無傷於大智。如日、月食，五星掩犯，古人皆不豫推，惟日、月運行，寒暑物候因之變遷，準是出政，乃敬天時，重民事也。然則，正之為言，實人有政，非天有政，甚明。以人之有政論，其一為歲之政，分、至、啓、閉，如祭祀典禮、登臺書雲物之屬是也；其一為月之政，如聽朔、朝廟之屬是也。既謹因歲月以明其節之大，于是遂順時序而舉夫木、火、土、金、水五者之政，如法制禁令，協天時而布其事是也。」（《尚書義考》卷二，葉十二至十三）

### （二）謂七政為日官、月官、五正者

1. 楊筠如云：「按，政與正通，《左傳》五行之官謂之五正，此謂日官、月官與五正也。」（《尚書覈詁》，葉七）

以上諸家皆即人事以言，且詳敘其目者也。另屈萬里先生《尚書集釋》曰：「七政，蓋謂七種政事。意者古人以為，北斗七星每星主一政事，故云『在璿璣玉衡，以齊七政』也。齊者，正也，義見《詩·小宛》毛《傳》。」〔註22〕雖未細列七政之目，其主人事說者明矣。

## 第二節　前賢論說考辨

前節所陳諸家之說，率皆持之有故，言之成理，遽然觀之，但見異說紛陳，各擅勝義，欲加抉擇，難如挾山超海，然苟能揆度厥理，細究其詞，自不難去蕪存精，得其爾雅矣。茲試加考論如后。

## 一、人事說考辨

七政之義，諸儒或即天文言，或即人事言，各有理據。推探二說，竊謂人事說蓋未能契合〈典〉義也。原乎人事之說，殆權輿於伏生《尚書大傳》，後儒沈、江、戴、王、皮之屬皆從其說，或拳拳服膺，王、皮二人是也；或援證揄揚，江氏是也；或稍事修易，沈、戴二氏是也。江氏舉《孟子》以明《大傳》之所本，然實骫骳之譚，不可信據，前已明之。而王、皮二人亦但從伏說而未加申述，則三氏之說皆可置而勿論也。

伏生《大傳》以春、秋、冬、夏、天文、地理、人道為言，潛繹其文，

---

〔註22〕頁 19。

蓋有可商者二也，分陳如下：

1. 夫春、夏、秋、冬四時之嬗替，其以氣之寒涼溫燠言乎？則氣之迭代，天之事也。其以物之蕭瑟欣榮言乎？則物之更易，天始之而地成之也。其以政之發佈轉易言乎？則政之改替，人循天地以頒之也。然則，四時與三才複矣。考諸〈堯典〉，羲、和之歷象日、月、星辰，乃所以敬授民時，則彼時所重者，天人之事也。民時所在何也？此則〈堯典〉所謂「東作」、「南訛」、「西成」、「朔易」等四時之事是也。〈堯典〉又曰：「期三百有六旬有六日，以閏月定四時成歲，允釐百工，庶績咸熙。」可徵百工庶績亦憑羲、和所授之民時而成。然則，人事即四時之政明矣。今七政之中既有人事，則不當複出四時之政；既有四時之政，則不當重出人事，二者實一非二，不宜並列。又朱駿聲曰：「《大傳》鄭《注》以七政為春、秋、冬、夏、天文、地理、人道。然地理、人道與天文不同實，恐亦非也。」〔註23〕簡朝亮亦曰：「厤象授時，觀天文而成人道爾，非以察地理也。」據此，是天、地、人三者亦有可疑焉。實則，天、地、人三才之道，堯時未必有之，以天、地、人儕居共處，恐亦非〈堯典〉本義。此可商者一也。

2. 且夫政事亦多矣，奚七政之必為四時、三才邪？若謂餘事皆屑屑爾，可賅括於七政之中，則三才與四時複出，何不省言三政抑四政，而必併而以七言邪？說者又分春、秋、冬、夏為四，然四時自在年歲之中，何不遂以一「年」字抑一「歲」字總之，而必析之為四，何其不憚煩也？使謂四時之政各異，不當捆稱年歲，則春、夏、秋、冬各三月，豈一時中之三月，其政事皆齊同無異邪？此蓋又不然矣。然則，伏生奚必以三才傅四時而為七政歟？此殆緣伏生欲牽合七政之數耳，實非〈堯典〉之本義。此可商者二也。

　　夫三才，四時之說，考諸〈典〉文，衡諸事理，舉未見其是，其非〈堯典〉正詁明矣。

　　沈氏改易伏《傳》，而以歲、月、日代天、地、人，以為七政者，即〈堯典〉所定、所成、所協、所正者也。其言洋洋，而猶不免於伏生複沓之疵也。蓋積日成月，積月成歲，言歲而月、日在其中矣，言月而日在其中矣。又四時為歲，〈堯典〉所謂「定四時成歲」者是也，言歲而四時亦在其中矣。然則，

---

〔註23〕《尚書古注便讀》卷一，葉五。

歲不宜與日、月、四時並列明矣。且四時無非日、月所成、既列日、月，復標四時，得無失之冗沓？舜受終後所行之事亦多矣，又奚必以所定、所成、所協、所正者爲七政邪？沈氏嘗言：「齊七政，謂以日、月、星辰之行度，整氣交之日與月之正閏，而不失四時之序以成歲也。」據此，是沈氏非不知歲、月、日、春、秋、冬、夏之複沓重出也，其所以放言不悔者，蓋欲求合七政之數，故不得不恣意拼湊耳。

　　戴氏以歲、月、五行爲七政，分列歲、月爲二，自不免有如沈氏之玷者。氏以金、木、水、火、土等五行之事爲舜順時而舉之政。然國事至賾至繁，五行之政特爲地之五物，《左傳》曰：「則天之明，因地之性，生其六氣，用其五行。」又曰：「天有三辰，地有五行。」《國語》曰：「天六地五，數之常也。」〔註24〕是矣，其官政所司，亦惟五官耳，說見後，不足以總括國政，舜受終御事，不當斤斤於此五事耳。有此二疵，是戴氏之說亦不足採信矣。

　　楊筠如以職官說七政，其體實蛻化自戴氏，是以說雖新異，亦不能無罅。考左氏桓公二年《傳》曰：「三辰旂旗，昭其明也。」昭公十七年《傳》曰：「日過分而未至，三辰有災，於是乎百官降物；君不舉，辟移時；樂奏鼓，祝用幣，史用辭。」昭公三十二年《傳》曰：「天有三辰，地有五行。」《國語·魯語》上曰：「帝嚳能序三辰以固民。」《楚語》下曰：「諸侯祀天地、三辰及其土之山川。」〔註25〕是天有三辰，古之恆言也。三辰之義，或以爲日、月、星，杜預《春秋左氏傳集解》所言是也；或以爲日、月、北斗，《漢書·律曆志》曰：「故三辰之合於三統也，日合於天統，月合於地統，斗合於人統。」〈五行志〉曰：「北斗者，天之三辰，綱紀星也。」〔註26〕是也，說雖不同，其數爲三則一。今日、月各有其官，星辰獨無之，豈理也哉？又五行之政不足以賅一國之政，前既明之，則職司五行之官者，豈復能總賅一國之官哉？考五行之官，見於《左》昭二十九年《傳》，其言曰：「夫物，物有其官，官修其方，朝夕思之。一旦失職，則死及之。失官不食。官宿其業，其物乃至。若泯棄之，物乃坻伏，鬱湮不育。故有五行之官，是謂五官，實列受氏姓，封爲上公，祀爲貴神。」〔註27〕是五行之官所司者乃五行之物耳。然國政固

---

〔註24〕分見《左》昭二十五年、三十二年《傳》，葉八至九，葉二十六；《周語》下，頁98。

〔註25〕依《左氏春秋經傳引得》、《國語引得》所列而檢出原文。

〔註26〕卷二十一上之上。

〔註27〕卷五十二，葉五。

不止五物，《左》昭十七年《傳》，郯子述其高祖少皞之立官，有歷正、司分、司至、司啓、司閉、司徒、司馬、司空、司事諸識。〔註28〕《國語・楚語》載觀射父之言曰：「民之徹官百。王公之子弟之質能言能聽徹其官者，而物賜之姓，以監其官，是爲百姓。」〔註29〕此其驗也。然則，五行之官不足以賅一國之官明矣。即以〈堯典〉言之，舜之所命者乃有二十二人，其中契爲司徒，皋陶作士，夔典樂而龍納言，又豈五行之官所能統攝？楊氏之說，其不副〈典〉義蓋至明也！

綜上所述，則人事之說，非〈堯典〉正訓可知。

## 二、天文說考辨

前賢主天文說者，有三目四家，說見前，亦可謂異說紛紜矣，其是非如何？以下續加討論：

馬融以北斗說七政，推考其言，蓋有可商者四焉，分陳如下。

1. 《史記・天官書》曰：「故紫宮，房、心、權、衡、咸池、虛、危，列宿部星，此天之五官坐位也，爲經，不迻徒，大小有差，闊狹有常。」〔註30〕北斗居中宮，自爲經星，居所有常，不可以機衡齊之，縱以機衡之器在之，惟徒費耳，豈能有功？此可商者一也。

2. 馬氏雖以北斗主日、月、五星，然氏又謂「日、月、星皆以璿璣玉衡度知其盈縮進退失度所在」，是馬氏以爲舜之在機衡者，蓋欲驗知七政之「盈縮進退失度所在」也。然星之有盈縮進退失度者，惟緯星爲然，《天官書》曰：「水、火、金、木、塡星，此五星者，天之五佐，爲緯，見伏有時，所過行度，贏縮有度。」《漢書・天文志》曰：「凡五星，早出爲贏，贏爲客；晚出爲縮，縮爲主人。」〔註31〕是矣，經星則不迻徒，無贏縮也。北斗既爲經星，自無「盈縮進退失度」可言，則謂七政爲北斗，名實不副矣。此可商者二也。

3. 舜攝位，上帝未暇類，六宗未暇禋，山川、群神未暇致祭，四岳、群牧未暇覲見，乃先以機衡察七政，其事之重且大可知。使察北斗亶可正曆數而

---

〔註28〕卷四十八，葉五至七。
〔註29〕卷十八，頁570。
〔註30〕卷二十七。
〔註31〕卷二十六。

授民時，舜之在之齊之，不亦宜乎？然虞、夏既未側重北斗，斗建之法又復不能行於彼時，業如前述，奚舜之受終而必先察此無奇、無用之斗耶？此可商者三也。

4. 《星經》但言北斗七星所主為日、月、五星，並未目七星為七政，至《含神霧》、《說題辭》出，始謂七星有政，是為七政，馬融繼武，遂合二者為一說矣。然則，以七政為北斗七星者，蓋漢人牽傅〈堯典〉七政之文以造說耳，猶機衡之為器，而漢人遂以渾儀當之也，未必〈堯典〉原意。此可商者四也。

　　薛季宣亦持北斗說，惟薛氏既以機衡為魁、杓，又以七政為北斗星名，則其所謂「在璿璣玉衡，以齊七政」者，即「在北斗以齊北斗」，此高本漢所謂絕無此理者也，其為不辭，甚矣。

　　據以上所述，是北斗說不可信也。

　　竊謂〈堯典〉七政之義，當以日、月、五星為正。蓋前文既已證明機衡為觀天器矣，則舜之資用其器以事觀測者，非天之星辰而何？經言七政，是其星有七。然周天經星至繁，其數未可以七限，而義、和資以正四仲者又惟四星，復不足於七，然則，七政之非經星明矣。七政既非居所不動之經星，自為行運不息之緯星矣。古人所知之緯星有五，益以東西更昇之日、月，恰符七政之數，是日、月、五星七者，蓋即〈堯典〉所謂七政也。

　　鄭玄以為觀七政行度以察「受禪是非」，偽孔《傳》則以為「以審己當天心與否」，林之奇已非之矣，是其說可棄而勿采也。

　　馬明衡、簡朝亮亦主日、月、五星之說，惟謂二十八宿亦賅在內。考堯命義、和歷象授時，其正四仲乃取於鳥、火、虛、昴四經星，舜攝政，其資機衡以窺天者，殆亦不能棄捐四星而不觀也，則馬、簡之說於義或然也。惟就經文究實言之，七政既以七名，其總數自不宜多於七，今既以日、月、五星七者當之，不得復括二十八宿於內。且經特著一「齊」字，齊者，吳澄《書纂言》曰：「測驗推步之不差也。」是矣。〔註32〕經星居所有常，而秦、漢以前不知有歲差，舜非大愚，豈於受終之初，萬事不暇舉，乃汲汲於以器觀候，而欲以檢齊恆靜不易之經星哉？是殆不然。張英《書經衷論》曰：「經星之麗於天者，終古不易，歷法之參差，儀象之轉運，惟在日、月、五星耳，故七政齊而經星不必言也。」〔註33〕所言最得其情。

---

〔註32〕《書纂言》卷一，葉二十一。
〔註33〕卷一，葉七。

　　前既謂七政之確疏當爲日、月、五星，據〈堯典〉所敘，則堯時必知觀候五星矣。然孔穎達疏釋〈洪範‧五紀〉「四曰星辰」，嘗謂「五星所行，下民不以爲候」，〔註34〕而沈彤、戴震等皆循其說，以爲下民不取五星所行爲候，故羲、和敬授民時，必無取乎此。誠如其言，則七政自不宜賅括五星也。今夷考其言，似是而非，實不可從。何則？夫諸氏謂五星不與民時，故古人不予觀候，其言似是，然反紃其言，則後人固不當觀候五星矣。又沈氏嘗援《周語》武王伐殷歲在鶉火事，以謂五緯之步備於殷、周之際。依其說，是殷、周之時已知推步五星矣。然殷、周之際，五星之行運，其無與民時也如故，而彼時則必孜孜測候之者，何也？殷、周之際既能觀候之，奚虞舜時則必不能以器覘之邪？夫習於恆而訝於變，此人之常情也。故「隕石于宋五」、「六鷁退飛過宋都」，〔註35〕事之罕見者也，然驗於宋之候者，而載于《春秋》。《詩》云：「維天有漢，監亦有光。」又云：「倬彼雲漢，爲章于天。」又云：「倬彼雲漢，昭回于天。」〔註36〕蓋列星羅布，河漢所集最密，故見於周之民人，而著於載籍。文仲之祀爰居，匹夫之駭怪星，〔註37〕豈徒然哉？日、月之食，五星掩犯，古人固不豫推，如戴氏所言。然日月麗天，縣象最明，其食也，於初民心中寧非怪異可駭之象乎？而日食之可怪尤甚，故《夏書》敘辰之弗集於房，而「瞽奏鼓，嗇夫馳，庶人走」，〔註38〕《詩經》陳朔日之食，而詩人有「于何不臧」之刺；〔註39〕執紼遇蝕，而老聃避道。〔註40〕蓋其事罕覯，則令人震駭而惶然失措矣。周天星宿繁多，大柢各有恆位，其時時迻動於天際者，蓋寡矣。以此寡見之星，行彼眾星之中，於觀象者言，寧非特異之象邪？人情既喜奇異，其留意於此時行之星也，蓋亦理之必然。考時行於天際之星曜，其爲古人所及知者，爲數有七，此即張衡所謂「文曜麗乎天，其動者有七，日、月、五星是也」〔註41〕者是矣。日、月更迭於東西，縣象至明，而金、水二星復常於晨夕與日同出，〔註42〕其景昭著，測候者豈宜視若無睹？然則，觀候五星之行者，自古而然也。且〈堯典〉

---

〔註34〕《尚書正義》卷十二，葉十。

〔註35〕僖公十六年《春秋經》。

〔註36〕分見《小雅‧大東》，《大雅‧棫樸》、〈雲漢〉。

〔註37〕文仲事見《國語‧魯語》上，匹夫例見《荀子‧天論》。

〔註38〕《左》昭十七年《傳》。

〔註39〕《詩經‧小雅‧十月之交》。

〔註40〕見《禮記‧曾子問》。

〔註41〕《晉書》卷十一〈天文志〉上引。

〔註42〕參《史記》卷二十七〈天官書〉，《漢書》卷二十六〈天文志〉。

但言「在璿璣玉衡，以齊七政」，則檢齊在察之可矣，不必求其轉算入密，了無差謬也。

# 第四章　四中星述辨

　　〈堯典〉敘羲、和之歷象授時，有取中星以正四時之法，所謂「日中，星鳥，以殷仲春」、「日永，星火，以正仲夏」、「宵中，星虛，以殷仲秋」、「日短，星昴，以正仲冬」者是也。自炎漢以迄清季，於鳥、火、虛、昴四星之涵義，前人所釋容有差互，而確信〈堯典〉所敘爲堯時之星象則一也。清之末造，西人繙譯中國典籍之風漸盛，而其人之撢研吾國文化者亦日增。彼於〈堯典〉所載星象，每以西法推之，或謂其年代古遠，與堯、舜之眞象密合；或謂其度數參差，實爲後人僞託，非唐、虞時天象所能有。民國以降，東西交流愈臻頻仍，學者於判別〈堯典〉之成書年代，每挾西法自重，藉以斷定年代之蚤晚。然〈典〉文簡質，於推步所須之要項，如測候之日期、時刻，測候處之所在及其緯度等，類未明言，是以劉漢至民國，其言〈堯典〉星象者，於推步所須要項，大柢出於私臆。惟各人臆定之要項不同，其所得結論亦隨之而異矣。本章擬考辨諸家有關四中星之疑義，至於測候之日期、時刻、地點諸疑義則闕而不論。所以然者，蓋以〈堯典〉既未明言鳥、火、虛、昴四星係於何日、何時、何地觀候，欲求日、時、地之眞象於〈典〉文中，絕無可能。〔註1〕而日、時、地三者之擇定，任隨人意，無一定之法，吾人自不得以後代之例繩之。乃若天體之行運則不然，其行運必有一定之理法存焉，苟能碻得天運之眞情，自可執以逆推堯時之天象，此前賢所以沾沾於以歲差轉算堯時中星，且勇於自信者也。

---

〔註 1〕 說見本章第二節。

# 第一節　前賢論說述要

　　〈堯典〉以鳥、火、虛、昴四星正四仲，文辭簡淨，兩漢諸儒率皆紹述其文，鮮有新義。然〈堯典〉所敘星象與《小正》所陳既有殊異，於〈月令〉所述復見乖剌，而彼時未識歲差之理，於星度之參差改易又未能視若無睹，於是鄭玄謂「〈月令〉舉其月初，《尚書》總舉一月」，〔註2〕而王肅則云「所宅爲孟月；日中、日永爲仲月；星鳥、星火爲季月；以殷、以正皆揔三時之月」，〔註3〕然未能釋疑於後人。漢末劉洪作《乾象歷》，首離天、歲爲二，以冬至日躔每歲微有不及，命曰歲餘，迄東晉虞喜，始立差法以追其變。〔註4〕厥後步天家率取歲差以言〈堯典〉中星，而說《書》者亦多從之。考諸家所說雖各有異同，使其所推步者間有不合〈典〉文，則必從而爲之詞，以求其合，未嘗有致疑於〈堯典〉者。至於西人則不然，彼以歲差之法考較〈堯典〉，使其所步者與〈典〉文密合，固然目爲眞鼎，揄揚有加；使其所步者與〈典〉文違戾，則亦不惜斥爲贗品，大加誅伐。民國以來，吾國學者於四中星所持之態度，或因襲陳言，奉爲典要；或自創新說，非難前賢；或考論前提，發爲疑語，同中有異，異中有同，可謂紛矣雜矣。然歷觀諸說，大柢不出三塗，一曰重傳統者，二曰求創新者，三曰務質疑者，茲分三類臚述於下。

## 一、傳統說

　　此說確信〈堯典〉所載爲堯時天象實況而加以疏通證明。民前諸賢，大柢偏於此說；民後群彥，其主此說者亦復不鮮。然說者眾口，不能一詞，枝說歧譚，自亦不免。考〈堯典〉之四中星，虛、昴二星，以〈典〉文言之甚明，歷來並無異說，其異說紛紜者，厥爲星鳥、星火二者也。綜其異詁，厥有七科，分陳如后：

### （一）謂鳥爲張、火爲心者

1.《尚書大傳》云：「主春者張，昏中，可以種穀；主夏者火，昏中，可以種黍；主秋者虛，昏中，可以種麥；主冬者昴，昏中，可以收斂。」（陳壽祺

〔註2〕《禮記正義》卷十五，葉一。
〔註3〕《尚書正義》卷二，葉十六。
〔註4〕參竺可楨論〈論以歲差定尚書堯典四仲中星之年代〉，載徐旭生《中國古史傳說時代》，頁279。

輯本卷一下，頁 13）

裕基按：《大傳》但言「主夏者火」，並未明言火爲何星，何以知其爲心星哉？考《淮南》、《說苑》、《考靈曜》三書，並有與《大傳》此文相類之語，詳見後，陳壽祺以爲「即本《大傳》」，〔註 5〕是也。《淮南》、《說苑》火並作大火，《考靈曜》則作心星。考《夏小正》言五月「初昏大火中」，其《傳》曰：「大火者，心也。心中，種黍菽靡時也。」〔註 6〕是《淮南》、《說苑》之大火即心也。夫三書既皆本於《大傳》，又並以火爲心，則伏生亦必以火爲心星也，特未明言耳。又宋翔鳳《尚書略說》曰：「天文家言南方七宿，曰東井、輿鬼、柳、七星、張、翼、軫。是南方中星爲七星，而《書傳》言張，唯《史記・律書》先言西至於七星，後云西至於張，亦互易其位，與《書傳》正同。然七星是七，在西，張星是六，在東，天象昭然，彼此互易，未知所由，義從蓋闕。」〔註 7〕考《大傳》但言四時之中爲張、火、虛、昴，並未明指四者爲四象之中宿。上文既考明《大傳》之火爲心星，而心宿於蒼龍一象並非中宿，則《大傳》於〈堯典〉之星鳥，亦不必取中宿當之明矣，宋氏之說蓋有未然。

2. 《淮南・主術》云：「故先王之政，……昏張中則務種穀，大火中則種黍菽，虛中則種宿麥，昴中則收斂、畜積、伐薪木，上告于天，下布之民。」（卷九，頁 29）

3. 《說苑・辨物》云：「主春者張，昏而中，可以種穀，上告于天子，下布之民。主夏者大火，昏而中，可以種黍菽，上告于天子，下布之民。主秋者虛，昏而中，可以種麥，上告于天子，下布之民。主冬者昴，昏而中，可以斬伐、田獵、蓋藏，上告于天子，下布之民。故天子南面視四星之中，知民之緩急，急則不賦籍，不舉力役。」（卷十八，葉二）

裕基按：昂，疑當作昴。

4. 《尚書緯・考靈曜》云：「主春者鳥星，昏中，可以種稷；主夏者心星，昏中，可以種黍；主秋者虛星，昏中，可以種麥；主冬者昴星，昏中，則入山可以具器械。王者南面而坐，視四星之中，而知民之緩急，急則不賦力

---

〔註 5〕陳輯《尚書大傳》卷一下，葉十三。
〔註 6〕《大戴禮》卷二，葉十三。
〔註 7〕卷一，葉二。

役，敬授民時。」（孫毅《古微書》卷二，葉六引）

裕基按：以《大傳》、《淮南》、《說苑》校之，本文所謂「鳥星」者，當即爲《大傳》之張星也。

5. 戴震云：「唐、虞時，春分在胃、昴之間，故鳥中。夏至日在七星，故火中。火，心也。秋分在氐、房之間，故虛中。冬至日在虛，故昴中。」（《文集》卷五〈原象‧中星〉條，頁110）

裕基按：戴氏謂堯時春分日在胃、昴之間，則其所謂鳥中者，當爲昏張中也。又戴氏《尚書義考》但言：「日中、宵中、日永、日短，此分至之不變者也。星鳥、星火、星虛、星昴，舉昏見南方之星，以知時節。」〔註8〕並未確言鳥、火之所指。

　　前賢皮錫瑞、楊筠如，並主此說。〔註9〕

### （二）謂鳥爲張，火爲尾者

1. 盛百二云：「堯時日躔，據徐氏星圖，冬至在虛七度，春分在昴三度，夏至在星三度，秋分在房一度，則春分昏張中，秋分昏虛中，冬至昏昴中，不待言矣。一行云『冬至昏胃中』者，非也。惟夏至昏中正當尾度，蓋古之大火本統尾言之，亦不必如一行不離午正之曲說也。………日躔與中星每日皆移一度，如統舉一月，則不得專言日在某宿與某星中矣。〈月令〉所載，亦特就本月之節氣或中氣一日言之。」（《尚書釋天》卷二，葉九至十）

又云：「星火，說者以爲心星，愚以爲心乃大火之尾宿也。《考工記》：『龍旗九旒，以象大火。』《注》云：『尾有九星，故象之。』《爾雅》：『大辰，房、心、尾，大火謂之大辰。』則大火之兼尾宿審矣。又云：『析木謂之津，箕、斗之間漢津也。』則尾非析木明矣（原注：諸家以尾度入析木者，宮次既借星象爲名，而星度多少不齊，乃以十二次均分天度，則一宮定爲三十度有奇，如《授時》以氐一度入大火，至尾二度已滿三十度，安得不以尾二度以後入析木乎？箕，竹器，又爲木名，見韋昭《國語注》，則析木之次本以箕得名）。心、尾固均爲大火，而夏至初昏加時在戌末，堯時夏至日躔星張，則戌時房、心已不當正中，一行以爲尾十度中，是

---

〔註8〕卷一，葉二十四。
〔註9〕見二氏所著《尚書》之作。

也。孔《傳》以星火爲房宿者，誤解中星爲七宿之中也。或以爲心宿者，不知昏刻加減但以酉正爲率也。夫夏至酉正，日未入地，安得見星乎？或曰：『虞、夏相距不遠，《夏小正》云："五月大火中。"《傳》曰："大火，心也。"亦不足據與？』曰：是傳者之說耳，安知《小正》之大火不以次言。又按，〈七月〉詩《正義》引《鄭志》答孫皓云：『大火，次名，非心星也。〈堯典〉中星，春、夏舉其次，言星鳥、星火；秋、冬舉其宿，言星虛、星昴。故《書註》云："星鳥，鶉火之方。星火，大火之屬。"』此又一證。但鄭以大火之次猶未中，則不知歲差，而以《豳風》、〈月令〉之法律之耳。」（仝前，葉十七至十八）

2. 錢塘云：「從鄭氏漏刻，則冬至日在虛五度，昏中星去日九十一度，昴初度中；夏至昏中星去日百九度，尾三度中，尾三度者，大火之次也（原注：其二分去日各九十九度，春分張五度中，秋分虛九度中也。以虛五爲冬至日所在，則大火終于尾九度）。（《溉亭述古錄》卷一，葉五至六）

3. 雷學淇云：「《大傳》、《史記》皆謂堯時張與虛爲正衝，冬至在虛，則夏至必在張，且於寅末，昏於戌初，晝得五十八刻半弱，故曰日永。昏、旦距午中皆一百又七度，故大火次之尾宿末度昏中。堯時，房、心、尾三宿皆在大火次內，尾之末度距張宿正百有七度，故《爾雅》云『大火，房、心、尾也』。」（《古經天象考》卷八，葉一）

裕基按：雷氏《介菴經說》有〈星火〉一文，謂〈堯典〉之星火，「以日永刻數推之，此乃大火三十度，在秋分日躔後之十五度，白露日躔前之一度，準以堯時天象，則尾宿也。〈律書〉以角、亢、氐爲壽星之次，以房、心、尾爲大火之次，《爾雅》曰：『大辰，房、心、尾也，大火謂之大辰。』皆與〈堯典〉合。」〔註10〕說與此同，而可補前文之未備。

## （三）謂鳥為星，火為房若心者

1. 馬融云：「星鳥、星火，謂正在南方，春分之昏七星中，仲夏之昏心星中，秋分之昏虛星中，冬至之昏昴星中。」（《尚書正義》卷二，葉十六引）

裕基按：《正義》引此諸語，而冠以「馬融、鄭玄以爲」，是孔氏所見鄭玄之說與馬融同也，江聲以爲鄭嘗師馬融，故「其解星鳥及殷字誼皆同焉」，〔註11〕理

〔註10〕卷二，頁27～28。
〔註11〕卷一，葉十三。

或然也。惟鄭玄之說《書》語，又分引於《詩・七月・正義》暨《禮・月令・正義》，乃以鳥爲鶉火，並謂「星火非謂心星也」，詳見後。夫一人之說容有兩歧，鄭玄於〈堯典〉四中星有異說，無傷也，惟三占從二，今從《詩》、《禮正義》所引者，不以鄭氏爲主此說。又《正義》於昴星中後復曰：「皆舉正中之星，不爲一方盡見，此其與孔異也。」王應麟《六經天文編》引作馬融、鄭玄語，孫星衍《尚書今古文注疏》、俞正燮《癸巳類稿》皆從之。〔註12〕惟王德錄則離斷之，以皆舉以下爲孔穎達語，其言曰：「馬、鄭、王但云正中之星，而《正義》謂不爲一方盡見，亦未分明。星鳥、星火之屬，皆居七座中間，當其在正線中時，前後各星固無不一方盡見也。」〔註13〕考兩漢諸儒於〈堯典〉中星之義，向無一方盡見之說，有之，則自僞孔《傳》始。馬、鄭之前既無盡見之說，豈屑屑於駁斥「一方盡見」之說？僞孔《傳》首以七宿畢見說《尚書》，孔穎達爲之疏釋，見馬、鄭之說與僞孔異趣，因引錄其言，而謂二氏「皆舉正中之星，不爲一方盡見，此其與孔《傳》異也」，實甚近情。據此，則王德錄之言是矣。又王氏謂四象中宿之星見於南中，則前後各星無不一方盡見，所言允符天情。惟馬融所說皆舉一宿，與僞孔之漫陳七宿者迥異，孔穎達所謂「不爲一方盡見」者，蓋指此耳，王氏得無責之太過邪？又蒼龍中宿爲房，非心也，王氏概以七宿之中星說之，亦非。又曾釗以爲「《正義》馬、鄭並稱，是馬義同鄭。鄭解火爲大火，則馬亦謂大火可知矣。然則，《正義》心字實爲火字之訛，徵君不能辨，而引爲馬融說，誤也。」〔註14〕曾氏以《正義》馬、鄭並稱，而鄭以火爲大火，因疑馬氏亦然，而以《正義》之心字爲火字之誤。推曾氏之意，則《詩・七月・正義》既謂鄭玄以鳥爲鶉火，馬同於鄭，是馬亦當以鳥爲鶉火也。然〈堯典・正義〉謂馬、鄭以鳥爲七星，七星非即鶉火，將謂七星爲鶉火二字之訛乎？若然，何孔穎達引書之多訛舛邪？考《正義》之引馬、鄭說也，於春、夏言星鳥、星火，於秋、多則不言星虛、星昴者，以下文於秋、多已言「秋分之昏虛星中，冬至之昏昴星中」矣，不煩以星虛、星昴總冒於上也。春、夏則不然，下文春言七星，夏言心星，與〈典〉文之言星鳥、星火者有別，故總冒星鳥、星火於上，而下則分訓鳥、火之所指，孔氏之意本至昭著，不可改易。且改心爲火，

〔註12〕 分見孫氏書卷一上，葉八；俞氏書卷三，頁113。王氏説則見《六經天文編》卷上，葉四十。
〔註13〕 《學古堂尚書叢鈔》，葉二。
〔註14〕 《虞書命羲和章解》，葉九。

將以馬、鄭所訓者乃爲「星火者，火星也」，馬、鄭必不受也。王應麟《六經天文編》亦引《正義》此文，與今本全同，是今本《正義》並無舛訛，曾說不可從。

2. 一行云：「日在虛一，則鳥、火、昴、虛皆以仲月昏中，合于〈堯典〉。……今以四象分天，北正玄枵中，虛九度；東正大火中，房二度；南正鶉火中，七星七度；西正大梁中，昴七度。總晝夜刻以約周天，命距中星，則春分南正中天，秋分北正中天。多至之昏，西正在午東十八度；夏至之昏，東正在午西十八度，軌漏使然也。多至，日在虛一度，則春分昏張一度，秋分虛九度中；多至胃二度中，昴距星直午之東十二度；夏至尾十一度中，心後星直午正之西十二度。四序進退，不逾午正間。」（《新唐書》卷二十七上〈曆志〉引）

裕基按：一行之說，飯鳥忠夫〈書經詩經的天文曆法〉一文有詳細之說明，可參看。〔註15〕

3. 吳澄云：「鳥，南方朱鳥之星，其辰鶉火，其宿則星也。……火，東方蒼龍之星，其辰大火，其宿房、心也。……虛，北方玄武之星，其辰玄枵，宿則虛也。……昴，西方白虎之星，其辰大梁，宿則昴也。」（《書纂言》卷一，葉六至七）

4. 許鴻磐云：「金氏履祥曰：『春分日午上有鶉鳥星，在星星之東，星爲星鳥，未爲鶉首，巳爲鶉尾。』陳氏師凱曰：『鶉火，午上柳、星、張三宿也。自驚蟄至清明，此三宿逐次爲中星，當春分之夕，則星宿爲中星也。然此只就〈堯典〉論之，晉、隋、唐、宋諸書所載中星皆不同，蓋後世曆法漸密，推步愈精，不似古法之簡易也。』按，金、陳二氏皆以星宿爲仲春之中星，與孔《疏》井、鬼在午之說不同，自以星宿爲仲春之星爲是。又大火古皆兼房、心二宿爲言，潘士遜曰：『秋、多獨言一宿，則春星宿、夏房宿可知。』按，康成謂春分之昏七星中，仲夏之昏心星中，潘氏之說與此少有不同，似以房宿爲是。」（《尚書札記》，葉二至三）

裕基按：許氏所引金履祥語，見《通鑑前編》；陳師凱語，見《書傳旁通》。〔註16〕潘士遜語亦見引於王頊齡《書經傳說彙纂》，〔註17〕未知所出。考潘

〔註15〕周富美譯，刊《孔孟學報》七期。
〔註16〕卷一上，葉十三。

氏著有《尚書葦籥》，許氏所引者或出自此書邪？〔註18〕

5. 王德錄云：「中星自指南北正線中之一星，此當以馬、鄭、王諸儒之說爲是，僞孔《傳》誤也（原注：《傳》所以致誤者，蓋以經言星鳥，合七座之星乃得名朱鳥，不知星宿之中不可以言星星，故變文言鳥耳）。」（《學古堂日記·尚書叢鈔》卷一，葉二）。

裕基按：曾運乾《尚書正讀》曰：「星鳥者，南方朱鳥七宿之中星，即七星也。不曰星星而曰星鳥者，避不成詞也。」陳師伯元〈尚書堯典日中星鳥日永星火解〉曰：「南方朱鳥七宿的中星是星宿，經文理應說星星才是，但星星同字，與他文不類，乃變言星鳥。南方朱鳥三次爲鶉首、鶉火、鶉尾。舉其中則爲鶉火，鶉火之次，主要星宿爲柳、星、張。而星宿也正在鶉火之次的中央，所以星鳥乃是指朱鳥七宿的中星星宿而言，只不過變文言星鳥耳。」〔註19〕所言與王氏之意同。

6. 盧景貴云：「古時定日所在由昏明中天之星宿推之，昏中星者，日落後首見於子午圈上之星也。〈堯典〉曰日短星昴以正仲冬，若以酉時爲昏，昴星中天，則冬至日當在虛宿也。所以宅朔方者，蓋因在北半球冬至時地愈北昏時愈早，約正當酉時也。日永星火以正仲夏，星火之宿也。夏至日雖宅南交昏時較早，仍須候至戌初方能見星。戌初心宿中天，則夏至日當在星宿。日中星鳥以殷仲春，星鳥即星宿也。酉時星宿中天，則春分日當在昴宿。宵中星虛以殷仲秋，酉時虛宿中天，則秋分日當在氐宿。以堯命羲和之年考之（原註：堯元年甲辰爲耶紀前2357年。）去今已四千二百八十餘年，彼時黃經較現時約少六十度，故冬至日約在虛七度三十二分，春分日在昴一度三十四分，夏至日在星三度四十一分，秋分日在氐十五度五十三分，是〈堯典〉之記事於時於天均相合，豈猶不足爲定讞歟！」（《高等天文學》第七章，頁166～167，原文或用阿拉伯數字，今易國字）

裕基按：盧氏以堯元年爲西元前2357年，魯實先先生謂其「乃據《皇極經世》所列帝堯年數而言，非由推算」。〔註20〕考盧氏於前引文後有小註，謂「《尚書·堯典》之分命二仲二叔，亦可作告之之語解。若堯所命之中星，乃堯依

〔註17〕分見卷一，葉六；卷一，葉十九。
〔註18〕盛百二《尚書釋天》嘗引潘氏《尚書葦籥》，其書未見，無由考訂。
〔註19〕刊《中國學術年刊》六期。曾氏說見其書卷一，頁8。
〔註20〕《曆術卮言甲集》，〈答教育部問中國歷史年表〉，頁296。

其時之曆法推算而得，而謂是二分二至點所當之星，……則所不合於天象者只有其秋分點所當之火宿而已。……若以堯命爲觀測之象，則合者一，昴是也；不合者一，危是也；可作爲合者二，尾及張是也，尾乃大火之一，張乃朱鳥之一也。」〔註 21〕據此，是盧氏所推考者本未能密合〈堯典〉之星象，則氏所謂堯元年云云，其非出於推算可知。

　　除以上所陳者外，前賢陳祥道、庫勒納、江聲、齊召南、曾釗，時彥曹謨先生等並主此說。〔註 22〕

### （四）謂鳥爲星，火爲氐、房著

1. 陳懋齡云：「冬至日在虛，虛西方，昴南方，正午位之中；夏至昏星火，正七宿之中；春分昏朱鳥，正七宿之中；秋分昏星虛，正七宿之中，俱以日所在宿，如圖轉側窺之，正南方者，中星也。」（《經書算學天文考》卷上，葉十二）

裕基按：依陳氏〈尚書堯典中星考〉條所附之圖推之，則星火當在氐、房之間，是以竺可楨謂陳氏乃以火在氐、房之間也。〔註 23〕

### （五）謂鳥爲柳，火爲心者

1. 方中履云：「孔穎達曰……。履按：一象凡七宿，一次凡二、三宿，豈有秋、冬的指二星，而春、夏泛指一象、一次之理？蓋鳥，柳宿也，《爾雅》云：『鳥喙謂之柳。』《史記》云：『柳爲鳥注』。張守節曰：『柳八星爲朱鳥。』是鳥爲柳明矣。火，星宿也，《左傳》言火中、火見，《詩》稱七月流火，皆指心，是火爲心明矣。」（鄭方坤《經稗》卷三，葉二十引《古今釋疑》）

### （六）謂鳥爲朱鳥七宿，火爲房若心者

1. 僞孔安國《傳》云：「鳥，南方朱鳥七宿。……春分之昏，鳥星畢見，以正仲春之氣節，轉以推季、孟則可知。……火，蒼龍之中星，舉中則七星見可知，以正仲夏之節氣，季、孟亦可知。……虛，玄武之中星，亦言七星皆以秋分日見，以正三秋。……昴，白虎之中星，亦以七星並見，以正冬之三節。」（《尚書正義》卷二，葉九至十）

---

〔註 21〕　《高等天文學》，頁 170～171。
〔註 22〕　曹謨先生說見李約瑟《中國之科學與文明》第五冊，頁 29 譯註按語。餘者見諸氏所著《尚書》之作。
〔註 23〕　同註 4，頁 285。

2. 孔穎達云：「此經舉宿，爲文不類，春言星鳥，揔舉七宿；夏言星火，獨指房、心；虛、昴惟舉一宿。文不同者，互相通也。……春分之昏，觀鳥星畢見，以正仲春之節氣。計仲春日在奎、婁而入於酉地，則初昏之時，井、鬼在午，柳、星、張在巳，軫、翼在辰，是朱鳥七宿皆得見也。……計七宿，房在其中，但房、心連體，心統其名。《左傳》言火中、火見，《詩》稱七月流火，皆指房、心爲火，故曰火蒼龍之中星。特舉一星，與鳥不類，故云舉中則七星可知。計仲夏日在東井而入於酉地，即初昏之時，角、亢在午，氐、房、心在巳，尾、箕在辰，是東方七星宿皆得見也。……北方七宿則虛爲中，故虛爲玄武之中星。計仲秋日在角、亢而入于酉地，初昏之時，斗、牛在午，女、虛、危在巳，室、壁在辰，舉虛中星言之，亦言七星皆以秋分之日昏時並見，以正秋之三月。」（《尚書正義》卷二，葉十五至十七）

裕基按：今本《正義》闕「日短，星昴」諸句之說，沈廷芳《十三經注疏正字》謂所闕者「內有『西方七宿則昴爲中，故昴爲白虎之中星。計仲冬日在斗入于申、酉地，則初昏之時，奎、婁在午，胃、昴在巳，畢、觜、參在辰』四十五字，餘無考」。阮元《校勘記》從之。〔註24〕考林之奇《尚書全解》引孔穎達說，與沈氏所陳大體相同，〔註25〕則沈氏之說是也，當據補。「斗、牛在午」句，《經解》本阮氏《校勘記》作「斗、女在午」，而謂「女，十行、閩、監俱作牛，非也」。然阮氏於南昌府學重刊宋本《尚書注疏》後所附《校勘記》則作「斗、牛在午」，而謂「閩本、明監本同，毛本作女」。〔註26〕二說不同。考《正義》分二十八宿爲十二辰，每辰必詳列所屬星宿，觀春、夏、冬三時所陳可知。設謂孔氏以仲秋午位爲斗、牛、女三宿，依其體例，當曰「斗、牛、女」，不當省「牛」字而曰「斗、女」也。考《漢志》所載玄武七宿之距度，斗二十六、牛八、女十二、虛九、危十、室十六、壁九。〔註27〕如以斗、牛、女三宿合爲午位，則午位佔四十六度，而巳位惟二十七度，辰位亦僅二十五度耳，孔氏分宿，必不如是懸絕也。又考林之奇《尚書全解》引孔穎達說，亦作斗、牛，不作斗、女，〔註28〕則作斗、牛者是，而作斗、

---

〔註24〕分見沈氏書卷四，葉八；《皇清經解》卷八百一十九，阮氏《校勘記》，葉六。

〔註25〕《尚書全解》卷一，葉二十三。

〔註26〕藝文印書館《十三經注疏》本，所據者即此版本。

〔註27〕卷二十六。

〔註28〕同註25。

女者非矣。又岑仲勉〈堯典的四中星和史記天官書的東宮蒼龍是怎樣錯排的〉一文云：「孔穎達《五經正義》於四仲星下獨『日短星昴』條不復立解，度亦因違背現實，無法溝通之故。」〔註29〕所言非是。

前賢王孝通、薛季宣、蘇軾、史浩、黃度、錢時、王充耘、郝敬、汪琬、簡朝亮、廖平、楊筠如、董作賓先生、屈萬里先生，時彥李振興、吳璵、朱廷獻諸先生，並主此說。〔註30〕

### （七）謂鳥為鶉火，火為大火者

1. 鄭玄云：「星鳥，鶉火之方。星火，大火之屬。虛，玄武中虛宿也。昴，白虎中宿也。」（《詩經》卷八〈豳風・七月・正義〉引，葉十）

    又云：「日永星火，此謂大火也。大火，次名。東方之次有壽星、大火、析木三者，大火為中，故《尚書》云，舉中以言焉。又每三十度有奇，非特一宿者也。」（全前）

    又云：「星火非謂心星也，卯之三十度，總為大火。其曰大火之次有星者，〈月令〉舉其初，《尚書》總舉一月，故不同也。」（《禮記》卷十五〈月令・正義〉引，葉一）

裕基按：〈堯典・正義〉引馬融、鄭玄說，以鳥為星而火為心，據此，是鄭氏解《書》或有是說。惟《詩》、《禮正義》所引鄭玄說，乃與之迥異，前賢孫星衍、王鳴盛、俞正燮、曾釗等，並謂後者乃鄭氏真意。〔註31〕三占從二，故將星、心之訓歸諸馬融，而以鶉火、大火之說屬之鄭玄。又〈七月・正義〉所引鄭玄語乃出自《鄭志》，今本《正義》「鄭志」作「吳志」，王應麟《困學紀聞》、翁元圻《紀聞注》、皮錫瑞《鄭志疏證》，〔註32〕皆正其非，是也，當據改。又《詩正義》引鄭玄說後，有「每時揔舉一方，故指中宿與次而互言之耳，其實仲夏之月，大火之次亦未中也」諸語，盛百二以為亦係鄭玄語，

〔註29〕《兩周文史論叢》，頁268。
〔註30〕王孝通說見《新唐書》二十五〈曆志〉引；汪琬說見鄭方坤《經稗》卷三，葉十九引《堯峰文鈔》；董作賓先生說見〈堯典天文曆法新證〉，刊《清華學報》新一卷二期；李振興先生說見《王肅之經學》，頁156～157，又《尚書流衍及其大義探討》，頁100～101；餘者見諸氏所著《尚書》之作。
〔註31〕分見《尚書今古注疏》卷一上，葉九；《尚書後案》卷一，葉十；《癸巳類稿》卷三，頁113；《虞書命義和章解》，葉六。
〔註32〕王、翁二氏說見卷三，頁160～161；皮氏說見卷六，葉十二。

因謂「鄭以大火之次猶未中，則不知歲差，而以《豳風》、〈月令〉之法律之耳」，說實未安。考〈月令‧正義〉引鄭玄說，謂「〈月令〉舉其初，《尚書》摠舉一月，故不同也」，是鄭玄實知〈堯典〉與〈月令〉中星不同，故有舉初、總月之別。夫鄭玄既知〈月令〉、〈堯典〉有別，自不容復取〈月令〉火中於季夏之法以規範〈堯典〉，而謂堯時仲夏火猶未中也。考〈堯典〉孔氏《正義》所言，以仲春之柳、星、張，仲夏之氐、房、心，仲秋之女、虛、危，仲冬之胃、昴諸星，堯時初昏未位於巳，非居南中正午之位。參伍校之，則〈七月‧正義〉所謂「未中」者，自是孔穎達疏釋鄭說之語，非鄭玄所言。皮錫瑞亦謂「詳其語氣」，未中之說「乃孔《疏》申鄭之說」，〔註33〕是也。然則，誤以《豳風》、〈月令〉之法律〈堯典〉者，孔穎達其人也，實非鄭玄，盛氏以之責鄭玄，誤矣。

2. 林之奇云：「鳥、火、虛、昴，皆是分至之昏見於南方直正午之中星，而孔氏以為七星畢見，不以為中星，故唐孔氏云（孔穎達之說見前引，此處刪）。信如孔氏此說，則是鳥、火、虛、昴當分至昏皆見於巳，非正午也，其何謂四方中星哉？王子雍覺其非，遂謂宅嵎夷、宅南交、宅西、宅朔方，孟月也；日中、日永、宵中、日短，仲月也；星鳥、星火、星虛、星昴，季月也。此說並與歷家偶合，然分孟、仲、季，非《書》之意。蓋二孔、王氏皆不知歷家有歲差之法，以〈月令〉日在某宿而求之，所以不合。……蓋仲春之月，日在昴入於酉地，則初昏之時，鶉火之星見於南方正午之位。……仲夏之月，日在星入於酉地，初昏之時，大火之星見於南方正午之位。……仲秋之月，日在心入於酉地，則初昏之時，虛星見於南方正午之位。……仲冬之月，日在虛入於酉地，初昏之時，昴星見於南方正午之位。……春曰星鳥，夏曰星火，秋曰星虛，冬曰星昴者，蓋四方躔度之星，以名言之，……凡二十有八，以日一月所會言之，……凡一十有二；以物象言之，……凡四，作〈典〉者欲備見，故互言之。」（《尚書全解》卷一，葉二十一至二十五）

裕基按：王肅因見〈堯典〉星象與〈月令〉不同，不識此乃因地軸邊黃道面之垂線旋轉，冬至點因以西迻，而恆星則逐年東行之故，思有以會通二書，因創為此法耳。然其說實非〈堯典〉本義，故林氏非之也。盛百二嘗彙觀漢、唐以

---

〔註33〕同註32，皮氏書。

後諸儒之說，將不識歲差之理而苟欲調停〈堯典〉、〈月令〉星象之異同者，析爲五類，載於《尙書釋天》中，其言曰：「漢、唐以後諸儒，見〈月令〉中星不同於〈堯典〉，曲爲之說，云〈堯典〉謂七星畢見，星、房、虛、昴居四方七宿之中，故曰中星者，二孔與王孝通也；云中星爲季月者，王子雍也；云〈月令〉舉月初，〈堯典〉總舉一月者，鄭康成也；云《書》舉月中，〈月令〉舉月本者，陳祥道也（原註：月本猶云月初，未必不是，但唐、虞與周、秦相去幾二千年，焉有舍歲差而但論初、中也？），云《書》中星中於午，〈月令〉中星中於未者，鄭漁仲也。不知歲差固矣，且昧於法意。」〔註34〕可資參考。又林氏以爲〈堯典〉中星兼以星、次、象三者表而出之者，乃作〈典〉者欲備見，故互言之也。其說實脫胎於孔穎達《正義》，特較孔氏周延耳。朱熹出，紹述林氏之說而推衍之，謂「中星或以象言，或以次言，或以星言者，蓋星適當昏中，則以星言，如星虛、星昴是也；星不當中而適當其次者，則以次言，如星火是也；次不當中而適界於兩次之間者，則以象言，如星鳥是也。聖人作歷，推考參驗，以識四時中星，其立言之法詳密如此。」〔註35〕厥後，前賢之言〈典〉文兼賅星、次、象者，紛紛宗主朱氏，〔註36〕流而忘返，遂不知孔、林二人開創之功矣，今特表而出之。

3. 蔡沈云：「星鳥，南方朱鳥七宿，唐一行推以鶉火爲春分昏之中星也。……星火，東方蒼龍七宿，火謂大火，夏至昏中之星也。……星昴，北方玄武七宿之虛星，秋分之中星也。……星昴，西方白虎七宿之昴宿，冬至昏中之星也。」（《書集傳》卷一，頁1～2）

　　前賢夏僎、陳經、陳大猷、朱祖義、劉三吾、張治具、吳汝淪等，〔註37〕並主此說。

　　凡上所陳，皆前賢明主傳統說，可歸其類爲七科。另朱熹並無確切之說，故不列於七科之中。惟竺可楨依王應麟《六經天文編》引朱熹言星、次、象語，中有「星不當中而當其次者，則以次言，如尾火是也」之文，因謂朱氏以星火爲尾。〔註38〕考朱氏於星、次、象三者之後，凡所舉例，皆逕取〈堯

---

〔註34〕卷二，葉二十六。
〔註35〕王樵《尚書日記》卷一，葉二十五引。
〔註36〕如黃鎭成《尚書通考》、許鴻磐《尚書札記》是。
〔註37〕分見諸氏所著《尚書》之作。
〔註38〕《六經天文編》卷上，葉三十六。竺氏說見同註4，頁285。

典〉本文，不另作訓解。依朱氏體例，其於次也，亦當剌取〈典〉文星火為例，不當作尾火也。考王天與《尚書纂傳》、王樵《尚書日記》、王頊齡《書經傳說彙纂》、朱鶴齡《尚書埤傳》，〔註39〕並引作「星火」，則王應麟所引者，蓋誤「星」為「尾」耳，不可據。又朱駿聲《尚書古注便讀》曰：「鳥，七星。火謂大火，蒼龍宿也，堯時夏至昏中當為箕，今則亢中矣。」〔註40〕其說敻異前人。然氏謂火為大火，又不以之為氐若房若心若尾，乃屬之箕也。考《爾雅・釋天》曰：「大辰，房、心、尾也，大火謂之大辰。析木謂之津，箕、斗之間，漢之津也。」《漢書・律曆志》曰：「大火，初氐五度，寒露；中房五度，霜降；終於尾九度。析木，初尾十度，立冬；中箕七度，小雪；終於斗十一度。」〔註41〕是《爾雅》、《漢志》並以箕歸析木次也。今朱氏謂火為大火，又以彼時昏中之火為箕，甚乖古書分次之法，未識其所本，疑箕字有誤，然無他書可資參酌，未敢經斷其是非。

西人以歲差法考論〈堯典〉星象，亦有確信〈堯典〉所載星象中，或有帝堯時抑其前之實錄者。如墨特斯脫謂，堯時春分昏中星若為星鳥（ α Hydre），則其時日躔必在星昴（Pleiades）。昴星於西元 1800 年時，距春分點五十六度又三分度之一，以歲差每年五十秒又十分秒之一推之，知此星約於西元前 2250 年居於春分點，與帝堯之時代恰相符合，故知〈堯典〉所載為實錄。〔註42〕俾奧以西元前 2357 年堯元年，依北緯三十五度之日落時刻，推步彼時分至點所在，則彼時昏中之星中，惟冬至之星昴與〈堯典〉契合，餘皆不符，因謂〈堯典〉所載者，係堯時以冬至之昴星為度，四分天周，從而推出另三星也。〔註43〕又歇萊格爾以東房、南星、西昴、北虛為依據，從而推定春分日躔房星之年代，約在一萬八千五百年前，因謂〈堯典〉所載者，乃堯前之星象也〔註44〕餘如宋君榮、查末期、所得休、高比爾、索緒爾、法基等，〔註45〕並以〈堯典〉所載者為可信。

---

〔註39〕分見卷一，葉六：卷一，葉二十五：卷一，葉十三：卷一，葉十。

〔註40〕卷一，葉二。

〔註41〕《爾雅疏》卷六，葉十一：《漢書》卷二十一下〈律曆志〉下。

〔註42〕飯島忠夫〈書經詩經的天文曆法〉引（周富美譯，刊《孔孟學報》七期）。又劉朝陽〈從天文曆法推測堯典之編成年代〉亦引之（刊《燕京學報》七期）。

〔註43〕同註42。

〔註44〕同註42。

〔註45〕前三人說見李約瑟《中國之科學與文明》第五冊，頁 11：高說見同註20，頁 299：索說見同註42：法說見徐亮之《中國史前史話》，頁 208。

　　日人新城新藏謂，假設彼時觀測之年代爲西元前 2300 年，依《續漢書‧律曆志》所定晝夜漏刻之數，於初昏時測候，可得鳥、火、虛、昴四星，約於彼時分至時中天，因而斷定〈堯典〉所載者，乃西元前 2300 年前後三百年間之星象。〔註46〕餘如那珂通世、林泰輔、能田忠亮等，〔註47〕亦謂〈堯典〉所載爲實錄。又民初吾國學者，梁啓超、劉棪黎二先生，並是新城氏之說，且依此著書立說，〔註48〕可謂新城之信徒矣。

## 二、否定說

　　此說以〈堯典〉之星象乃出後代所測，或乃襲諸異邦，絕非堯時之實錄也。民前諸賢未有持此論著，民國以後，學者於〈堯典〉四中星一事，或謂測於殷、周之際；或謂後人依《夏小正》推算出者；或謂其源本出巴比倫，經伊蘭傳入中國，於戰國時或由石申增補而成。所言並具新意，茲分陳如后。

### （一）謂四星乃殷、周時之天象者

1. 竺可楨云：「堯都相傳在今山西平陽，約當北緯三十六度，是以下表日入時刻與矇氣差時刻，均依照緯度三十六度計算（竺氏圖表，因礙於行文方式，此處不便迻錄，謹將原表列入附錄（一），俾便參考）上表中因星鳥相傳係包含鶉火一次，故春分則柳星張並舉。星火相傳係包含大火一次，故夏至則房心尾並舉。惟虛與昴不易混淆，故祇舉一宿。赤經之歲差雖因其所在之經緯而有不同，但各宿緯度均不甚高，故其差度約爲八十年至七十年而差一度，即上而觀，則以鳥、火、虛三星而論，至早不能爲商代以前之現象。惟星昴則爲唐堯以前之天象，與鳥、火、虛三者俱不相合。……如吾人以心之初度當星鳥，大火（心二）當星火，虛之初度當星虛，則三者大致相符合，約在周代之初期，先後相差不過四度，但與星昴相較，差違達二十四度之多，則星昴之不足爲據而當承認爲謬誤也，明矣。……要而言之，如堯時冬至星昴昏中，則春分夏至秋分時鳥火虛三者皆不能昏中。吾人若信星昴不誤，則必置星鳥星火星虛而不顧，而此爲理論上所不許，則

---

〔註46〕　見同註42。
〔註47〕　前二人說見同註42飯島文；後者見同註20，頁300，又楊寬《中國上古史導論》（《古史辨》第七冊，頁210）。
〔註48〕　梁說見《中國歷史研究法》（《梁啓超學術論叢》，頁 1806）；劉說見〈讀顧頡剛君『與錢玄同先生論古史書』的疑問〉一文（刊《古文辨》第一冊）。

〈堯典〉四仲中星蓋殷末周初之現象也。」(〈論以歲差定尚書堯典四仲中星之年代〉,原載《科學》十一卷十二期,收入徐旭生《中國古史傳說時代》附錄二,上引文見徐書頁 288～290)。

裕基按:竺氏文「如吾人以心之初度當星鳥」,「心」字當為「星」字之訛。何以知其然也?蓋竺氏既以心宿二當仲夏之星火,自不得復以心之初度當仲春之星鳥,此其一;竺氏謂鳥、火、虛「在周代之初期,先後相差不過四度」,考諸竺氏《表》,春分之柳與張,其去火、虛俱在四度以上,與「不過四度」之語牴牾,惟星之初度去火三度十二秒,去虛惟五十六秒耳,與之密合,此其二,故知「心」為「星」之訛。又竺氏謂太古三時務農,民人出在外,故見昏星之真且確也;冬時農事已畢,民入室處,日落時分,黃河流域概在冰點以下,羲和蓋憚於嚴寒,或即以始昏之時測候,是故星昴獨與三星差違達二十四度之多邪?此竺氏昴星差違獨大所作之解釋也。

## (二)謂四星乃後人依《夏小正》而推出者

1. 顧頡剛云:「觀《夏小正》,『五月,初昏大火中』,與〈堯典〉之『日永,星火,以正仲夏』合,疑〈堯典〉作者就此推出其他三時之中星。又《夏小正》尚無二十八宿之觀念,而〈堯典〉有之,實為〈堯典〉後于《夏小正》之證。」(〈堯典著作時代問題之討論〉,刊《禹貢》半月刊二卷九期,引文見頁 37)。

## (三)謂四星乃戰國時人取巴比倫遺說,益以當時實測而成者

1. 岑仲勉云:「〈堯典〉對於四仲星的記載,……所測的星宿究指那幾顆,如不給以明確決定,討論是很難進行的,……。1 星鳥 《史記‧天官書》南宮朱鳥,《正義》說:『柳八星為朱鳥咮』。……按《正義》注疑係本自《星經》,……我曾擬柳宿的語原同於于闐文的 rrav(yipatani),『南方』之義,恰足證實柳為南方主星之說,……。2 星火 新城氏擬以天蝎座(Scorpio)之『心宿二』(Antares),竺氏從之,當無可疑。3 星虛和星昴 就是二十八宿裏面的虛和昴。……從前解《尚書》的都以為所測是昏星,我經過詳細考慮之後,覺得大有問題。經文除『宵中』一句外,凡『日中』、『日永』、『日短』都用太陽(日躔)作標準,為甚麼我們偏說是測昏中?……十二次起於星紀,已以冬至日躔所在定四時,古人推測日躔,固可借用月望所在之宿來決定,所以說〈堯典〉的測星並不全

屬昏中。如以日躔和月躔糅雜為疑，須知那正合於曆法草創系統未完所
應有的現象。……假使依照舊日春分柳中、夏至心中、秋分虛中、冬至
昴中的解釋，是絕對不符合於天象的，……冬至星昴的錯誤似已不成問題，
然而天象昭著，未經過多年觀測，當不至寫成書說，它跟別的科學不同，
本來不易錯的，究竟根於甚麼原因而錯，我們應該盡可能來探究，……。
『朔方』這個名詞為開啟四仲星最重要的鎖鑰。……于闐語 Sarbamdä（東
方的）又可以 Sabam→Sa bang 的方式出現於關中，轉變而為『朔方』上
古 Sāk piwang；『方』字只取音之相近，朔方的真義是『東方』不是北方，
試看它與誤列入東宮的『房心』同一語原，也可作證。……『嵎夷』不
是東方而是『北方』，還可以從于闐語得出確證，嵎夷，《切韻》ngiui，
豈不是與于闐語 nyūri（jsa）（北方）相當嗎？（于闐語 v 和 y 通轉）既
誤東為北，故把北來替東。……依上推證，今本〈堯典〉的『朔方』和
『昴』應移入羲仲條，其餘『鳥』『火』『虛』各移下一季，『嵎夷』則應
與『朔方』對換，……現在把改正之文寫在下方：

　　羲仲宅朔方，……日中星昴，以殷仲春。

　　羲叔宅南交，……日永星鳥，以正仲夏。

　　和仲宅西，……宵中星火，以殷仲秋。

　　和叔宅嵎夷，……日短星虛，以正仲冬。

……西方的天文學本無秋季的測定。我國可不同了，地位較中，夏冬之
間，確可畫出一個秋季，為適應環境，不能不補充、調整，補充之法又
以利用月躔較為直捷，秋季特著『宵中』，即因春、夏、冬三季的測定是
承自西北的，秋季是自發的……。再綜合四季來說，則春昴、夏鳥、冬
虛之測定，與秋火並不同屬一個時期；前者起原較古，……後者應相當
於我國劃出秋季的時期，……。或疑這種分期測定完全出於臆想，是又
不然；飯島氏曾說：『西洋天文學，歲差雖早已發明，但最初所定冬至點
之名（Caprieornus 牽牛之初點），春分點之名（Arios 白羊之初點），依然
使用，而現今牽牛及白羊之初點，已在真正牽牛及白羊星座初點之西，
距離三十餘度之遠矣。』印度也有同樣的情況，他的結論是：『中國守舊
之程度，素勝於他國，若謂中國能將上古最初各至所在之星座之名，全
然忘卻，十二次之名稱亦以新冬至點之星為本而大加變更，恐無此事。』

可見日躔與月躔法不應看作同一時期的測定,是合理的。四仲星的測定,不單止時期不同,地點也可能不同。昴、柳、虛三點既與印度無異,顯然是同承自西北,或者即新城氏所說北緯四十三度附近。秋分點創自我國,那就斷應在黃河流域了,⋯⋯。以上只就我們的意見寫出來,非通過實算——尤其是秋分點的創立——不能作準。」(〈堯典的四仲中星和史記天官書的東宮蒼龍是怎樣錯排的〉,《兩周文史論叢》,頁 266~276)

裕基按:岑氏所謂其擬柳宿云云,見氏著〈我國上古的天文曆術多導源於伊蘭〉一文,其言曰:「《天官書》『南宮朱鳥權衡』,《正義》『柳八星爲朱鳥咮』,則古人以柳爲南方主星。按于闐文 rravyipatani,此云『南方』,柳,《切韻》liə̃u,廣州 lau,正與其首音 rrav > lau 相當,然則柳之得名,謂其屬於南方也。」〔註49〕又氏謂房心誤入東宮,與朔方同一語原者,其房心之說亦見此文,其言曰:「戰國以後迄於兩漢,幾無不以『房心』連言,《切韻》b‘i̯wang si̯ə̃m。余按于闐 Sarb,此云『升』(to rise),其現在分詞 Sarbamdä,此云『方升』(rising)或『東方的』(eastern),末文如省去語尾 dä,則 Sarbam 得分拼爲 bam sa’b→bang sa’m(收聲-b,-m 互轉)。認《切韻》之 b‘i̯wang si̯ə̃n(廣州 sə̃m,高麗 sim)即其音寫,在言音上殆無反對之理由。然則『房心』云者,實『東方的』之謂,故相傳屬於東宮矣。」〔註50〕又岑氏所以迻星昴於仲春下者,乃因仲冬星昴不符天象,竺可楨以爲當承認爲謬誤,而印度二十八宿起於昴,爲春分點,故岑氏遂以〈堯典〉之星昴爲春分日躔所在,而迻置仲春條下。〔註51〕

西人湛約翰謂〈堯典〉所載四星,乃指二方、二至之中星,依歲差之法推之,彼時諸星約在午後六時升至南中,除冬至日外,此時中國各地日皆未沒,羲和何克測候昏星?因此以〈堯典〉四中星之記載爲誤,不得資以證成唐堯年代。〔註52〕日人橋本增吉以北緯三十五度,黃、赤交角二十四度,以午後七時爲測候漏刻,推堯時鳥、火、虛、昴四星昏中之年代,其最蚤、最遲者,相去一千七百餘年。以其參差如是,必非一時所候,因以〈堯典〉所載者全不可信;又因〈典〉文中含陰陽思想,故斷爲周代作品。〔註53〕飯島

---

〔註49〕原刊《學原》一卷五期,收入《兩周文史論叢》,頁 230。
〔註50〕同註 49,頁 228~229。
〔註51〕同註 4,頁 268、273。
〔註52〕見同註 42。
〔註53〕見同註 42。

忠夫以爲觀測之日在二分、二至，時維初昏以後，八時左右，鳥、火、虛、昴四星，分別以 α Hydrae，π Scorpii，β Aquarii，ηTauri（Pleiades）當之，據以推算其年代，以爲〈堯典〉所載者，乃西元前四百年左右之星象，與測定冬至點之年代密合，因以〈堯典〉所記者非堯時所能有。〔註 54〕李約瑟以爲《尚書》所載日期不能早於西元前第八或第七世紀，於四中星一事，則以爲非中國實測，乃襲自巴比倫之舊說也。〔註 55〕另日人白鳥庫吉亦以爲〈堯典〉之天文記事，非由中國實測，乃在孔子前由迦勒底、亞敍利亞傳入者。〔註 56〕凡此，並爲否定說之同調也。

## 三、質疑說

　　此說謂〈堯典〉文辭簡約，凡推步所須之要項皆未指明，不可據以推考年代。主此說者，蓋有二人焉，分敍如後：

1. 劉朝陽云：「我國古代之學者大都相信〈堯典〉爲通常所謂堯舜時代之實錄，故其問題乃爲應用各人所有天文曆法之知識，據此已知之年代推測當時之天象。……吾人對於諸如此類之推測，不僅懷疑其精確之程度，且亦根本否認其大前提。蓋吾人正欲根據〈堯典〉所有關於天文曆法之說話推測此書編成之年代，故在最初，此年代乃爲正待尋求之一未知數也。」（〈從天文曆法推測堯典之編成年代〉，載《燕京學報》七期，頁 1162～1163）

　　又云：「上述諸人之說（裕基按：謂墨特霍斯脫、湛約翰、俾奧、歇萊格爾、索緒爾等人），在表面上，初似各能言之成理；但若細加檢點，即知此等辨証實皆不能使人滿意。歇萊格爾之推斷，分明誤用鄭伯熊之說話。墨特霍特脫係以《欽定書經傳說彙纂》之〈四仲中星圖〉爲依據。按此〈圖說〉……乃係應用歲差之理，參照通常承認之帝堯時代而計算出來，故此種天象之與帝堯時代相合實爲當然之結果，決不能再行運用，作爲推斷〈堯典〉編成年代之前提，……又依照俾奧之說法，〈堯典〉所記冬至之昴星與西紀前 2357 年之天象相合，故以〈堯典〉爲此時代之實錄，然其他三星與此時代之天象不合，固亦彼自承認者，使就此三星而言，

〔註 54〕見同註 42 飯島文。
〔註 55〕同註 45 李氏書，頁 12。
〔註 56〕見同註 42 劉氏文。

豈不又足證明普通之年代並不眞確乎。」（同前，頁 1165）

又云：「新城之推算，似頗精密；惟彼先有一種成見，以〈堯典〉爲西紀前二十四世紀前後出世，故遇推算不合，輒將觀測之日期改爲二分二至前十五日，殊屬勉強，不能使人滿意。至於飯島，乃以觀測之時刻爲午後七時之後，不因日之長短而稍加減，其說亦未可盡信；蓋夏至日沒通常皆在午後七時之後，故在七時，日尙未沒，無從見星，自不能作觀測也。又竺可楨於各方面皆有相當之注意，所得結論宜若較爲可靠，然彼過信徐應秋之說，以堯之都爲在今之山西臨汾，故以觀測之地點爲在北緯三十六度，而吾人對於帝堯本人曾否生存且已成爲疑問，都城何在，當今何地，更係傳說，了無實證，似未可遽爾用爲推算之依據也。」（同前，頁 1169）

又云：「此等意見所以如此紛歧的原因，乃由於〈堯典〉關於此點之記述過於簡略，且甚模糊，故許有各種不同之解釋而莫衷於一是。例如觀測之日期，……即假定此爲當代二至二分所測之天象，亦因戰國以前曆法甚爲參差，所定歲時容或未能十分準確，故當時所謂二至二分究竟是否即與現在推算所得之日期相同，似仍爲一疑問。……據竺可楨言，觀測之日期若差十五日，則星次之位置可差十五度，推定之年代即可差至千有餘年；又觀測之時刻若差一小時，星宿之位置亦將行過十五度，所估之年代亦可差至千有餘年。至於觀測地點之緯度，與觀測之時刻有密切關係；而觀測之對象本身之有影響吾人之結論，又不待於明言。此四條件爲吾人用爲推斷〈堯典〉編成年代之一組前提，顧此等前提之差異對於結論之關係既如此之重要，中外古今學者對於此等前提之意見又如彼之紛歧。然則前此學者專據此點以求出〈堯典〉編成之年代，其可靠之程度亦可於此想見矣。」（同前，頁 1169～1171）

裕基按：劉氏介紹西人墨特霍斯脫、湛約翰等人，日人新城新藏之說，後加評語，其文辭、觀點，與飯島忠夫〈書經詩經的天文曆法〉一文所言近似，蓋即本諸飯島之文也。

2. 魯實先先生云：「夫據〈堯典〉中星以考時代，亦不足資要典要。何以言之，夫中星有二，一爲昏中星，一爲旦中星，案〈堯典〉所記四時星象，獨於仲秋云『宵中星虛』，其例與『日中星鳥』、『日永星火』、『日短星昴』，迥

然異趣。則其昏中星，僅仲秋所記之『宵中星虛』也。而自來論曆詁經者，於其他三時，並以昏中星釋之，說殆未然，此其難於推斷者一。〈堯典〉所記中星但及方宿，而無度數與加時，二者苟有一事差池，便可游移數百千年之遠，此其難於推斷者二。赤道宿度，古今互殊，……其天道有古今之殊邪，抑測候有精疏之異邪，舉莫得而知。然《紀元曆》云『考古者用古測』，最爲不易之論，而唐堯時之星度，今莫得而考也，此其難於推斷者三。古者天周歲周混而爲一，故《漢志》所載《三統曆》諸宿度，無黃道赤道之分。自後漢造元和《四分曆》，始區爲二，蓋已隱悟歲差之理，至東晉虞喜乃立歲差之名也。然日躔差度，其有明文可考者（裕基按：以下通列各家歲差，文繁不錄），……。且自唐《大衍曆》以後，五朝名曆二十餘家，並立歲差分秒，然以各曆歲實比勘，其差率之強弱，俱相乖異，則以古代之日躔，其差度互殊，又出於上列有明文可考者矣。矧乎自虞喜以後，《大衍》以前，各曆之立歲差率者，史志多付闕訛，至今無術推補，然則縱欲徧據諸曆，以考〈堯典〉中星，以言各曆同異，道將無由，此其難於推斷者四。自古考〈堯典〉冬至日躔者，……所以參差者，厥有三故。其一，〈堯典〉第云『日短星昴』，而昴宿凡十一度，推曆者可以在此十一度之中，任意游移，……故其冬至日躔，及歲差分率，亦所言各異。其二，帝堯設元之歲，宋前典記，其言互殊，創曆者各據一家之說，以定歲差之率，復據不可任信之差率，及臆斷之星度，以考〈堯典〉日躔，故其差率多寡，及日躔宿度，言皆殊軌。其三，凡憑中星以考日躔者，必其中星加時準確，必其星度測候無訛。然以加時言，則古之漏刻不定。以測候言，則古之儀表未精。……故考紀載疏略之〈堯典〉，是非相譏，終無定讞，此其難於推斷者五。唐宋二代之候昏中星者，或以夜半，或於戌時，自此以前，則載籍無可考見，即據唐宋之制言之，縱令準時候驗，則戌初至亥子之交，凡經八刻，八刻之間，將見星移一次，非特度分之差耳，是則自宋驗唐，猶乎難準。而前代曆家所定歲差分率，乃據史籍所載日躔度數，以及前此各曆之差率，折衷得之，其不能必爲準確可知矣。而欲據不準之歲差，及不準之日躔，以考疏略無徵之〈堯典〉，則必樊然殽亂，無所質正矣。以故據中星以考〈堯典〉之年代者，人執一詞，……要皆約略假定之言，而無斷然可信之理，此其難於推斷者六。即此言之，則〈堯典〉日躔，巧曆不能計，而謂不博習古今，不窮極要眇者，顧能確定〈堯典〉之年代乎。」（〈答

教育部問中國歷史年表），載《曆術卮言甲集》，頁 296～300。）

裕基按：先生〈答教育部問中國歷史年表〉一文，乃爲辯明董作賓先生〈中國歷史年表〉之疏失而作，其所辯者雖僅四條，先生謙謂之「簡辯」，然於中星一事則發爲六難，剖析剴明，理實翔密，可謂思遠慮周之作也。惟天運有常情，厥理可知，而測天之術，古疏今密，今所定之歲差，雖不保其必能碻副天情，而於諸數之中，殆爲最密近可信者。使〈堯典〉所載爲當代實錄，自不雜後代歲差之法，苟步算時之要項皆可確知，宜若可以此密近之率，推得近實之年代也，奚必持前代疏闊之數而遍推之哉？此先生百密一疏耳。

## 第二節　前賢論說考辨

通觀先賢之主傳統說者，其所以歧裂爲七者，厥因可得而言焉。蓋諸家雖皆以二分二至爲觀候之日，又並以初昏爲測驗之時，然於所謂初昏之漏刻，究宜取何時爲度，各家所見不一。持不一之漏刻，以事推步，其所得之不一，宜矣，一也。諸家於所謂中者，大柢主直當南方正午之位，而孔穎達則以〈堯典〉諸星昏時在巳，一行則又以爲不逾午正即可。方位不同，說自歧異，二也。諸家於鳥、火二者究指何星，所見亦有參差。推其所以參差之由，蓋因各家所據堯元之積年不一，而所用歲差之率復不齊，以不齊之差率，逆推不一之積年，其所得星度之不同，勢所必然。而彼又據此不同之星度，以論未定之鳥、火，宜其異說紛紛，莫可取正，三也。十二次之分度，古今或有差殊，載籍所言，復見遊迻，諸家或專據《漢志》，孔穎達等是也；或偏取《爾雅》，盛百二、錢塘是也；或自定分度，雷學淇是也。〔註 57〕其所據者既乖，其所言者自異，四也。其持否定說者，如竺氏可楨，未及考論四星異同，先言古今歲差之變，且開列研究時之四難，日期，一也；時間，二也；緯度，三也；星宿，四也，並謂恆星之自行，亦不容輕忽勿論也。顧氏頡剛從之。〔註 58〕又如岑氏仲勉之立異說也，亦以爲〈堯典〉所載星宿究係何所指，如未能考按明白，其餘皆可休矣。至若持質疑說者，本特重考論時其前提要項之能否成立也。然則，於〈堯典〉四中星一事，如欲探索幽隱，以期排紛釋疑，必自考覈立論之前提始。茲分別考辨如後。

---

〔註 57〕雷氏說見《介菴經說》卷二，頁 23～25，又《介菴經說補》，頁 1～3。
〔註 58〕顧說見〈堯典著作時代問題之討論〉，刊《禹貢》半月刊二卷九期。

## 一、質疑說考辨

前賢之主質疑說者，以爲將研究〈堯典〉中星一事，必先審按其所據以立言者是否可信，如其所據者翔實可靠，其所論者亦復愜合事義，則爲可信，如其不然，則恐其鄰於皮傅而傷於武斷，爲不可信。細繹其說，覈諸情理，竊謂此說最爲可取。蓋一事之前提既未充份，則一切立論盡屬枉然，縱使逞才而辯，難逭愚妄之譏。

綜輯前賢之說，竊謂欲據〈堯典〉四星以考論堯時天象，抑資以判定帝堯之實年，若〈堯典〉之成書年代，其必先確知者，蓋有七端，一曰日期，二曰緯度，三曰中天，四曰時刻，五曰星宿，六曰星度，七曰歲差。使此七端信能灼知無訛，則四中星之疑義將迎刃而解，如皆未能確知，則中星疑義將與世常存。茲就七端分陳如下：

### （一）日　期

竺可楨曰：「若測中星之日期相差十五日，則星次位置可相差至十五度弱，而所推定之年代即相差千有餘年。」〔註59〕據此可知，觀測日期之影響於星宿位次者甚鉅。〈堯典〉但曰「日中」、「日永」、「宵中」、「日短」，曰「仲春」、「仲夏」、「仲秋」、「仲冬」，並未明言於何日測候。前賢皆以爲二分、二至，惟王肅獨以「星鳥、星火爲季月」。〔註60〕考〈堯典〉以四星正四仲，其所候者自屬仲月，王肅以爲季月者，非矣，林之奇謂其說「非《書》之意」，甚是。依〈堯典〉本文，吾人所可斷定者，鳥、火、虛、昴四星，乃四仲月之天象也。然仲月所括之日數，如以小盡言，亦有二十九日，其首、末二日，星度將行二十八度左右，據以推定年代，即有一千九百餘年之遊迻，是知如未能確定堯時觀測之日期，而苟欲藉四中星以推定堯年者，蓋皆未可遽信。竺氏以爲〈堯典〉「專舉仲月，則自必有故」，而古人分、至觀象，見於《左傳》，又適爲四仲月之中氣，故女以二分、二至爲〈堯典〉觀候之日。〔註61〕此則理或然也，惟並無明驗於〈典〉文。況劉朝陽嘗云：「戰國以前曆法甚爲參差，所定歲時容或未能十分準確，故當時所謂二至二分究竟是否即與現在推算所得之日期相同，似仍爲一疑問。」驗以春秋之「再失閏」、「李、梅實」，

〔註59〕同註4，頁282。

〔註60〕同註3。

〔註61〕同註59。

〔註62〕劉氏之言亶其然矣,是〈堯典〉觀候日期不可灼知也。

## (二) 緯 度

閻若璩曰:「地勢有在南、在北之異。蔡氏據地中而言,故晝夜刻數,長極於六十,短止於四十;《授時厤》據燕都而言,故晝夜刻數,長極於六十二,短極於三十八,其不同蓋以此。」〔註63〕此發明緯度高低影響於晝夜漏刻永短之理也。竺可楨曰:「緯度與晝夜之長短,朦影之久暫,均有密切之關係。」〔註64〕是矣。〈堯典〉敘堯命羲、和四宅,所宅者或即其測候之地邪?絜諸〈典〉文,宜若可信。惟四宅之地,或謂在國之近郊,或謂僻在四裔,未有定說。堯都所在,不可確知,後人所傳,皆出耳聞,未可必信。故竺可楨偏據徐應秋之說,謂堯都平陽,因依北緯三十六度以推星見之時刻,而劉朝陽譏其「了無實證」。〔註65〕堯都既未可灼知,則所謂近郊之地蓋愈無法灼知矣。至於以四宅居四裔者,前賢所言亦見參差,而地名有古今之異,其同名者又不必同指,安知嵎夷之果爲何處,南交之果爲何地邪?藉曰四宅之地皆可推考,則〈堯典〉所載四仲之星究係何地所測者?此殆更不可推知。據此,是〈堯典〉觀候地之緯度不可確知也。觀候地之緯度既不可知,則彼羲、和測候時始昏星見之晷刻,今人寧能必之邪?又竺可楨謂「各地方始昏大昏之時間,可依公式推知」。考氏所引公式中有三變項,其中「A 爲太陽之地平緯度,C 爲太陽之赤緯,B 爲測量地點之緯度」。〔註66〕使堯時 A、B、C 三者俱可確知,其法自亦可取,且甚爲精密。然如後之所敘,堯時地軸與黃道之傾角今未可灼知,則彼時太陽之赤緯 C 不可確定之矣。如上所述,堯時測候地之緯度未可確知,則 B 亦不可確定。測候地之緯度暨太陽之赤緯既皆不可知,則彼時太陽之地平緯度 A 又恃何以定之?然則,恃未定之數者三,以求另一未定之數,其所得者之眞僞如何,蓋不待辨而明矣。

## (三) 中 天

上天旋運不息,本無所謂東、西,亦無所謂上、下。然星辰隨天恆運不居,欲觀候之以求其常軌,蓋云難矣。古人爲便觀測,自不得不爲之區劃天

〔註62〕分見《左》襄二十七年《傳》;僖公三十三年《春秋經》。
〔註63〕《尚書古文疏證》卷六上,葉十三。
〔註64〕同註42,頁283。
〔註65〕同註42,劉氏文。
〔註66〕同註4,頁284。

部，分別周度。然天部已劃，周度既分，苟不取一固定方位，以資察候，亦無由窺天也。古人觀候星辰之逐易，以爲治歷明時之徵驗，常取中天爲度，如《夏小正》云：「正月，鞠則見，初昏參中。」《禮‧月令》云：「孟春之月，日在營室，昏參中，旦尾中。」是矣。〔註67〕惟所謂中者究係何所指？古人之說即有異同，略如前述。〈堯典〉但書鳥、火、虛、昴、不言中天，其果取諸星之中天與否固不可確知。然即謂〈堯典〉亦取星之中天，則其所謂中者，將直當午正，不逾午正，抑居於巳邪？又〈月令〉言星之中，或中於昏，或中於旦，是所謂中星者，復有昏、旦之別。一昏、一旦，相去蓋在百度以上，又非彼戔戔十五度者所可同日而語。使〈堯典〉果取午正爲中，其爲昏中抑旦中，又不可不辨矣。魯實先先生謂〈堯典〉之昏中星僅仲秋之星虛耳，餘皆旦中。其是非可勿論，然據此亦可知〈堯典〉中星之不易指明也。實則，觀候星辰，但取任一固定方位即可，初不必定在午位也，如古埃及之定季節，以天狼星與日同昇東方地平之時爲春，是也。〔註68〕《詩‧豳風‧七月》云「七月在野，八月在宇，九月在戶，十月蟋蟀入我床下」，《唐風‧綢繆》云「三星在天」、「三星在隅」、「三星在戶」，〔註69〕但有可資絜度之物，如野、宇、戶、床、天、隅，皆可取爲時辰轉逐之標識。今〈堯典〉但言四星，未言其中，安知其非如古埃及之法？又安知其必與〈七月〉、〈綢繆〉異撰乎？況堯時方位之界定，未必精密如後世，縱取南中，亦未能必其密合吾人所推定者。據此，是〈堯典〉所謂四中星者，彼時是否取其中天？蓋不可確定也。

## （四）時 刻

觀候時刻之影響於星辰在天之位者至鉅，竺可楨曰：「因地球自轉之故，星宿每日環繞北極一周，即每小時行十五度，若觀察之時間相差一小時，則所估之年代可差一千餘年。」所言至明。如魯實先先生言，古人觀候昏中星者有戌時、夜半二法。〈堯典〉既未言及測候之晷刻，即無法定其必於何時測驗星度。縱使堯時觀候之時刻可知，羲、和亦準時候驗，而彼時計時之器未必精密無訛，稍有偏頗，即失精準，況其觀天之儀器復未必精審，皆無分毫差謬者乎？據此，是堯時察候之晷刻未可確定也。

---

〔註67〕分見《大戴禮》卷二，葉十六；《禮記正義》卷十四，葉四。
〔註68〕見朱文鑫《天文學小史》，頁67。
〔註69〕《毛詩正義》卷八之一；葉十八；卷六之二，葉一至三。

## （五）星　宿

〈堯典〉敘鳥、火、虛、昴四星，其義究係何所指，說者多方，觀前節所錄諸家之文可知。虛、昴二星，蓋即謂二十八宿之虛、昴，素無異說。〔註70〕至若鳥、火二星，則疑義叢脞，纏訟未決。或以鳥、火乃各指一星；或以鳥乃指朱雀七宿；或以鳥爲鶉火之次、火爲大火之次。其以爲〈堯典〉所陳乃兼括星、次、象者，發端於孔穎達，確立於林之奇，集大成於朱熹。考按其說，多有未然。朱熹謂當星則以星言，不當星而適當其次則以次言，不當星、次而界於兩次之間則以象言。所言似是而實非。蓋上天無象，其所以呈象者，賴日、月、星辰也。使堯時未分星度，無星則無所標誌，其所以測候於星者，必灼知其星而後可，象、次無所取用。使彼時已分天度，則每一星宿皆有度分，如斗二十六，牛八，見於《漢志》者是矣。方其觀象之時，苟無明星當於定位，亦不難以某星幾度言之，如《周書・月令》謂「日月俱起于牽牛之初」，《淮南・天文》言「正月建寅，日月復入營室五度」者是矣，〔註71〕豈有不當星則言次之理？於象也亦然。且朱氏謂界於兩次者以象言，人豈難於持其矛以攻其盾乎？使人詰之曰：「設若彼時不當於象而界於兩象之間，又將謂之何哉？」竊恐朱氏將瞠目結舌，無言以對也。是知朱氏之言純出傅會，必非〈堯典〉本義，未可據信。鄭玄以鳥、火爲二次，與虛、昴之爲二星者對，似較朱熹之說爲可信。然以《夏小正》、〈月令〉二文言之，皆不合數宿爲一次以標識日躔、中星，其所以然者，蓋因各次所佔度分遼闊，不宜資爲規範以標識時節。況十二次者起於姬周，戴震、江聲、新城新藏等舉證明之矣，〔註72〕堯時未必有十二次，藉曰有之，亦不得取姬周之號以言之也。然則，鄭玄之說亦屬非是。綜上所論，〈堯典〉鳥、火二者當的指一宿明矣。鳥、火二者既各爲一星，則其星相當於今之何星邪？竊謂此恐未能考論眞切，何則？蓋星名或有變遷，如高平子先生曰：「河鼓與牽牛，古今多混淆。河鼓三星於西圖爲天鷹座之 $\alpha$、$\beta$、$\gamma$ 三星。中星 $\alpha$，光一等，兩旁略小，其形顯著。最古當是以此爲候時之標準，原亦有牽牛之稱。（原注：後世俗名牛郎。）後因觀測稍精，知冬至太陽實近今之牛宿，故以牛宿

---

〔註70〕或有謂堯時冬至昏星非昴，如竺可楨是，但並不謂〈堯典〉之昴非二十八宿之昴宿。

〔註71〕分見《周書》卷六，頁85；《淮南》卷三，頁62。

〔註72〕分見《尚書義考》卷一，葉三十二；《尚書集注音疏》卷一，葉九至十；《中國上古天文》，頁54～59。

代河鼓爲牽牛。」〔註73〕是也。而觀候者所取爲觀象之星宿又不必一致，如《淮南·天文》取斗，《禮記·月令》則取建星；《呂覽·有始覽》取輿鬼，《淮南·時則》則取弧，〔註74〕是也。安知〈堯典〉所錄，與後代所取、所名者密合，而無絲毫之參差乎？據此，是〈堯典〉鳥、火二星蓋未可確定其所指者爲今之何星也。

## （六）星　度

欲推考〈堯典〉星象之實況，以爲帝堯年代之佐證，必恃歲差。而據歲差以推步年代，則星宿東逐度分之確定，乃其立算之根抵。〈堯典〉所載四星，鳥、火二者不可灼知，已如前述，其或可目爲確知者，惟虛、昴二宿耳。然〈堯典〉未言其星度，則欲據歲差以事推步者失其根抵矣。依《漢志》所載，虛十度，昴十一度，其初度之去末度，皆在十度以上，以歲差推之，昏中之在初度者與在末度者，其間可有七百餘年之遊逐，所差不可謂不鉅，豈可忽諸？然〈堯典〉既未言二星之分度所在，後人實無從臆定。即欲取今日天文學之公式詳加推算，蓋亦有所不逮。何則？夫星辰在天之度分，或緣歲差與恆星自行，而各星之間相去復有遠近，人自地球上觀之，其度數或隨古今異時而有廣狹之變，如觜宿距星，依《明史·天文志》所言，唐測在參前三度，元測在參前五分，明則已侵入參宿之中矣；又如昴宿距星，《三統曆》爲十一度，宋、明所測則十一度少強矣，〔註75〕是也。安知數千年前，鳥、火、虛、昴無廣狹之變邪？

## （七）歲　差

歲差爲推算古書所載星象年代之利器，惟古今言歲差者多矣，而立法差殊，異說紛陳，則所謂歲差者，豈復可據？然前賢立說之多歧，特其候驗之未精耳，不害歲差之爲利器也。夫天運有恆情，立歲差者，苟能準據入密，妙合天情，所得自較鹵莽疏闊者爲可信。前已言之，測天之術，古疏今密，則今之歲差率，自較前此諸家可信。惟持今之歲差以推往古，所得結論，但可目爲近於往古之實況，非即其情。蓋星球互有引力，地球遶日運行，因他星引力之牽引，遂生攝動，其公轉軌道因而略見扭曲，非純橢圓，而其軸與

〔註73〕《史記天官書今註》，頁26。
〔註74〕以上所舉之例，其詳參林金泉《詩緯星象分野考》，葉十五。
〔註75〕參朱文鑫《曆法通志》，頁270～275；董作賓先生同註30；魯實先先生同註20，頁298。

黃道面之夾角亦見遊迻，非千古不易。〔註76〕前文言天球之經緯，即地球經緯之投影，今地軸既生遊迻，則地緯之投影於天球者亦隨之而變。天球赤緯既變，而列宿不易其位，其赤緯則隨天緯而變。考歲差之率乃隨星宿赤緯之高低而增減，〔註77〕今星宿之赤緯既隨時遊迻，其歲差之率亦宜逐時改異。堯時地軸與黃道面之交角乃幾何度？今未可確知，則彼時四星之緯度亦不可推知矣。其星緯度之不知，豈能碻得適用之歲差？故知持今日精密之歲差，以推往古，但能得其近似耳。

綜上所述，凡據〈堯典〉鳥、火、虛、昴四星以考論堯時天象，推步唐堯積年者，其必先確知之七項要件中，惟歲差一事差爲可據，餘者皆不可確知，未能信據。彼據此不可的知之要項，以事考按，所得結論之是非眞僞，蓋不待辨而明矣。據此，是知四中星之說，其主傳統抑否定說者，俱屬非是，惟質疑說者所言，最爲切理可從。

## 二、傳統說、否定說考辨

凡欲據〈堯典〉所陳星象以事推步立論，以〈典〉文簡約，於推步所須之前提，多不可確立，其事蓋絕無可能。前引先賢諸文，不論其屬於傳統說，或爲否定說，皆欲持後代之法度，據臆定而不可必信之前提，以事推論也。夫其立論之根柢既失牢靠，所得結論自屬非是，前文言之詳矣。據此，則於此二者所臆定之前提，所演繹之譌說，舉可捐棄勿論矣，此蓋緣其「本根不固，從令枝葉扶疏，不免因風萎謝」故也。〔註78〕惟二說之中，所言或有溢出前文論列範疇之外，而其說復易炫惑人心者，是又不可不稍加檢討。

傳統說之主鳥爲張、火爲心者，如《大傳》、《淮南》、《說苑》、《考靈曜》諸書，但言其象，不敘厥理，而其年代於諸說中爲最蚤，彼時又不知歲差，自不能以差率追步而言之，則其說或係先秦遺說，較爲近古，宜若可信。然諸書並未明言諸星之度分，又不道觀候之日期與時刻，審斷實難。今姑以諸星之初度、明星之始見，而於二分、二至觀候之爲準，依《淮南・天文》所載二十八宿距度推之，〔註79〕則其四時昏中星相去之度分爲，春之去夏九十

---

〔註76〕參秀由在吉《天文學入門》，頁30～33。盧景貴《高等天文學》，頁341。

〔註77〕參同註4竺氏文，頁289。

〔註78〕魯實先先生〈四分一月說辨正商榷〉，《曆術卮言甲集》，頁186。

〔註79〕不取《漢志》者，以其非三百六十五度又四分度之一也。

四度，夏之去秋八十度又四分度之一，秋之去冬百又單五度，冬之去春九十二度。夫〈堯典〉於春、秋言日中、宵中，於夏、冬言日永、日短，日永者昏時晚，日短者昏時蚤，晚則星行之度多，蚤則星行之度寡。依天運之情言，其昏時星度，當以春之去夏爲最多，覈之諸書所言，皆有未合，是知《大傳》等書皆據〈堯典〉所載者，依其時所知者約略言之耳，不可深信。

盧景貴謂「所以宅朔方者，蓋因在北半球冬至時地愈北昏時愈早，約正當酉時也」，而「夏至日雖宅南交昏時較早，仍須候至戌初方能見星」。依其說，是羲叔、和叔所以分宅南交、朔方者，所以求其昏時早至，俾便測候也。然則，羲仲、和仲之宅嵎夷、宅西者將欲何求？豈以春、秋之日中、宵中，故求其昏時之中邪？則仲夏日永，何以求其昏時較早？既欲求昏時較早，朔方自視其餘三方爲優，何不即朔方候之，奚以遠涉南國爲哉？是知盧氏之說實非。

竺可楨習於天文，凡所推步，類能多方考量，於可變之數必予適當之修正，態度可謂謹嚴矣。使〈堯典〉所陳諸前提皆極明確，則竺氏所論或能得其近似。惜〈典〉文太約，故竺氏亦不得不踵前賢之流風，而繼之以臆必也。其過信徐應秋之說，遂以堯都平陽，而取北緯三十六度爲立算之本，劉朝陽已非之，可勿論。今檢覈其論，除上陳之疵而外，尚有可商者一事。竺氏既以堯時測候之地爲北緯三十六度，故其推算諸星古今所在之赤經時，凡日入時刻，矇氣時間，皆以之爲度。然諸星之緯度實隨黃、赤傾角之游迻而迭有變異，堯時黃、赤傾角既不可確知，則彼時諸星之赤緯及視高弧皆未可確知，已如前述。竺氏但以北緯三十六度爲準，未及慮諸星古今游迻之度，不可謂極精密也。又觀候時之矇氣差固影響測候分度之精確，竺氏於推步時亦加修正，是矣，然於氣差之要項則忽而不計。夫矇氣差隨氣壓、溫度暨視高弧之不同而異。〔註80〕堯時所歷象之諸星，其於觀候時之視高弧未可確知，已如上述，而彼時之氣壓、溫度如何，又皆未可知，是居今之日，而欲考較堯時之矇氣差，實有未能。據未能的知之矇氣差，以修正不能的知之星宿度分，其有失精密，明矣。

顧頡剛疑〈堯典〉作者就《夏小正》「五月，初昏大火中」之文而推出其他三時之中星，且以《小正》無二十八宿之觀念，而〈堯典〉有之，爲〈堯典〉後於《夏小正》之證。考〈堯典〉但言鳥、火、虛、昴四星，並未遍言二十八宿，安知〈堯典〉有二十八宿之觀念？原顧氏所以持是論之由，蓋以

〔註80〕參同註21。頁402。

《小正》取爲時節標識者，有北斗、織女、南門諸星，不在二十八宿距星之列，而〈堯典〉四星，顧氏殆以爲皆屬二十八宿星，故有此說。然〈堯典〉四星中之鳥、火二者未可的指，如前所述，以之必屬二十八宿，或有未然。即鳥、火信在二十八宿之內，亦不得遂謂〈堯典〉後於《小正》。蓋殷虛卜辭中已有鳥、火二星，其究指今之何星，雖未可必，〔註81〕其即〈堯典〉所言鳥、火二星，當無可疑。前文曾證明〈堯典〉之鳥乃的指一星，但未能言其爲今之何星耳。考先秦、兩漢載籍，除〈堯典〉外，無稱鳥星者，〔註82〕今〈堯典〉乃與卜辭合，其出自上古，並非秦、漢人所能僞造可知。又氏疑〈堯典〉中星乃依《夏小正》而逆推，然《小正》正月「初昏參中」，〈堯典〉之仲冬則昴星昏中，二者相去才三十度，不合天象，僞造者既知逆推之法，不容疏漏如是。是顧氏之說未可據也。

---

〔註81〕參嚴一萍先生〈殷商天文志〉，刊《中國文字》新二期，頁3。
〔註82〕揚雄《太言經》言「察龍、虎之文，觀鳥、龜之理」，雖稱鳥，然與龍、虎、龜對文，實謂朱鳥七宿，非單指鳥星，其稱鳥者，特爲行文而略稱之耳。

# 第五章 結 論

　　綜合上文之所考辨，可得如下四點結論：

　　一、觀象授時一辭，乃撮合《繫辭》「仰則觀象於天」，〈堯典〉「敬授人時」二說而成，其義則根柢於〈堯典〉，故所謂觀象授時者，當指觀測天象，編制曆法，以授民時，而以陳遵嬀、高平子所論為可信。新城新藏乃以之為曆法成立以前之一階段，所言非是。

　　二、璣玉衡之義，古有四說。其以璣衡為帝位者，乃受顏延年〈宋文皇帝元皇后哀策文〉之誤導，絕非〈堯典〉本義。以璣衡為星辰之說，其最為謬誤者，乃在於持斗建以說〈堯典〉，且忽略〈堯典〉之一貫性，漠視唐、虞時期文化之水平也。今以〈堯典〉取星辰正四仲，且知置閏以調適四時，則知彼時測天之術，必非極原始、極荒陋者。而候驗之欲精密，必資械器，揆以歐、非考古所獲，則惟觀天器之說最為可信。至若折衷之說，實挾兩端，弊失難免，未為允說。

　　三、七政之義，古有二說。以七政為人事之說，其最為謬誤者，乃在於掊擭拼湊，冀符七政之數，而其所擭湊者，則至為紛沓紕謬，不可憑信。且七政與璣衡之關係至密，璣衡既為觀天器，則以之在察檢驗者，非天之星宿而何？故知人事說之為非，而天文說之為是也。

　　四、四中星之義，傳統說與反傳統之否定說，其立論所據，全出猜臆，自不足采信。惟質疑說乃即前提而加以商榷，所持態度，平實無妄，最為可取。是以闕疑，以待後賢。

　　據此，或可為〈堯典〉成書年代之探討，提供二條線索：一則璣衡古義，先秦夙已湮替，歷代之所以纏訟不決，正緣此耳，而〈堯典〉則仍保其本義，

存其原貌，是〈堯典〉篇中之璣衡一義，其或傳自遠古耶？一則〈堯典〉所載四中星，其眞象如何？確已不可審知，業如前述。惟〈堯典〉之星象，與《夏小正》、〈月令〉所載者不同，而〈堯典〉之星宿，較二書同月之星宿爲近東方，以至點西行，星宿東迻之理推之，則〈堯典〉之星象，其年代應較《小正》、〈月令〉爲古，而彼時之人不識歲差之理，如非前有所承，當不致臆構星象，以取疑於當代也。然則，〈堯典〉所載星象，蓋亦傳自遠古也。

# 參考書目

一、但錄見引於本文者，如僅寓目而未加援據者並從省。

二、單篇論文，附注已詳其出處，不復贅。

## 一、經 類

### （一）一般類

1. 《十三經注疏》，清，阮元刻、南昌府學本，藝文印書館。
2. 《十三經注疏正字》，清，沈廷芳，四庫全書本，商務印書館。
3. 《大戴禮記解詁》，清，王聘珍，廣雅書局刊本，世界書局。
4. 《白虎通疏證》，清，陳立，清續經解本，鼎文書局。
5. 《太玄經》，漢，揚雄，四部備要本，中華書局。
6. 《太玄本旨》，明，葉子奇，四庫全書本，商務印書館。
7. 《鄭志疏證》，清，皮錫瑞，光緒己亥刊本，世界書局。
8. 《朱子五經語類》，清，程川編，四庫全書本，商務印書館。
9. 《五禮通考》，清，秦蕙田，四庫全書本，同上。
10. 《經稗》，清，鄭方坤，四庫全書本，同上。
11. 《經說》，清，陳宗起，百部叢書本，藝文印書館。
12. 《學禮管釋》，清，夏炘，清續經解本，同上。
13. 《經傳考實》，清，朱彬，清經解本，同上。
14. 《古經解鉤沈》，清，余蕭客，四庫全書本，商務印書館。
15. 《介菴經說》，清，雷學淇、叢書集選本，新文豐出版社。
16. 《王肅之經學》，民，李振興先生，嘉新水泥。

（二）尚書類

1. 《東坡書傳》，宋，蘇軾，百部叢書本，藝文印書館。
2. 《尚書全解》，宋，林之奇，四庫全書本，商務印書館。
3. 《尚書精義》，宋，黃倫，經苑本，大通書局。
4. 《尚書講義》，宋，史浩，四庫全書本，商務印書館。
5. 《尚書詳解》，宋，夏僎，四庫全書本，同上。
6. 《東萊書說》，宋，呂祖謙，四庫全書本，同上。
7. 《尚書說》，宋，黃度，四庫全書本，同上。
8. 《絜齋家塾書鈔》，宋，袁燮，四庫全書本，同上。
9. 《書集傳》，宋，蔡沈，世界書局。
10. 《尚書詳解》，宋，陳經，四庫全書本，商務印書館。
11. 《融堂書解》，宋，錢時，四庫全書本，同上。
12. 《尚書要義》，宋，魏了翁，四庫全書本，同上。
13. 《尚書集傳或問》，宋，陳大猷，四庫全書本，同上。
14. 《尚書詳解》，宋，胡士行，四庫全書本，同上。
15. 《尚書注》，元，金履祥，百部叢書本，藝文印書館。
16. 《書纂言》，元，吳澄，四庫全書本，商務印書館。
17. 《尚書集傳纂疏》，元，陳櫟，四庫全書本，同上。
18. 《尚書通考》，元，黃鎮成，四庫全書本，同上。
19. 《讀書管見》，元，王充耘，四庫全書本，同上。
20. 《書義矜式》，元，王充耘，四庫全書本，同上。
21. 《尚書纂傳》，元，王天與，四庫全書本，同上。
22. 《尚書句解》，元，朱祖義，四庫全書本，同上。
23. 《書傳會選》，明，劉三吾，四庫全書本，同上。
24. 《尚書大全》，明，胡廣，四庫全書本，同上。
25. 《尚書疑義》，明，馬明衡，四庫全書本，同上。
26. 《尚書日記》，明，王樵，四庫全書本，同上。
27. 《日講書經解義》，清，庫勒納，四庫全書本，同上。
28. 《欽定書經傳說彙纂》，清，王頊齡，四庫全書本，同上。
29. 《尚書古文疏證》，清，閻若璩，清經解本，藝文印書館。
30. 《尚書埤傳》，清，朱鶴齡，四庫全書本，商務印書館。
31. 《尚書解義》，清，李光地，四庫全書本，同上。

32. 《書經衷論》，清，張英，四庫全書本，同上。

33. 《書古文訓》，宋，薛季宣，通志堂經解本，藝文印書館。

34. 《書疑》，宋，王柏，通志堂經解本，同上。

35. 《尚書小疏》，清，沈彤，尚書類聚本，新文豐出版社。

36. 《尚書集注音疏》，清，江聲，清經解本，藝文印書館。

37. 《尚書後案》，清，王鳴盛，清經解本，同上。

38. 《古文尚書撰異》，清，段玉裁，清經解本，同上。

39. 《尚書今古文注疏》，清，孫星衍，四部備要本，中華書局。

40. 《尚書札記》，清，許鴻磐，清經解本，藝文印書館。

41. 《尚書今古文集解》，清，劉逢祿，人人文庫本，商務印書館。

42. 《尚書大傳輯校》，清，陳壽祺輯，四部叢刊本，同上。

43. 《尚書略說》，清，宋翔鳳，清續經解本，藝文印書館。

44. 《書古微》，清，魏源，清續經解本，同上。

45. 《尚書經傳會解》，明，張治具，尚書類聚本，新文豐出版社。

46. 《尚書辨解》，明，郝敬，尚書類聚本，同上。

47. 《尚書義考》，清，戴震，尚書類聚本，同上。

48. 《尚書質疑》，清，王心敬，尚書類聚本，同上。

49. 《尚書故》，清，吳汝綸，尚書類聚本，同上。

50. 《尚書古注便讀》，清，朱駿聲，尚書類聚本，同上。

51. 《尚書集注述疏》，清，簡朝亮，尚書類聚本，同上。

52. 《尚書覈詁》，民，楊筠如，學海書局。

53. 《尚書今語》，民，方孝岳，尚書類聚本，新文豐出版社。

54. 《尚書孔傳參正》，清，王先謙，尚書類聚本，同上。

55. 《今文尚書考證》，清，皮錫瑞，尚書類聚本，同上。

56. 《尚書大傳疏證》，清，皮錫瑞，尚書類聚本，同上。

57. 《尚書質疑》，清，顧棟高，尚書類聚本，同上。

58. 《尚書今文新義》，清，廖平，尚書類聚本，同上。

59. 《尚書正讀》，民，曾運乾，華正書局。

60. 《尚書釋義》，民，屈萬里先生，華岡書局。

61. 《尚書集釋》，民，屈萬里先生，聯經出版社。

62. 《尚書今註今譯》，民，屈萬里先生，商務印書館。

63. 《書經注釋》，瑞典，高本漢著，民，陳舜政譯，中華叢書出版委員會。

64. 《尚書讀本》，民，吳璵先生，三民書局。

65. 《尚書流衍及大義探討》，民，李振興先生，文史哲出版社。

66. 《周書周月篇著成時代及有關三正問題的研究》，民，黃沛榮先生，臺大文史叢刊。

67. 《尚書新證》，民，于省吾，崧高書局。

68. 《尚書與古代政治》，民，成滌軒先生，正書書局。

69. 《尚書研究》，民，失廷獻先生，商務印書館。

70. 《先秦典籍引尚書考》，民，許師錟輝，油印本。

71. 《今文尚書正偽》，民，李泰棻，力行書局。

## 二、史　類

1. 《國語》，舊題左丘明，里仁書局。

2. 《戰國策》，漢，劉向編，同上。

3. 《史記》，漢，司馬遷撰，鼎文書局。

4. 《史記會注考證》，日，瀧川資言，宏業書局。

5. 《史記會注考證校補》，日，水澤利忠，廣文書局。

6. 《史記斠證》，民，王叔岷先生，中央研究院史語所出版。

7. 《史記新證》，民，陳直，學海書局。

8. 《史記舊注平義》，民，王觀圖，王駿觀，正中書局。

9. 《史記今註》，民，屈萬里先生，勞榦先生，中華叢書出版委員會。

10. 《漢書》，漢，班固，鼎文書局。

11. 《後漢書》，南朝宋，范曄，同上。

12. 《資治通鑑前編》，元，金履祥，四庫全書本，商務印書館。

13. 《中國古代傳說時代》，民，徐旭生，不著出版社。

14. 《中國文化史》，民，柳詒徵，正中書局。

15. 《中國史前史話》，民，徐亮之，華正書局。

## 三、天算類

1. 《曆算全書》，清，梅文鼎，四庫全書本，商務印書館。

2. 《曆學疑問、補》，清，梅文鼎，百部叢書本，藝文印書館。

3. 《尚書釋天》，清，盛百二，清經解本，同上。

4. 《經書算學天文考》，清，陳懋齡，清續經解本，同上。

5. 《新儀象法要》，元，蘇頌，人人文庫本，商務印書館。

6. 《天文學小史》，民，朱文鑫，人人文庫本，同上。

7. 《天文考古錄》，民，朱文鑫，人人文庫本，同上。

8. 《曆法通志》，民，朱文鑫，同上。

9. 《宇宙壯觀》，日，山本一清著，民，陳遵嬀譯，人人文庫本，同上。

10. 《天文學入門》，日，秀由在吉著，民，賴耿陽譯，同上。

11. 《中國之科學與文明（五）》，英，李約瑟著，民，曹謨先生譯，同上。

12. 《中華天文學發展史》，民，劉昭民先生，同上。

13. 《中華天文學》，民，曹謨先生，同上。

14. 《中國上古天文》，日，新城新藏著，民，沈璿譯，中華學藝社。

15. 《中國天文學史諸論編、星象編》，民，陳遵嬀，明文書局。

16. 《中國古代天文學簡史》，民，陳遵嬀，木鐸出版社。

17. 《天文學簡史》，法，伏古拉爾著，民，李曉風譯，明文書局。

18. 《古代天文學》，民，成映鴻先生，正中書局。

19. 《學曆散論》，民，高平子先生，金山同鄉會印行。

20. 《殷曆譜糾譑》，民，魯實先先生，油印本。

21. 《曆術卮言甲集》，民，魯實先先生，東海大學出版。

22. 《星空一年》，民，蔡章獻先生，科學月刊社。

23. 《行星、恆星、星河宇宙》，美，Stuart J. Inglis 著，民，唐山譯，開明書店。

24. 《中國科技史概論》，民，何丙郁、何冠彪，木鐸出版社。

25. 《周髀算經》，舊題周公，四部備要本，中華書局。

26. 《開元占經》，唐，瞿曇悉達，四庫全書本，商務印書館。

27. 《六經天文編》，宋，王應麟，四庫全書本，同上。

28. 《古經天象考》，清，雷學淇，百部叢書本，藝文印書館。

29. 《史記天官書今註》，民，高平子先生，中華叢書出版委員會。

30. 《詩緯星象分野考》，民，林金泉先生，影印本。

31. 《中國天文資料彙編》，民，楊家駱先生編，鼎文書局。

32. 《高等天文學》，民，盧景貴，中華書局。

## 四、子集類

1. 《莊子集釋》，清，郭慶藩，河洛出版社。

2. 《荀子集解》，清，王先謙，藝文印書館。

3. 《呂氏春秋集釋》，民，許維遹，鼎文書局。

4. 《晏子春秋集釋》，民，吳則虞，同上。

5. 《韓非子集釋》，民，陳奇猷，河洛出版社。

6. 《淮南鴻烈集解》，民，劉文典，明倫出版社。

7. 《抱朴子》，晉，葛洪，世界書局。

8. 《論衡集解》，民，劉盼遂，同上。

9. 《新論》，漢，桓譚，四部備要本，中華書局。

10. 《鹽鐵論》，漢，桓寬，世界書局。

11. 《中論》，漢，徐幹，同上。

12. 《說苑》，漢，劉向，同上。

13. 《法言義疏》，清，汪榮寶，藝文印書館。

14. 《農書》，元，王禎，四庫全書本，商務印書館。

15. 《月令輯要》，清，李光地等，四庫全書本，同上。

16. 《楚辭》，漢，劉向編、王逸注，漢京文化事業公司。

17. 《昭明文選》，梁，蕭統，藝文印書館。

18. 《夢溪筆談》，宋，沈括，人人文庫本，商務印書館。

19. 《困學紀聞》，宋，王應麟，清，翁元圻注，世界書局。

20. 《惜抱軒筆記》，清，姚鼐，廣文書局。

21. 《戴震集》，清，戴震，里仁書局。

22. 《果堂集》，清，沈彤，清經解本，藝文印書館。

23. 《揅經室集》，清，阮元，世界書局。

24. 《左海文集》，清，陳壽祺，清續經解本，藝文印書館。

25. 《孫淵如先生全集》，清，孫星衍，商務印書館。

26. 《蛾術編》，清，王鳴盛，鼎文書局。

27. 《溉亭述古錄》，清，錢塘，清經解本，藝文印書館。

28. 《癸巳類稿》，清，俞正燮，世界書局。

29. 《徐光啟集》，明，徐光啟，明文書局。

30. 《梁啟超先生學術論叢》，民，梁啟超，南嶽出版社。

31. 《古微書》，明，孫瑴，四庫全書本，商務印書館。

32. 《玉函山房輯佚書》，清，馬國翰，文海出版社。

33. 《太平御覽》，宋，李昉等，商務印書館。

34. 《考古質疑》，宋，葉大慶，廣文書局。

35. 《道藏輯要》，清，彭文勤，考正出版社。

## 五、其　他

1. 《十三經引得》，哈佛燕京社編。
2. 《國語引得》，民，張以仁先生，中央研究院史語所出版。
3. 《十通分類總纂》，鼎文書局。
4. 《古音學發微》，民，陳師伯元，文史哲出版社。
5. 《甲骨文字集釋》，民，李孝定先生，中央研究院史語所出版。
6. 《金文詁林補》，民，周法高先生，同上。
7. 《漢晉西陲木簡》，民，勞榦先生，同上。
8. 《金文編》，民，容庚，弘道出版社。
9. 《甲骨文字研究》，民，郭鼎堂，育民出版社。
10. 《雲夢秦簡日書研究》，民，饒宗頤先生、曾憲通先生，中文大學出版。
11. 《說文解字注》，清，段玉裁，漢京出版社。
12. 《說文解字詁林》，民，丁福保編，鼎文書局。
13. 《古玉圖考》，清，吳大澂，中華書局。
14. 《文史集林（六）》，木鐸出版社。
15. 《古史辨》，民，顧頡剛等，不詳。
16. 《王柏之生平與學術》，民，程元敏先生，作者自印。

# 附錄一：歷代〈堯典〉四仲中星年代推算表

| | （甲）<br>始昏終<br>止時刻 | （乙）<br>堯典昏時南<br>中之赤經 | （丙）<br>昏星宿度 | （丁）<br>1927 年<br>赤　　經 | （戊）<br>乙丁相<br>差度數 |
|---|---|---|---|---|---|
| 春分 | $6^h37'$ | $99°18'$ | 柳初度 $\delta$ Hydra | $128°25'$ | $29°07'$ |
| | | | 星初度 $\alpha$ Hydra | $141°00'$ | $41°42'$ |
| | | | 張初度 $\nu_1$ Hydra | $147°45'$ | $48°27'$ |
| 夏至 | $7^h48'$ | $207°00'$ | 房初度 $\pi$ Scorpio | $238°36'$ | $31°36'$ |
| | | | 心宿二 $\alpha$ Scorpio | $245°30'$ | $38°30'$ |
| | | | 尾初度 $\mu_1$ Scorpio | $251°00'$ | $44°00'$ |
| 秋分 | $6^h37'$ | $279°18'$ | 虛初度 $\beta$ Aquarius | $321°56'$ | $42°38'$ |
| 冬至 | $5^h16'$ | $349°10'$ | 昴初度 E1 ctra（Ploiad s） | $54°31'$ | $68°21'$ |

取自竺可禎〈論以歲差定尚書堯典四仲中星之年代〉